Karla Reimert
Kafka für Eilige

Karla Reimert wurde 1972 in Berlin geboren, wo sie nach längerem Ägyptenaufenthalt lebt. Zahlreiche Lyrik- und Prosaveröffentlichungen. 2003 gewann sie für ihre Kurzprosa den Preis des Rheinsberger Autorinnenforums. Sie arbeitet als Übersetzerin und lektoriert literarische und wissenschaftliche Texte.

Franz Kafka war sehr mager, er war der magerste Mensch, der ihm selbst je begegnet ist. Auch sein Leben war äußerlich karg, doch heute weiß man, wie kühn und mutig seine Gedanken waren. Wie kein anderer Autor hat dieser 1883 geborene Prager Versicherungsangestellte die Umbrüche seiner Zeit gewittert und beschrieben, und so gelten seine Texte heute als Meilensteine der Weltliteratur und Franz Kafka selbst als Ikone der literarischen Moderne – als Hungerkünstler mit Heiligenschein. Und dennoch stellen uns Kafkas Werke noch immer vor große Rätsel. Wie der Landvermesser K. auf das unheimliche Schloss, so blicken wir ehrfürchtig und hilflos auf seine Sätze. – Mit diesem Buch jedoch wird uns die Angst vor Kafka genommen. Auf witzige und gründliche Art zeigt uns Karla Reimert, wie wir Kafkas Erzählungen, Romanversuche und Briefe lesen können und dürfen und wie aufschlussreich seine Biografie für die Lektüre seiner Prosa ist.

Karla Reimert

# Kafka für Eilige

aufbau taschenbuch
AUFBAU VERLAGSGRUPPE

ISBN 978-3-7466-2417-4

Aufbau Taschenbuch ist eine Marke der
Aufbau Verlagsgruppe GmbH

2. Auflage 2008

Umschlaggestaltung und grafische Bearbeitung gold, Kai Dieterich
unter Verwendung eines Fotos von akg-images/Archiv Klaus Wagenbach
Druck und Binden CPI - Clausen & Bosse, Leck
Printed in Germany

www.aufbau-taschenbuch.de

Franz Kafka mit Felice Bauer in Budapest
Anfang Juli 1917

Für Rainer Reimert, meinen Vater

# Inhalt

Anhang

# Liebesgrüße eines verstorbenen Autors

Weltweit soll es keinen Autor geben, über den so viel geschrieben wurde wie über den Prager Versicherungsangestellten Franz Kafka. Obwohl Kafka zu seinen Lebzeiten nicht mehr als eine Handvoll Erzählungen veröffentlichte, Tierfabeln und kleine traurige Familiengeschichten, die darüber hinaus nur in einigen engeren Künstlerkreisen wahrgenommen wurden und, wenn es nach ihm gegangen wäre, auch nach seinem Tode nicht mehr publiziert worden wären, hat er heute Anhänger im fernen Petersburg, in Amerika und an der mysteriösen Goldküste Afrikas. Mit Texten über ihn könnte man ganze Schlösser oder Gerichtssäle füllen. Tausende von Schülern in über vierzig Ländern werden jedes Jahr in seinem Namen unter die Folterbank der Interpretation gelegt, junge Damen lesen seine Briefwechsel mit Felice Bauer und Milena Jesenská, junge Schriftsteller ziehen an Kafka ihre Stilblüten groß. Selbst in der Tierwelt soll seine Lektüre weit verbreitet sein.

Das Interesse an und die Verehrung von Kafka gestalten sich dabei oft so kafkaesk, daß es Kafka selbst sicherlich gefallen hätte. Ironie war eine seiner herausragendsten Eigenschaften. Genauso wie es ihm Spaß gemacht hätte, daß man ein nach ihm benanntes Adjektiv in die deutsche Sprache eingeführt hat. So nennt der Duden seit 1974 das Wort »kafkaesk« als Ausdruck für: nach Art der Schilderungen Kafkas etwas, das auf rätselvolle Weise unheimlich ist. Womit auf rätselhafte Weise unheimlich wenig gesagt ist.

Eingestandene Eitelkeit (in ausschließlich schriftstellerischen Belangen) gehörte zu Kafkas Stärken; neben seinem unbestechlichen Urteilsvermögen gegenüber Texten – auch gegenüber seinen eigenen –, Aufmerksamkeit, Aufrichtigkeit,

Humor, Feinfühligkeit und Empathie. Zu den weniger liebenswerten Eigenschaften Kafkas sind Entschlußunfähigkeit, Feigheit, Hypochondrie und geradezu tyrannisches Besitzergreifen vom Leben anderer zu zählen. Von all diesen Eigenschaften wird hier die Rede sein, weil sie unmittelbar auf sein Schreiben eingewirkt haben.

Ein erstes Beispiel dafür, worauf man sich einläßt, wenn man es mit Kafka zu tun bekommt: »Jemand mußte Josef K. verleumdet haben, denn ohne daß er etwas Böses getan hätte, wurde er eines Morgens verhaftet.« Aha. Und je länger wir hinstarren, desto unheimlicher wird uns das kleine Wort »mußte«, ganz zu schweigen von der treuherzig-perfiden Verquickung moralischer Werte (Gut – Böse) mit der weltlichen Gerechtigkeit einer Verhaftung. Und wie endet der »Proceß«, von dem wir gerade den Anfangssatz gehört haben? »... Als sollte die Scham ihn überleben«. Aus dem »mußte« wird unversehens ein »sollte« und aus der »Schuld« die »Scham«? Legen Sie Ihr »Schuld und Sühne«-Exemplar von Dostojewski beiseite, und lachen Sie einmal herzlich mit: Wie oft wird nicht aus unserem »ich muß« klammheimlich ein »unter Umständen sollte ich«, und wie oft schämen wir uns nur, anstatt wirkliche Schuld zu empfinden, zu bereuen und Buße zu tun?

Kafkas vielleicht größte Stärke war, genau hierin ein Problem zu sehen und es auf geniale Weise in Sprache zu fassen.

Anfang der 90er Jahre zog ich in Berlin in eine Wohnung in der Immanuelkirchstraße, schräg über einem Café, das »Briefe an Felice« hieß. Der Name blieb rätselhaft, bis mir Freunde die Briefe Kafkas an seine Verlobte Felice Bauer, die als Buch nach Felices Tod herausgegeben wurden, zukommen ließen – gerichtet an die Immanuelkirchstraße 29. Kafka, der die Wohnung nie zu Gesichte bekommen sollte, in die er jahrelang täglich mindestens einen Brief schrieb, imaginierte sie dafür um so eindringlicher: »Außerdem fürchtete ich, daß die Adresse falsch wäre, denn wer war Immanuel Kirch? Und nichts ist traurigen, als ein Brief an eine unsichere Adresse zu schicken, das ist ja dann kein Brief, das ist mehr ein Seufzer. Als ich dann wußte, daß in Ihrer Gasse eine Imm. - Kirche steht, war wieder eine Zeitlang gut. Nun hätte ich zu Ihrer Adresse gern noch die Bezeichnung einer Himmelsrichtung gehabt, weil das doch bei Berliner Adressen immer so ist. Ich für meinen Teil hätte Sie gern in den Norden verlegt, trotzdem das, wie ich glaube, eine arme Gegend ist.«

Es heißt, Kafka hätte selbst längere Zeit nicht gewußt, in welcher Nummer das Fräulein Bauer nun tatsächlich gewohnt habe, er spekulierte auf 20 oder 30. Vermutlich hätte er sich zwischen den Berliner Mietskasernen sogar verlaufen. Seine Briefe kamen trotzdem an. Und auch in meine Wohnung geriet der großartige Liebesbriefroman an die richtige Adresse.

Ich öffnete das Buch, wie man es mit Geschenken lieber Freunde tut. Dann staunte ich. Dann beschaffte ich mir in Windeseile alles, was es von Kafka gab. Und dann setzte ich mich ins »Briefe an Felice« in der damals immer noch armen Gegend des Berliner Nordens und fing zu lesen an.

Eine seltsame Welt, die sich vor mir auftat. Eine Welt, in der Menschen manchmal stocksteif wie Dinge wirken, Bälle dagegen in Schränken ein Eigenleben führen. Menschen verwandeln sich in kleine Tiere oder in Bauten, sie werden, scheinbar überraschend, angeklagt und finden sich in undurchschaubaren Prozessen wieder, in denen Hierarchien durch Bartbeschreibungen aufgestellt und gleichzeitig obsolet gemacht werden, und in den Verhandlungen und Verhören treffen Angeklagter, Kläger, Zeuge und Verteidiger oft in einer Person zusammen. Wer klagt da wen an, und wer hat ein Recht, zu klagen – sicherlich alles Fragen, die dem Juristen Kafka in der Arbeiter-Unfall-Versicherungs-Anstalt für das Königreich Böhmen in Prag vorgelegt wurden. Vorweggenommenes absurdes Theater mit manchmal tödlichem Ausgang. Ich las von entsetzlichen Vätern und noch entsetzlicheren Söhnen. Von Folter und dem Grauen einer undurchschaubaren diktatorischen Bürokratie, von wild wuchernden Aktenbergen, gleichgültigen Maschinen, gleichgültigen Menschen. Ich las aber auch von hinreißend hingerissenen, stolpernden Clowns in Angestelltenkleidung; von in ihrer Emotionsökonomie gefangenen Frauen, die doch so gerne ausbrächen; noch später von dressierten und doch um ihre Würde bemühten Künstlern und Tieren – den menschlichsten Wesen in Kafkas Texten. Inmitten all der Routineangelegenheiten der verschiedenen Gerichtsbarkeiten tauchten plötzlich Wunder auf, die aus tiefen, blütenförmigen Wunden in die Texte kletterten und jeden Verdacht auf Trockenheit und Aktenstaub oder Methode sofort im Keim ersticken. In ihrer unnachahmlichen Komik erinnern die Geschichten Kafkas an die Stummfilmzeit, an den gegen den Wind laufenden Buster Keaton und den mit Selbstironie gegen Diktatoren kämpfenden Charlie Chaplin. Dabei führen auch die Texte ihr geheimnisvolles Eigenleben, weil man nie ganz sicher sein kann, wer in ihnen erzählt. Und gerade das macht sie so spannend.

Kafka nacherzählen? Nun gut, bei den drei postum veröffentlichten Romanfragmenten »Der Verschollene«, »Der Proceß« und »Das Schloß« mag es angehen, ebenso bei den längeren Erzählungen »Ein Landarzt«, »Die Verwandlung«, »Das Urteil« und dem semifiktiven »Brief an den Vater«. Aber was ist zum Beispiel mit Kafkas Kurzprosa, die manchmal nur aus zwei Sätzen oder fünf Zeilen besteht und dennoch anerkanntermaßen zum Besten gehört, was im zwanzigsten Jahrhundert in deutscher Sprache geschrieben wurde? Warum Texte nacherzählen, in denen selbst nach strengsten Maßstäben nicht ein einziges Wort zuviel vorkommt?

Vielleicht nur, um eben auf diese Worte ein weiteres Mal aufmerksam zu machen und damit auf die überraschenden Geschenke hinzuweisen, die seine Texte einem darbieten. Kafkas Prosapräsente sind in die durchsichtige Glanzfolie eines makellosen Stils verpackt, jedoch auch sehr gut verschnürt. Zählen Sie zum Spaß einmal alle Wörter, die bei ihm mit »fest-« beginnen. Sie werden erstaunt sein, wie oft von »festgefroren«, »festgeschnürt«, »festgehalten«, »festgebunden« usw. die Rede ist. Alles Anzeichen dafür, wie versiert Kafka beim Schnüren seiner Geschichten ans Werk ging. Diese Vorsichtsmaßnahme mußte er schon allein aus Selbstschutz ergreifen. Denn das Besondere am Werk Kafkas ist seine abgrundtiefe Intimität. Und Kafkas kalt-präziser Stil ist stets nur gegen ein einziges Zentrum gerichtet: das eigene Leben.

Wenn man sich nun ohne jedes Hilfsmittel daranmacht, die Knoten, die Kafkas Geschichten umfangen, aufzudröseln, befindet man sich schnell in heillosen Situationen. Andererseits führt es auch nicht weiter, mit einem Knotenbestimmungsbuch vor dem Paket zu sitzen und stolz zu sagen: Dieser Knoten ist aus Gesellschaftskritik und pränataler jüdischer Psychologie geknüpft. Dergleichen Fragen führen nur zur Folter der Texte oder des eigenen Gehirns. Kafka wußte um diese Qualen: »Natürlich, auch kläglich ist das Foltern. Alexander hat den gordischen Knoten, als er sich nicht lösen wollte, nicht etwa gefoltert.«

Wir können, zur Not mit einem Schwert, einen Knoten nach dem anderen durchhauen und eine Verpackung nach der anderen öffnen – auf ein nützliches oder auch nur ein hübsches Geschenk werden wir dabei nicht stoßen.

Um hier Abhilfe zu schaffen, haben Sie ja unter anderem dieses Buch gekauft. Es kostet nicht viel, ist nett anzusehen und läßt sich schnell auspacken. Und vielleicht beantwortet es sogar in gebotener Kürze einige Fragen. Das dürfte damit ganz in Kafkas Sinn sein, denn der hatte es in seinem kurzen Leben immer eilig: »Und so geht die Zeit mit Fragen hin. Ich erinnere mich nicht, geschrieben zu haben, ›es sei sehr eilig‹, aber gemeint habe ich es.«

# Kafka für jedermann

Die gute Nachricht vorweg: Wer heute noch ernsthaft eine Gesamtdeutung von Kafkas Werk vorlegen würde, bekäme nur mehr einen Vogel gezeigt. Im besten Falle jenen, der bei Kafka »einen Käfig suchen« ging. Der Käfig bleibt leer, das Vöglein muß weiter frei umherflattern. Zu deutlich ist selbst der Literaturwissenschaft geworden, daß es inzwischen rund 12000 Auslegungen noch immer nicht gelungen ist, Kafkas Texten ihr »Geheimnis« zu entreißen.

Wie kann das sein? Gegen Kafkas Wirkung gibt es keine Heilung. Wenn Deutung eine immer noch grassierende Krankheit ist, dann sind Kafkas Texte resistent gegen sie, setzen sich im Bett auf und singen mit fröhlicher Boshaftigkeit: »'s ist nur ein Arzt, 's ist nur ein Arzt.« Und es ist ein Irrglaube zu meinen, Kafka hätte seine Texte »verschlüsselt« geschrieben, und man brauche nur die richtige Folie, um sie – und damit natürlich auch den Autor – zu »verstehen«.

Doch genau das haben die Kafka-Exegeten von Anbeginn an mit Vorliebe getan. Allen voran Kafkas Freund Max Brod. »Das Wort ›Jude‹ kommt im ›Schloß‹ nicht vor«, schreibt er 1927 in einem Aufsatz, der die »zionistische« Lesart der Texte begründen sollte. »Dennoch ist mit Händen zu greifen, daß Kafka im ›Schloß‹ die große tragische Darstellung der Assimilation und ihrer Vergeblichkeit gegeben hat.« Mit den Händen zu greifen, vielleicht, aber leider nicht mit den Augen zu lesen.

Kafkas treuem Freund Max Brod ist nicht nur die Überlieferung der Texte zu verdanken, sondern, dank seiner zahlreichen Nachworte, auch ihre zunächst theologische Deutung, die in den großen Werken »Das Schloß« und »Der Proceß« die zwei »Emanationen« der Gottheit, »Gnade« und »Gericht«, sehen wollte – und einen nicht abreißenden Strom von ähnlichen und ganz anderen Auslegungen nach sich gezogen hat. Bis heute beschäftigen sich immer wieder Forscher mit den jüdischen Aspekten im Werk Kafkas. Dabei spielen manchmal kabbalistische, manchmal zionistische Einflüsse die Hauptrolle, manchmal aber auch das jüdische Volkstheater, jiddische Sprache sowie das Ostjudentum im allgemeinen. Die Gefahr dabei ist, daß das »Religiöse« und die »kulturelle Prägung«, die bei jedem Menschen einen lebenslangen Prozeß darstellen, auf einen Zustand verkürzt und damit unzulässig vereinfacht werden. Dennoch kann es ungemein spannend sein, den »jüdischen Spuren« und spezifisch jüdischen Problemstellungen in Kafkas Werk nachzugehen und so dem »jüdischen« Kafka hinter einigen Ecken seiner Erzählungen zu begegnen.

Weitaus weniger überzeugend sind Versuche, vor allem aus den fünfziger Jahren des letzten Jahrhunderts, Kafka zu »christianisieren«, indem man entweder aus den Helden seiner Werke »Juden« bastelt, die die Erlösung durch den Heiland nicht annehmen können, oder die Kierkegaard-Lektüre Kafkas so hoch wertet, daß religiöse Konflikte zum Hauptthema von Kafkas Schreiben erklärt werden. Letzten Endes zeigen diese Ansichten mehr oder weniger nur die Konflikte und Heilsvorstellungen der Interpreten auf.

Nur wenige Jahre nach Kafkas Tod überzog der Terror der Nationalsozialisten, Faschisten, später der Stalinisten und ihrer groß- und kleinbürgerlichen Anhänger und Sympathisanten Europa. Ab 1935 konnte Kafka in Berlin, kurze Zeit später auch in Prag nicht mehr verlegt werden. Viele Freunde und Bekannte Kafkas mußten nach Frankreich, England und in die USA fliehen, andere, unter ihnen auch seine frühere Geliebte Milena Jesenská und seine drei jüngeren Schwestern, wurden ermordet. Die Überlebenden machten Kafka im Ausland – zuerst in Frankreich, dann in Amerika und England – bekannt, so daß bis heute Kafka etwa in der angelsächsischen Welt ungemein populär ist.

Die ersten Interpretationen von Zeitgenossen – Benjamin,

Musil, Tucholsky, Thomas Mann oder Canetti – beschäftigen sich, ausgehend von den gemeinsamen Lebenserfahrungen, im besonderen mit den Aspekten der »Macht« in Kafkas Werk. So bemerkt zum Beispiel Canetti, daß es keinen deutschen Schriftsteller gebe, der so viel von Macht verstehe wie Kafka, und auch Milena Jesenská, Philip Roth und viele andere empfinden sein Werk als »halbprophetische« Vorausdeutung auf die Schrecken des zwanzigsten Jahrhunderts, besonders die öffentlichen Folterungen, die schon lange nicht mehr in Rumpelkammern stattfinden, und die Bestialität einer perversen Bürokratie, wie sie nicht zuletzt in den Fahrplänen der Reichseisenbahn nach Auschwitz oder in die Lebenskosten von Behinderten berechnenden Mathematikaufgaben sichtbar geworden ist.

Durch Kafkas Popularität, nicht zuletzt unter Schriftstellern, wurde auch die Frage nach seinen Einflüssen relevant; jeder wollte wissen, woher, um alles in der Welt, dieses sprachliche Universum kam, wo es verwurzelt war. Von Homer bis Cervantes, von Kant, Hegel, den Traditionen der Aufklärung bis zum Existentialismus, von Georg Büchner oder E.T.A. Hoffmann bis zum Expressionismus reicht die Palette der versuchten Vereinnahmungen. Historizität ist dabei nicht entscheidend, denn – wie es der große Jorge Luis Borges anhand von Kafka entwickelt hat – ein wirklicher Autor »erschafft seine Vorläufer« stets neu. Kafka selbst hielt sich an eine strengere Auswahl von geistigen Vätern. Neben Dostojewski und Kierkegaard verehrte er noch Kleist, Flaubert und Grillparzer. Und Goethe, auch wenn er das meistens nicht so laut sagte, vor allem nicht nach jener gewissen »literarischen« Liebesgeschichte mit Margarethe Kirchner im Weimarer Goethehaus.

Viele wichtige Impulse zur Editionsgeschichte stammen aus den USA. So konnten zum Beispiel die von Max Brod aufgestellten Abläufe der Kapitel in den Romanen durch gründliche Textarbeit korrigiert und zulässige Rückschlüsse auf Lebensumstände oder Lektüren Kafkas gegeben werden. Dadurch, daß Kafka, wie angedeutet, immer auch ein »Autor der Autoren« und ein Autor der Verlagsmenschen war, sind Kritiken und Untersuchungen über ihn oft sprachlich auf höchstem Niveau, verstehen sich selbst als Literatur. Das gilt von Canetti bis Hesse, von Wagenbach bis Ilse Aichinger, Reinhard Baumgart, Philip Roth und natürlich für den Nobelpreisträger Imre Kertész. Im besonderen ist hier die Pionierleistung Klaus Wagenbachs zu nennen, der in den fünfziger Jahren unter Einsatz von List und Leben neue Materialien zusammensuchte und eine Biographie zu Kafkas Jugend verfaßte, die nicht nur das verklärte, von Max Brod überlieferte Bild zurechtrückte, sondern Kafka auch aus den Händen der restaurativen Germanistik befreite. Dieses Buch gilt noch heute als Standardwerk. Es zeigt Kafka als äußerst modernen Menschen, der vielen Reformbewegungen zugetan war, sei es der Freikörperkultur, dem Vegetariertum oder der Kibbuzim-Bewegung im damaligen Palästina.

Hartmut Binder hat in jahrzehntelanger Arbeit Kafkas Werk mit einem akribischen Kommentar versehen. Auch ohne seine Leistung ist die Kafka-Forschung auf ihrem heutigen Niveau nicht denkbar.

Auf beiden Seiten des Eisernen Vorhangs lasen Menschen Kafka. In den Staaten des Ostblocks wurde er zunächst als Kritiker ungerechter sozialer Verhältnisse verstanden und begrüßt. Obwohl sein Werk mit Beginn der stalinistischen Diktatur verboten wurde, galt er in den meisten sozialistischen Ländern als Geheimtip. Mehr oder weniger im Untergrund wurde er als der Autor, der sich am intensivsten mit dem Terror auseinandergesetzt und die Greuel der realkommunistischen Diktaturen vorausgesehen hatte, geradezu verehrt.

Das Werk Kafkas mit seinen traumähnlichen Elementen, seinen religiösen Motiven und seiner doppelbödigen Sprache ist auch für die Psychologie von großem Reiz gewesen. 1931 veröffentlichte Hellmuth Kaiser die erste psychoanalytische Studie über Kafka, worin er viele zuvor religiös gedeutete Motive mit einer Erklärung aus dem Bereich das Sexuellen versehen hatte. Gerade weil über Kafka eine Unmenge biographischer Details bekannt sind, verführen diese Deutungen immer wieder dazu, Literatur mit Biographie, Dichtung mit Wahrheit kurzzuschließen und die ästhetische Formung und analytische Distanz Kafkas zu seinen Texten zu unterschätzen. Zwischen den Helden der Erzählungen und Romane und Kafka selbst besteht für sie oft kein nennenswerter Unterschied.

So meinte man vor allem in den Texten »In der Strafkolonie«, »Der Proceß« und »Die Verwandlung« Kafkas Homosexualität oder zumindest sado-masochistische Neigungen zu finden. Kaum eine der psychoanalytischen Deutungen kommt ohne Diagnose eines starken Ödipuskomplexes aus. Und zahlreich sind die Feststellungen, daß eine gewünschte und nicht erfolgte Verschmelzung mit der Mutter Grund für Kafkas Mißverhältnis zwischen Erkenntnisdrang und Erkenntnisverschleierung sei.

In den letzten fünfundzwanzig Jahren aber ist die Literaturwissenschaft von dieser allzu simplen Hermeneutik abgerückt und konzentriert sich mehr darauf, die Texte unter verschiedenen Aspekten zu beleuchten oder ihre Entstehungsgeschichte weiter aufzudecken. Auf diesem Weg sind neue große Untersuchungen oder Biographien entstanden, die mehr durch Sachkenntnis als durch gewagte Thesen brillieren. Gerade Reiner Stachs großangelegtes Biographieprojekt verdient viel Lob, weil es akribisch, und ohne je ins Fabulieren zu verfallen, Kafkas Wege verfolgt und mit einfühlsamen und intelligenten Textzitaten montiert.

Sich auf Kafkas Spuren zu begeben, sich in den Kosmos seiner Texte einzulassen, einzulesen, vielleicht sogar einzuschreiben ist eines der gewagtesten und gleichzeitig reizvollsten und wunderbarsten literarischen Abenteuer. Aber wie oberflächlich oder tief man auch bleiben oder werden möchte, man wird mit den Texten Kafkas nie an ein Ende gelangen. Letztlich bleibt nur das wahr, was Kafka Felice Bauer als das Geheimnis des Zuhörens, Lesens, auf den Text Vertrauens und sich auf ihn Einlassens beschreibt: »Die innere Wahrheit« einer Geschichte, lasse sich niemals allgemein festschreiben, sondern sie müsse »immer wieder von jedem Leser oder Hörer von neuem zugegeben oder geleugnet werden«.

# Franz Kafka.
# Ein magerer Steckbrief für ganz Eilige

Franz Kafka war sehr mager. Er war der magerste Mensch, den er kannte. Auch sein Leben war äußerlich mager. Franz Kafka wurde am 3. Juli als erstes Kind des Kaufmanns Hermann Kafka und seiner Frau Julie, geborene Löwy, in Prag geboren. Außer Berlin hat Kafka lediglich München, Zürich, Paris, Mailand, Wien, Budapest, Venedig und Verona gesehen. Kafka war Jude. Er besuchte die Nordsee, die Ostsee und die italienische Adria. Kafka war oft verliebt, am heftigsten in die Journalistin und Kofferträgerin Milena Jesenská, am glücklichsten in Dora Diamant. Franz Kafka war dreimal verlobt; zweimal mit der leitenden Angestellten Felice Bauer, einmal mit der Prager Sekretärin und späteren Modistin Julie Wohryzek.

Franz Kafka studierte Chemie, Germanistik und Kunstgeschichte, dann entschied er sich für Jura und promovierte 1906 zum Doktor der Rechte. Franz Kafka war lange Zeit seines Lebens Vegetarier. Franz Kafka mochte Möbel aus Hellerau. Franz Kafkas Augenfarbe ist strittig. Franz Kafka hatte drei Schwestern. Franz Kafka arbeitete als Jurist in der Arbeiter-Unfall-Versicherungs-Anstalt. Er wurde am 1. Juli 1922 pensioniert. Kafkas beste Freunde waren Max Brod, Ernst Weiß, Milena Jesenská, Robert Klopstock und Oskar Baum. Franz Kafka schrieb fast täglich mindestens einen Brief. Ein einziger dieser Briefe sagt zehnmal mehr aus als dieser Steckbrief.

Nur ungefähr vierzig Prosatexte konnte Franz Kafka in seinem kurzen Leben schreiben. Darunter sind die drei Romanfragmente »Der Verschollene«, »Der Proceß« und »Das Schloß« und neun große Erzählungen: »Das Urteil«, »Der Heizer«, »Die Verwandlung«, »In der Strafkolonie«, »Ein Bericht für eine

Akademie«, »Erstes Leid«, »Eine kleine Frau«, »Ein Hungerkünstler« und »Josefine, die Sängerin oder Das Volk der Mäuse«. Franz Kafka schrieb ungefähr 3400 Seiten Literatur. Davon befand er nur ungefähr 350 Seiten für veröffentlichungswürdig. Franz Kafka erhielt 1915 die Preissumme des Fontane-Preises, aber nicht den Preis selbst.

Franz Kafka war Hypochonder und erkrankte an Tuberkulose. Franz Kafka hielt sich viel in Sanatorien auf. Auch dort will er keinen Menschen getroffen haben, der so mager war wie er. Franz Kafka lebte in Prag, Zürau und Berlin. Franz Kafka hatte ein Problem mit seinem Vater. Franz Kafka starb am 3. Juni 1924 in Kierling bei Wien. Franz Kafka vermutete, daß er so mager war, weil alles, was nicht gänzlich lebensnotwendig war, in sein Schreiben floß.

# »Auf der Galerie«

»Wenn irgendeine hinfällige, lungensüchtige Kunstreiterin in der Manege auf schwankendem Pferd vor einem unermüdlichen Publikum vom peitschenschwingenden erbarmungslosen Chef monatelang ohne Unterbrechung im Kreise rundum getrieben würde, auf dem Pferde schwirrend, Küsse werfend, in der Taille sich wiegend, und wenn dieses Spiel unter dem nichtaussetzenden Brausen des Orchesters und der Ventilatoren in die immerfort weiter sich öffnende graue Zukunft sich fortsetzte, begleitet vom vergehenden und neu anschwellenden Beifallklatschen der Hände, die eigentlich Dampfhämmer sind – vielleicht eilte dann ein junger Galeriebesucher die lange Treppe durch alle Ränge hinab, stürzte in die Manege, riefe das Halt! durch die Fanfaren des sich immer anpassenden Orchesters.

Da es aber nicht so ist; eine schöne Dame, weiß und rot, hereinfliegt, zwischen den Vorhängen, welche die stolzen Livrierten vor ihr öffnen; der Direktor, hingebungsvoll ihre Augen suchend, in Tierhaltung ihr entgegenatmet; vorsorglich sie auf den Apfelschimmel hebt, als wäre sie seine über alles geliebte Enkelin, die sich auf gefährliche Fahrt begibt; sich nicht entschließen kann, das Peitschenzeichen zu geben; schließlich in Selbstüberwindung es knallend gibt; neben dem Pferde mit offenem Munde einherläuft; die Sprünge der Reiterin scharfen Blickes verfolgt; ihre Kunstfertigkeit kaum begreifen kann; mit englischen Ausdrükken zu warnen versucht; die reifenhaltenden Reitknechte wütend zu peinlichster Achtsamkeit ermahnt; vor dem großen Salto mortale das Orchester mit aufgehobenen Händen beschwört, es möge schweigen; schließlich die Kleine vom zitternden Pferde hebt, auf beide Backen küßt und keine Huldigung des Publikums für genügend erachtet; während sie selbst, von ihm gestützt, hoch auf den Fußspitzen, vom Staub umweht, mit ausgebreiteten Armen, zurückgelehntem Köpfchen ihr Glück mit dem ganzen Zirkus teilen will – da dies so ist, legt der Galeriebesucher das Gesicht auf die Brüstung und, im Schlußmarsch wie in einem schweren Traum versinkend, weint er, ohne es zu wissen.«

Musik! Tantararatei! Peitschenknallen! Tusch! Von sehr weit oben betreten wir die Welt Kafkas, blicken kurz in eine Zirkusmanege und sehen, vermutlich, die Darbietung einer gefeierten Kunstreiterin, die wie ein strahlender Engel oder das Leben selbst in das staubige Kreisrund tief unter unseren Füßen hereinfliegt.

Bevor es zu dieser hinreißenden Darbietung überhaupt kommen kann, sehen wir im ersten Satz dieser nur aus zwei Sätzen bestehenden Geschichte allerdings etwas anderes: den Wunschtraum eines jungen männlichen Besuchers von dem Drama einer Ausbeutung, in das er eingreifen, das große »Halt!« rufen könnte. Wir sehen eine hinfällige Lungensüchtige mit sehr grauer Zukunft, einen erbarmungslos peitschenschwingenden »Chef« und ein Pferd, das mit hingebungsvoller Übertreibung »monatelang ohne Unterbrechung« im Kreis herum getrieben wird. Und wir beten dafür, daß der »junge Galeriebesucher«, der »vielleicht« aufsteht, tatsächlich die lange Treppe hinabeilen, das »Spiel« anhalten möge, um dieses bedauernswerte Geschöpf aus den Klauen des »sich immer anpassenden Orchesters« zu reißen; so schön und schwülstig in seiner Sozialromantik wird das Bild vor uns gemalt.

Im zweiten Satz aber folgt die Ohrfeige: Die eben noch schwindsüchtige Kunstreiterin ist nicht nur eine abstandgebietende Dame, sie ist dem »Direktor« auch so viel wert wie seine eigene Enkeltochter, selbst wenn oder gerade weil er ihre »Kunstfertigkeit kaum begreifen« kann. Und uns bleibt nichts anderes übrig, als mit dem jungen Galeriebesucher im Taumel des Schlußmarschs der letzten Worte der Geschichte das Gesicht ruckartig auf die Brüstung zu legen und besinnungslos zu weinen.

Aber wenn wir, nur für einen Moment, noch bei Besinnung bleiben – worüber weinen wir eigentlich? Über das Wörtchen »wenn« oder eine verpaßte Chance, uns – vielleicht – als Helden zu qualifizieren? Das wäre dann doch ein bißchen zu sozialromantisch.

Viel eher weinen wir doch, weil wir nur zu gut wissen, daß es »in Wahrheit« viel mehr lungenkranke, unerlöste, sich prostituierende, nur von den »Dampfhämmern« der beifallklatschenden Hände begleitete Kunstreiterinnen auf dieser Welt gibt als vom Direktor gehätschelte engelsgleich »hereinfliegende« rot-weiße Enkeltöchter auf Apfelschimmeln. Uns selbst zum Beispiel, die wir in einer entfremdeten Umgebung, Alltag genannt, »monatelang ohne Unterbrechung im Kreise rundum getrieben« werden.

Und Kafka selbst, die Literatur? Soll sie es sein, die rettend »durch alle Ränge« der Gesellschaft eingreift und uns in Form eines jungen Galeriebesuchers erlöst? Ist der junge Galeriebesucher eine Art Jesus, ein Messias, der eingreifen würde, wenn es uns denn tatsächlich so schlecht ginge? Ja, was denn nun: Geht es uns nicht erbarmungswürdig genug? Läßt sich der Heiland etwa durch die Zirkusmusik täuschen? Hat die Literatur denn in der kunstfertigen Spaßgesellschaft des zweiten Satzes keinen Platz mehr?

In Wahrheit weinen wir vielleicht, weil trotz aller Schäbigkeit, Brutalität und Stumpfsinnigkeit der erste Teil der Geschichte noch so etwas wie Würde verspricht, den der zweite, auf den ersten Blick so viel positiver erscheinende Teil nicht mehr bereithält. Aus dem »Spiel« des ersten Satzes, dem großen, erhabenen Spiel des Lebens, wird im zweiten Teil die bloße »Kunstfertigkeit«, inmitten von »Livrierten«, die zu »peinlichster Achtsamkeit« angehalten werden. Aus dem erbarmungslosen »Chef« wird der gütige »Großvater-Direktor«. Und weit brauchen wir nicht zu gehen, um vom Jahve des Judentums auf das infantilisierte christliche Bild des »Christkindes« zu kommen. Sagte ich vorhin, wir beten darum, daß der junge Galeriebesucher aufsteht und einschreitet? Ich bin mir nicht mehr sicher.

»Nun stehen vor mir 4 oder 5 Geschichten aufgerichtet, wie

die Pferde vor dem Cirkusdirektor Schumann bei Beginn der Produktion«, schreibt Kafka 1915, etwa ein Jahr bevor er – vermutlich im November 1916 – in der extra angemieteten Wohnung in der Alchimistengasse in Prag für den Band »Ein Landarzt« die Parabel »Auf der Galerie« verfaßte. Ist also »Auf der Galerie« eine Lebensbeschreibung Kafkas – sein Dasein zwischen Glanz und Elend des Schreibens? Ist sie religiös-theologisch zu verstehen, im Sinne einer Gotteskritik? Oder psychologisch als Darstellung eines ödipalen Wunschtraumes? Von diesem Moment an können wir uns aus der Manege unserer im Kreis rotierenden Gedanken nicht mehr befreien. Gesellschaftskritik, Kunstkritik, Theologie: Hatte die Geschichte uns nicht versprochen, daß wir als Besucher einen Galerieplatz erhalten, auf dem wir alles sehen können, ohne uns einmischen zu müssen? Erhielten wir nicht sogar Absolution durch das Ende der Geschichte, wo es heißt, daß wir »wie in einem schweren Traum« versinken dürften?

Schon haben wir ein erstes schönes Beispiel dafür, warum Kafka uns nicht losläßt, anders gesagt: Hier sehen wir, daß Kafkas Texte kein richtiges Ende besitzen, sondern uns nur vorläufig freigeben.

Die Darbietung ist vorüber, die Livrierten räumen auf und machen das Licht aus, irgendwo lacht jemand, und es hört sich nach Schadenfreude an oder nach einem großen Spaß, auch wenn wir nicht verstehen können, worüber sich dieser Jemand amüsiert. Und bevor wir uns nun daranmachen wollen, chronologisch Kafkas Spuren und Kafkas Werk zu folgen, halten wir noch einmal inne.

In all dem Trubel haben wir nicht gemerkt, wo uns der Text abgesetzt hat: mit dem Gesicht nach unten auf die Brüstung. In dieser formvollendeten Geschichte gibt es aber nur eine Brüstung: die Leere des Absatzes zwischen dem ersten und dem zweiten Satz. »Weil dies so ist«, weil das Leben so und nicht anders ist, verharren wir wie in einem schweren Traum zwischen den denkbaren Möglichkeiten unseres Daseins und weinen. Ohne zu wissen, worüber? Ohne es zu wissen.

# »Das Urteil«. Eine Geschichte für Fräulein Felice B.

22. September 1912, nachts. In der elterlichen Wohnung ist es ruhig geworden, alles schläft. Franz geht in sein Zimmer, sieht aus dem Fenster, setzt sich an den Schreibtisch, stellt ein neues Tintenfaß neben sich. In einem einzigen Atemzug, »von zehn Uhr abends bis sechs Uhr früh«, in nur acht Stunden Schreibrausch, wird Kafka über zwanzig Manuskriptseiten neben sich legen können. Ein Manuskript, in dem die unnachahmliche Durchdringung von intimsten Erlebnissen und fugenhafter Form schon auf höchstem Niveau gelungen ist und die meisten seiner großen Themen bereits vorhanden sind: der Konflikt mit übermächtigen Vätern, Verlobung und nicht erfolgende Heirat, Männerfreundschaft und das Unterworfensein unter ein übermächtiges, undurchschaubares »Gesetz«. »Nur so kann geschrieben werden, nur in einem solchen Zusammenhang, mit solcher vollständigen Öffnung des Leibes und der Seele«, notiert Kafka unmittelbar darauf in eines seiner Quarthefte, die er für Tagebuchnotizen, Entwürfe und Reflexionen benutzte. Und: »Mehrmals in dieser Nacht trug ich mein Gewicht auf dem Rücken.« Alles zuvor Geschriebene verblaßt in diesem epiphanischen Moment, den Kafka als alles in sich reißendes Feuer beschreibt. In dem großen Brennofen des Unterbewußtseins, in dem noch der fernste Gedanke eingeschmolzen werden kann, will Kafka schreiben – ohne Konstruktion, ohne schriftstellerische Tricks, offen, entblößt, in ständigem Staunen darüber, »wie alles gesagt werden kann«.

Es ist mitten in der Nacht, an einem kühlen Herbstabend – und der erste Satz der Geschichte, die den Titel »Das Urteil« tragen wird, lautet: »Es war an einem Sonntagvormittag im schönsten Frühjahr.«

Die Blende geht auf, und wir sehen eine sonnendurchflutete Häuserzeile mit kleinen, pittoresken »leichtgebauten« Häusern an einem von belebten Brücken überzogenen Fluß, ein Gegenbild vom düsteren Prag. Wir schwenken hoch, in ein »Privatzimmer« im ersten Stock und können den jungen, aufstrebenden Unternehmer und Erben Georg Bendemann beim Briefeschreiben beobachten. Der Brief soll nach Sankt Petersburg gehen, weit genug ist das, um über ein paar Entwicklungen und Erfolge nachzudenken. »Von dem Todesfall von Georgs Mutter, der vor etwa zwei Jahren erfolgt war ..., hatte der Freund wohl noch erfahren und sein Beileid in einem Brief mit einer Trockenheit ausgedrückt, die ihren Grund nur darin haben konnte, daß Trauer über ein solches Ereignis in der Fremde ganz unvorstellbar wird. Nun hatte aber Georg seit jener Zeit, so wie alles andere, auch sein Geschäft mit größerer Entschlossenheit angepackt. Vielleicht hatte ihn der Vater bei Lebzeiten der Mutter dadurch, daß er im Geschäft nur seine Ansicht gelten lassen wollte, an einer wirklichen eigenen Tätigkeit gehindert, vielleicht war der Vater seit dem Tode der Mutter, trotzdem er noch immer im Geschäft arbeitete, zurückhaltender geworden.«

Das Frühjahr ist schön, das Geschäft läuft glänzend, der Vater überläßt Georg mehr und mehr Kompetenzen, noch dazu hat sich endlich eine standesgemäße Braut gefunden. Wie schwer hat es doch im Gegensatz dazu der Freund in Sankt Petersburg – er rackert sich ab, ohne richtig fortzukommen, wirkt ausgemergelt, kränklich sogar, pflegt keine Kontakte zu seinen Landsleuten; dazu ist er wohl verdammt, auf ewig Junggeselle zu bleiben. Sollen wir ihm anbieten, wieder nach Hause zurückzukehren? Aber wird er nicht denken, wir wollten ihm nur unser eigenes Glück unter die Nase reiben? Kränken wir ihn nicht durch unsere Schonung? Rasch ist Georg mit dem selbstgerechten Gedanken zur Hand, der schon so manche Freundschaft (und Liebesbeziehung) unwiederbringlich zerstört hat: »So bin ich und so hat er mich hinzunehmen«.

Nur, wie kann man das vom fernen Freund verlangen, wenn eine schwere Hypothek auf der Beziehung lastet? Wenn man dem Freund zwar noch den Tod der Mutter mitgeteilt und auch bekanntgegeben hat, daß der Vater zunehmend vom Geschäft zurücktritt, aber Expansion und Erfolg des eigenen Geschäftes sowie die Verlobung mit dem reizenden und wohlhabenden Fräulein Frieda Brandenfeld unterschlagen hat, mit der man »recht glücklich« ist und die den Freund ja auch gern kennenlernen würde? Die schon nebenbei spitz bemerkt, wenn man solche Freunde habe wie Georg, dann solle man erst gar nicht heiraten?

Schließlich laden wir also den Freund zur Hochzeit ein. Siegt Wahrheit endlich gegen falsche Rücksichtsnahme? Eher Resignation, denn »ich kann nicht aus mir einen Menschen herausschneiden, der vielleicht für die Freundschaft mit ihm geeigneter wäre, als ich es bin«. Mit »spielerischer Langsamkeit« klebt Georg den Brief zu. Soweit, so sonntäglich. »Endlich steckte er den Brief in die Tasche und ging aus seinem Zimmer quer durch einen kleinen Gang in das Zimmer seines Vaters, in dem er schon seit Monaten nicht gewesen war.«

O nein, nur das nicht! Dafür gibt es überhaupt keinen Grund. Sagt nicht selbst die Geschichte: »Es bestand auch sonst keine Nötigung dazu, denn er verkehrte mit seinem Vater ständig im Geschäft, das Mittagessen nahmen sie gleichzeitig in einem Speisehaus ein, abends versorgte sich zwar jeder nach Belieben, doch saßen sie dann meistens, wenn nicht Georg, wie es am häufigsten geschah, mit Freunden beisammen war oder jetzt seine Braut besuchte, noch ein Weilchen, jeder mit seiner Zeitung, im gemeinsamen Wohnzimmer«? Wir möchten Georg am liebsten auf die Schulter klopfen und sagen: Gut gemacht, Junge, nimm den Brief , wirf ihn in den Kasten oder in den Fluß, völlig egal – aber zeig den Brief um Himmels willen nicht deinem Vater!

Szenenwechsel. Zimmer des Vaters. Statt Sonnenlicht Dunkelheit, der Schatten einer hohen Mauer fällt in das Zimmer. Aber vielleicht geht die Dunkelheit ja auch vom Vater aus? Denn nicht nur die Mauer ist hoch und düster, auch der Vater wirkt auf den Sohn bedrohlich. »– mein Vater ist immer noch ein Riese, sagte sich Georg. ›Hier ist es ja unerträglich dunkel‹, sagte er dann.« Heller wird es in diesem Zimmer nicht mehr werden. Das Dunkel wie die Größe des Vaters werden nicht aus der Perspektive des Erwachsenen Georg, sondern aus dem Blickwinkel des Kindes wahrgenommen, das er einmal war. In diesem Vater wie Sohn umfassenden Dunkel wird dreckige Familienwäsche gewaschen werden. Und das nicht zu knapp. »Beim Anblick der nicht besonders reinen Wäsche machte er sich Vorwürfe, den Vater vernachlässigt zu haben. Es wäre sicherlich auch seine Pflicht gewesen, über den Wäschewechsel seines Vaters zu wachen.«

Georg »sagt sich« das eine und äußert anderes laut. Aber ist das nicht schon lange sein Problem? Und fällt es ihm nicht jetzt nur auf, weil er durch die bevorstehende Hochzeit versucht, sein Leben neu zu ordnen? Dazu gehört auch, Pläne für die Zukunft des alternden Vaters zu schmieden: »Wir müssen da eine andere Lebensweise für dich einführen. Aber von Grund aus. ... Aber das alles hat Zeit, jetzt lege dich noch ein wenig ins Bett, du brauchst unbedingt Ruhe. ... Oder willst du gleich ins Vorderzimmer gehen, dann legst du dich vorläufig in mein Bett. Das wäre übrigens sehr vernünftig.« Die Entmündigung schreitet voran, sehr vernünftig macht sich Georg daran, seinen Vater ins Bett zu verfrachten, Teilschritte bei dem Plan, die Stelle des Vaters selbst einzunehmen, ihn in sein, in das Bett des Kindes zu legen. Alles scheint soweit normal, die Brutalität von Pflege in der eigenen Familie eingerechnet. Zunächst gibt der Vater auch den verwirrten und gebrechlichen alten Mann, der sich herumtragen läßt und dabei an der Uhrkette Georgs nestelt. Auf die Ankündigung Georgs, den Freund einladen zu wollen, kommt aus dem zahnlosen Mund des Vaters die scheinbar senile Feststellung: »Du hast keinen Freund in Petersburg. ... Wie solltest du denn gerade dort einen Freund haben!«

Mit einmal erhebt sich der Vater, steht im Bett auf wie ein Riese, entblößt sich auf unzüchtige Weise und macht seinem Sohn die ungeheuerlichsten Vorwürfe, anfangend mit der Verlobten – ein Glanzstück Kafkascher Situationskomik: »›Weil sie die Röcke gehoben hat‹, fing der Vater zu flöten an, ›weil sie die Röcke so gehoben hat, die widerliche Gans‹, und er hob, um das darzustellen, sein Hemd so hoch, daß man auf seinem Oberschenkel die Narbe aus seinen Kriegsjahren sah, ›weil sie die Röcke so und so und so gehoben hat, hast du dich an sie herangemacht, und damit du an ihr ohne Störung dich befriedigen kannst, hast du unserer Mutter Andenken geschändet, den Freund verraten und deinen Vater ins Bett gesteckt, damit er sich nicht rühren kann.‹«

Wie reagiert Georg auf solche Vorwürfe? Steifer als ein Brett. Der angeklagte Sohn verteidigt sich nicht. Statt dessen denkt er darüber nach, wie er den Vater ins Bett bringen soll, daß seine Wäsche nicht sauber ist usw. Die einzige Art von Antwort, die er zustande bringt, ist der Versuch, den Vater zumindest in Gedanken zu entmündigen, »damit er sich nicht rühren kann« – wie ein schlechtes Gewissen. Der Vater aber durchschaut Georg und reagiert spöttisch: »›Ja, freilich habe ich Komödie gespielt!‹« Und spätestens ab hier werden die Vorwürfe des Vaters so massiv, daß wir nicht mehr wissen, wem wir glauben sollen: unserem ersten Eindruck eines zwar vielleicht ethisch nicht sehr reifen jungen Mannes oder dem eines schon ganz verkommenen, herzlosen Egoisten, der zu Recht vom Vater zum Tode durch Ertrinken verurteilt wird. Der Urteilsspruch lautet: »Jetzt weißt du also, was es noch außer dir gab, bisher wußtest du nur von dir! Ein unschuldiges Kind warst du ja eigentlich, aber noch eigentlicher warst du ein teuflischer Mensch! – Und darum wisse: Ich verurteile dich jetzt zum Tode des Ertrinkens!« Georg, unschuldiges Kind und schuldiger Mensch, bleibt nur, fassungslos den Vater anzustaunen: »›Du hast mir also aufgelauert!‹«

Wer aber hat denn nun recht? Georg, der das Gefühl hat, daß es seine Pflicht gewesen wäre, die Verantwortung für die Wäsche des Vaters zu übernehmen? Aber wie sollte – übertragen gefragt – die Generation der Söhne für die moralischen Verfehlungen der Väter aufkommen? Sei es für die schmutzige Wäsche oder für die »Narben«, die sich jene in ihren Geschlechterkriegen eingefangen haben. Der erfolgreiche Jungmanager, der den Tod der Mutter und die Trauer des Vaters in Gedanken so eng mit seinem eigenen beruflichen Fortschritt verknüpft, daß es beinahe wie ein Glücksfall erscheint? Der Sohn, der so wenig Familiensinn zeigt, daß er mit seinem Vater zwar »gleichzeitig« im Gasthaus ißt, aber eben nicht »zusammen«? Dessen einzige Gemeinsamkeit mit dem Vater darin besteht, daß sie mitunter abends, jeder mit seiner Zeitung bewaffnet, im »gemeinsamen« Wohnzimmer sitzen? Der starke Nachkömmling, der seinen Vater ins Bett tragen und für immer zudecken möchte – wie in einem Grab?

Oder ist der Vater, von dessen Stamm das »Früchtchen«, wie er seinen Sohn nennt, nicht weit gefallen ist, im Recht? Der sich auch in der kapitalistischen Gesellschaft durchgekämpft hat – und wir wissen, daß dabei Anpassung vonnöten ist und nicht moralische Größe – und der nun einfach seinen Platz nicht räumen will? Der an der Uhrkette herumspielt, um klarzumachen, daß er die Zeit des Sohnes in den Händen hält? Der nicht zu seinem Sohn steht, sondern lieber den Freund zum Sohn gehabt hätte? Der ihn betrügt und hintergeht und damit offenbar macht, was Georg selbst weiß: Er hat keinen Freund in Petersburg? Denn Freundschaft kann nur da sein, wo es die Tapferkeit der »Wahrheit vor dem Freund« gibt.

Dieser rätselhafte Freund. Alle scheinen mehr von ihm zu wissen als Georg selbst. Ist er ein Revolutionär? Ein Sozialist? Georgs verdrängte freiheitssuchende Individualität, die sich nicht der bürgerlich-kapitalistischen Welt beugen wollte? Verkörpert er die Freiheits- und gleichzeitige Todessehnsucht des bürgerlichen Individuums? Kafka notiert in seinen Aufzeichnungen am 11. Februar 1913: »Die Entwicklung der Geschichte zeigt nun, wie aus dem Gemeinsamen, dem Freund, der Vater hervorsteigt und sich als Gegensatz Georg gegenüber aufstellt ...« Georg unterliegt in dieser »Gegenüberstellung« wie in einem kriminalistischen Verfahren. Er nimmt »Das Urteil« seines Vaters – Tod durch Ertrinken - an, rennt aus dem Haus (der größtmögliche Gegensatz zur spielerischen Langsamkeit des Anfangs) und stürzt sich mit dem Ausruf »Liebe

Eltern, ich habe euch doch immer geliebt« von einer Brücke, in eben jenen Fluß, dessen Rauschen wir am Anfang der Geschichte von ferne hörten.

Die Nacht in Prag ist vorüber. Draußen vor der Tür werden die Alltagsgeräusche hörbar. Kafka holt noch einmal Luft: Der Atemzug der Geschichte ist fast zu Ende, versiegt in den Fluten eines namenlosen Wassers. Zweimal kommt in Georgs letztem Satz das Wort Liebe vor. Heißt das: Ich habe euch geliebt, liebe Eltern – aber nicht gehorcht? Sehr laut ist dieses Ende, auf jeden Fall: pubertär laut. Um es zu übertönen, muß die Welt einiges aufbieten. Und das tut sie auch mit ihrer Gnadenlosigkeit gegenüber jedem pubertären Gefühl, zumindest bei Kafka: »In diesem Augenblick ging über die Brücke ein geradezu unendlicher Verkehr.« Diese Geschichte, in der nichts – außer jener seltsam beteuerten Liebe zu den Eltern, die ja durch den Tod der Mutter in keiner Zweiheit mehr existieren –, aber auch wirklich gar nichts »geradezu« oder »unendlich« ist, am wenigsten der »Verkehr«, sei es der persönliche, der briefliche oder der sexuelle – diese Geschichte findet ihr Ende also in dem versöhnlich-unversöhnlichen Bild der Brücke, über die das Leben endlos weiterrollt, auch wenn dabei ein Einzelschicksal unter die Räder gerät. Georg muß seine Schuld erkannt haben, das »Teuflische« seines Nicht-Lebens in der Nachahmung des Vaters, seine Doppelzüngigkeit, seine Kaltblütigkeit, muß seine Lieblosigkeit und seinen Machtwillen als tödlich zu ahnende Verbrechen anerkannt haben. Warum ist es aber der Vater, der Georg ja so ähnlich ist, der die Macht hat, dieses Urteil auszusprechen? Die Antwort könnte lauten: weil er Georg besser kennt als dieser sich selbst, denn »den Vater muß glücklicherweise niemand lehren, den Sohn zu durchschauen«. Keine Moral, allein die Machtfülle befähigt die Vätergeneration zu ihrem Urteil über die Söhne. Am 11. Februar 1913 schreibt Kafka in sein Quartheft: »Anläßlich der Korrektur des ›Urteils‹ schreibe ich alle Beziehungen auf, die mir in der Geschichte klargeworden sind, soweit ich sie gegenwärtig habe. ... Georg hat so viel Buchstaben wie Franz. In

Bendemann ist ›mann‹ nur eine für alle noch unbekannte Möglichkeit der Geschichte vorgenommene Verstärkung von ›Bende‹. Bende aber hat ebenso viele Buchstaben wie Kafka und der Vokal e wiederholt sich an den gleichen Stellen wie der Vokal a in Kafka. Frieda hat ebensoviele Buchstaben wie F. und den gleichen Anfangsbuchstaben, Brandenfeld hat den gleichen Anfangsbuchstaben wie B. und durch das Wort ›Feld‹ auch in der Bedeutung eine gewisse Beziehung.« »Eine gewisse Beziehung«? Nur nicht so bescheiden. Gehen wir doch in den Assoziationsketten noch einen Schritt weiter: Brandenfeld ist ein »brennendes« oder »verbranntes Feld«, im Zusammenhang mit »Frieda« kann man fast an einen Friedhof denken; Weiterführung und Verkehrung des Bettengrabs, in das der Vater sich nicht legen läßt. Kein guter Ort jedenfalls für eine »Bauer«, wenn sie auch den glücklichen Namen »Felice« trägt. Kafka fällt das selbst auf, wenn er am 14. August 1913 für sich notiert: »Folgerungen aus dem ›Urteil‹ für meinen Fall. Ich verdanke die Geschichte auf Umwegen ihr. Georg aber geht an der Braut zugrunde.« Wäre Felice Bauer einfühlsamer gewesen, hätte sie hier aufhorchen müssen und ihren Dichter in den Wind schicken sollen – oder in den Fluß. Mit dem Namen »Bendemann« »bindet« sich Kafka einen seltsamen Charakter ans Bein, ein Alter ego, bestehend aus Blindheiten, Furcht, »Aussetzern« und gepflegter Biederkeit – einen »Jedermann« der widerlichsten Sorte. So etwas kann sich rächen. »Kunst ist ein Spiegel, der uns vorausgeht wie eine Uhr – manchmal«, schreibt Kafka später. Georg Bendemann ist geboren und auch gleich wieder gestorben, die »K.s« werden ihn in späteren Werken ersetzen. Der Mythos Kafka aber ist hier zwischen Privatzimmer und Brücke, zwischen Feierabend und Werktagsmorgen gerade erst geboren; Kafka schreibt anläßlich der Druckfahnenkorrektur: »wie eine regelrechte Geburt mit Schmutz und Schleim bedeckt«. Und wenn es auch nicht das schönste Kind ist, so wird Kafka auf diesen ersten Sohn immer besonders stolz sein. »Das Urteil« wird bis an sein Lebensende eines seiner Lieblingswerke bleiben.

# »Beschreibung eines Kampfes«. Warum aus Kafka kein Landschaftsdichter geworden ist

In der abendlichen Sonne
sitzen wir gebeugten Rückens
auf den Bänken in dem Grünen.
Unsere Arme hängen nieder,
unsere Augen blinzeln traurig.

Und die Menschen gehn in Kleidern
schwankend auf dem Kies spazieren
unter diesem großen Himmel,
der von Hügeln in der Ferne
sich zu fernen Hügeln breitet.

Schließlich hatte man Franz, wie beinahe immer, hinauskomplimentieren müssen. Zu lange war er wieder bei der Familie seines Freundes Max Brod gesessen und hatte die Atmosphäre – beinahe sprachlos – wie ein Schwämmchen aufgesaugt. Feinen Geschmack besaß man hier und ein Interesse an Geistesdingen. Diese Familie, in der man stolz war auf den schriftstellernden Sohn und seine »intellektuellen« Freunde; die mit Gesprächen ausgefüllten Abende, die so viel freundlicher waren als Kafkas eigenes Zuhause – neidvoll und dankbar mußte man dafür sein.

So war der Abend ruhig dahingeschritten. Jetzt aber, als er sich im Eingang den Mantel anzog, war Kafka aufgeregt. Die Tür hatte er nur halb geschlossen. Sein Schatten ragte, als er sich die Handschuhe überstreifte, lang und dünn ins Wohnzimmer. Der Blick in den Spiegel fiel kritisch aus: Das Gesicht durch die nächtliche Arbeit der letzten Wochen noch hagerer, spitzer, fuchsiger. Die Wangenknochen traten viel zu stark hervor, das machte die Nase länger. Durch den neuen Haarschnitt konnte nun auch jeder die wie Harfen geschwungenen Ohren sehen. Die Augen entweichend. Mager, dunkel, ohne erinnerbare Farbe. Vielleicht braun, vielleicht grau, vielleicht aber auch blau. Die Arme erschienen in dem dünnen Mantel viel zu lang, da halfen auch die neuen Handschuhe aus Ziegenleder wenig – und die Gymnastik sah man seinem Körper nun wirklich nicht an. Die Farbe, die sein Gesicht nach dem Urlaub mit Max hatte, war wieder verblaßt.

Franz spitzte die Lippen, um zu pfeifen, aber es kam nur ein Seufzer heraus. Vielleicht würde sich ja Max noch zu einem Spaziergang auf die Prager Burg oder den Laurenziberg überreden lassen. Und vielleicht würde er dann den Mut aufbringen, dem in der Literaturwelt schon viel bekannteren Freund von dieser kleinen Geschichte zu erzählen …

Er würde ihm erzählen, wie er von diesem einen Gedicht endlich zur erzählenden Prosa gefunden hatte. Wie die Verse in »Beschreibung eines Kampfes« auftauchten und sich verwandelten. Nicht lautlos, sondern in hohem Kampf. Der Kampf, der fortan im Werk Kafkas zu den wichtigsten Motiven gehörte. Denn nicht der Kampf, den wohl jedes junge Talent zu kämpfen hat, um sich Gehör zu verschaffen, stand hier, wie so oft in den Gesprächen mit dem umtriebigen Max, im Vordergrund, sondern die »Beschreibung«, Herbeischreibung des Kampfes mit der Sprache selbst.

»Gegen zwölf Uhr standen schon einige Leute auf, verbeugten sich, reichten einander die Hände, sagten, es wäre sehr schön gewesen, und gingen dann durch den großen Türrahmen ins Vorzimmer, sich anzukleiden. Die Hausfrau stand mitten im Zimmer und machte bewegliche Verbeugungen, während ihr Kleid gezierte Falten warf.«

Und wie hier gekämpft wurde, Max, schau, vom ersten Satz an! Kurz vor zwölf, also höchste Eisenbahn, mit dem Schreiben endlich anzufangen, wollten die Worte doch nicht richtig fließen. Aufstehen, sich die Hände schütteln und sagen, es sei sehr schön gewesen. Statt dessen stehen sie steif im Türrahmen herum. Nein, nicht nur das Kleid der Hausfrau wirft gezierte Falten, auch die Sprache selbst hat, wie es einen Absatz weiter lautet, nur »feinen Geschmack«. Sie verliert sich in den Nebensätzen, wirkt »unbeweglich«, obwohl sie versucht, »bewegliche Verbeugungen« zu unternehmen.

Zum Schreiben braucht man Hände. Nach einem aufmunternden Schlag auf den Rücken des Bekannten aber heißt es, daß den Erzähler Scham ergriff, »so daß ich meine Hand ungeschickt zurückzog. Da sie mir unnötig war, steckte ich sie in die Tasche meines Rocks.«

Dort bleibt sie, bis sie sich zu verabschieden hat, und dann wird über sie gesagt: »Ihre Hand ist sehr kalt, die Lippen des Stubenmädchens waren wärmer, o ja. Ich nickte verständig.« Die kämpfende Hand kann nie kalt sein, weil sie sich in Aktion befindet, aber die den Kampf unbeteiligt beschreibende kann es sehr wohl. Daher auch die ersten Titel von Kafkas frühen Veröffentlichungen in der Zeitschrift »Hyperion«: »Betrachtungen«, ein Titel wie Diabelli-Etüden. Wie sagte Robert Musil in seiner Rezension: »demütig gewählte Nichtigkeit des Stoffes«, und: Sie haben mit den »absichtlich seitenfüllenden Sätzen etwas von der gewissenhaften Melancholie, mit der ein Eisläufer seine langen Schleifen und Figuren ausfährt«.

Lauter Umwege auf dünnem Eis fährt die Sprache der frühen Prosa. Welch ein Unterschied zu dem sicheren Umgang mit Motiven und Sprache im »Urteil«. Welch ein Unterschied auch zwischen der Brisanz des Generationenkampfes und dem Thema der »Beschreibung eines Kampfes«. Hier wird erst darum gekämpft, die Dinge, die sich immer wieder zurückziehen wollen, in die Sprache zu bringen. »Am Abend trägt niemand, der allein lebt, Verantwortung. Man fürchtet manches. Daß vielleicht die Körperlichkeit entschwindet, daß die Menschen wirklich so sind, wie sie in der Dämmerung scheinen, daß man ohne Stock nicht gehen dürfte, daß es vielleicht gut wäre, in die Kirche zu gehen und schreiend zu beten, um angeschaut zu werden und einen Körper zu bekommen.«

Seltsam klar tritt uns vor Augen, warum Kafka mit seinem

Schreiben so unzufrieden war. Körperlosigkeit, Isolation, unbestimmte Furcht. Das ganze Unterfangen »Prosa« drohte für ihn durch diese Ängste schon zu Beginn zu scheitern. Genauso übrigens wie die Beziehung zwischen den beiden Bekannten, die sich von dem anfangs beschriebenen Haus aus auf einen längeren gemeinsamen Spaziergang begeben.

Und wie steif die Gespräche, die Dialoge mit deutlichem pragerdeutschem Einschlag, die stets zwischen Sprachnot und Sprachschwulst schwanken. Der Bekannte spricht pausenlos über sein Glück bei den Frauen und merkt dabei gar nicht, wie unpassend das gegenüber dem Erzähler ist. Aus lauter Verzweiflung rennt dieser mal voraus, mal bleibt er beinahe stehen, wirft prahlerisch den Hut hoch; mal bildet er sich ein, alleine spazierenzugehen. Das alles in einem Nichts – einer Landschaft, die nicht beschrieben wird.

Kafka steht unschlüssig und ein wenig verloren im Eingang. Draußen jagen Wolken über den Prager Nachthimmel, die Gaslaternen werfen zitterndes Licht. Von der Moldau steigt ein dunkler Geruch auf. Franz will Max noch unbedingt erzählen, wie er das mit dem Gedicht herausgefunden hat. Doch das Wetter draußen lädt nicht gerade zu Spaziergängen ein. Wie kann er den Freund überreden, dennoch mit ihm auf die Straße zu gehen? Da kommt ihm ein Zufall zur Hilfe. Max selbst ist es, der noch mit Franz ein kleines, süßes Geheimnis besprechen möchte, das sich für die Ohren im Hause Brod nicht schickt. Mit verschwörerischem Lächeln hakt er sich bei Franz ein und springt munter die Treppenstufen des Eingangs hinunter. Kafka fühlt ein Stechen in der Brust.

»Mich aber rührte es sehr, und es wurde mir schmerzlich, daß ihm vielleicht meine lange Gestalt unangenehm sein könnte, neben der er vielleicht zu klein erschien. Und dieser Umstand quälte mich, trotzdem es doch Nacht war und wir fast niemandem begegneten, doch so sehr, daß ich meinen Rücken so gebückt machte, daß meine Hände im Gehn meine Knie berührten. Damit aber mein Bekannter meine Absicht nicht merke, veränderte ich meine Haltung nur ganz allmählich mit großer Vorsicht und suchte seine Aufmerksamkeit von mir abzulenken durch Bemerkungen über die Bäume der Schützeninsel und über die Spiegelung der Brückenlampen im Flusse. Aber mit plötzlicher Wendung drehte er sein Gesicht zu mir und sagte nachsichtig: ›Warum gehen Sie denn so? Sie sind ja jetzt ganz gebückt und fast so klein wie ich!‹«

Wieder steigt in Kafka dieses Seufzen auf. Was hätte Max schon zu dem Gedicht sagen können. Anstatt den Morgen des Lebens zu besingen, sitzen »wir« »in der abendlichen Sonne«. Franz, wie kommt ein junger Mann wie du bloß dazu, so ein Großvaterthema zu wählen? Na schön, sehen wir es uns wenigstens einmal an. Wie sitzt es sich in dieser abendlichen Sonne? Warm und bequem unter Freunden, wohlig erschöpft nach einem erfolgreichen Tagwerk? Nein, mit gebeugtem Rücken sitzen »wir«, die Last des Tages schwer auf unseren Schultern, die Arme hängen müde herab, lang wie die Zweige der Trauerweiden in den Grünanlagen längs der Moldau; lang auch wie die Arme eines Affen, und genauso traurig wie die Augen eines Käfigtieres blinzeln auch unsere.

Franz ist verzagt, er gibt Max recht, weiß selbst, daß das nicht gut ist. Aber schließlich hat der Freund ja noch nicht die Stelle in der Beschreibung gelesen, wie das Bild aus dem Gedicht aufbricht und seinen Platz findet. Max ist noch bei denen »auf den Bänken in dem Grünen«. Er klopft Franz auf die Schulter, macht ein Späßchen: Entschuldigung, Herr Kafka, welche Bänke denn? Ihr Gedicht tut gerade so, als müßte ich die Bänke kennen und das Grün noch dazu! Haben Sie das Gedicht nur für eine bestimmte Klientel geschrieben, zum Beispiel – um im Bild zu bleiben – für die Bewohner eines Altersheims? »Wir sitzen dann alle auf den Bänken in dem Grünen.« Weil es nur diesen einen Flecken Grün überhaupt gibt, auf der ganzen großen weiten Welt? Aber was ist das? Sind das dort nicht die Letzten Menschen Nietzsches, die so scheinbar weltgewandt und weise, vielleicht aber eben auch nur verlegen oder gar verlogen in die Abendsonne der westlichen Kultur blinzeln? Und Max lächelt ein überlegenes Lächeln zurück.

Wenn wir die Augen wieder aufmachen, sind wir in der zweiten Strophe gelandet. In einer Zeile, die an Merkwürdigkeit kaum zu überbieten ist: »Und die Menschen gehn in Kleidern«. Ja bitte schön, Franz, wie denn sonst? Etwa ohne? (Etwa wie der Landarzt aus der gleichnamigen Erzählung, der nackt durch die Winternacht fliehen muß? Oder ohne jene Kleider, an denen Franz seine immer fluchtbereiten Figuren im »Schloß« »gerade noch am Rockzipfel« erwischt?)

Oder ist es die Wahrnehmung von Mäusen, Hunden und noch viel geheimnisvolleren Tieren, die die fremde Rasse der Menschen beobachten, wie sie schwankend (durch ihren Gang auf zwei Beinen?) offenbar sinnlose Wege hinter sich bringt – spazierengehend, anstatt wie ein anständiges Tier zu jagen? Aber noch kennt Kafka keine Antworten auf diese Fragen.

Zurück zum Himmel – »der von Hügeln in der Ferne / sich zu fernen Hügeln breitet.« Wir blinzeln in die Sonne und sehen, daß der Himmel tatsächlich insgesamt recht fern ist und fern bleibt, daß er seine Bewegungen in der Ferne vollzieht und die Wolken über den Hügeln selbst wie Hügel aussehen. Tatsächlich steht im Gedicht aber eine Metamorphose, eine Umkehrung, eine Transzendierung des Himmels, der durch das Gedicht selbst zu Hügeln wird. »Die Eile war nötig. Die Sterne dunkelten schon, und der Mond versank schwächlich im Himmel, wie in einem bewegten Gewässer. ... Die ganze Nacht durch hörte ich jemanden neben mir reden. Ich hörte kaum die Worte selbst, außer einzelne wie ›Bank am Flußufer‹, ›wolkenhafte Berge‹, ›Züge mit erglänzendem Rauch‹, sondern nur die Art ihrer Betonung, und ich erinnerte mich, daß ich mir im Schlafe noch die Hände rieb, vor Freude darüber, daß ich die einzelnen Worte nicht erkennen mußte, da ich eben schlafend war.«

Und vielleicht ist mit dieser Stelle gar der Moment beschrieben, an dem Kafka vom unbewußten Schreiben, vielleicht sogar von der Dichtung, hinüberwechselt zum bewußten, analytischen Schreiben, ohne das die Herstellung von Prosa nicht möglich ist. Eben noch schlafend, die einzelnen Worte traumhaft findend, nur ihrer Musikalität lauschend, wie ein symbolistischer Dichter, sie dann aber in eine Geschichte überführend. »Und dann waren am andern Ufer so wolkenhafte Berge.«

»Wenn ich aber mit geschlossenem Auge sage: Berg, ich liebe dich nicht, denn du erinnerst mich an die Wolken, an die Abendröte und an den steigenden Himmel, und das sind Dinge, die mich fast weinen machen, denn man kann sie niemals erreichen, wenn man sich auf einer kleinen Sänfte tragen läßt.«

Sosehr sich die Geschichte auch müht, ins Surreale geht, die Augen schließt, sich auf einer kleinen Sänfte tragen läßt – es hat keinen Sinn mit ihr. Schemenhaft und schematisch bleibt alles in der »Beschreibung«. Die Welt ist darin in große, unbewegliche Falten zerschnitten.

Am Ende der »Beschreibung eines Kampfes« heißt es: »Eine Laterne nahe an der Mauer oben brannte und legte den Schatten der Stämme über Weg und weißen Schnee, während der Schatten des vielfältigen Astwerkes umgebogen wie zerbrochen auf dem Abhang lag.« Eine – im Bild endlose – Mauer, nein, ihr Schatten: Sprache, die sich im Schwarzweißkontrast von Schnee und Schatten verliert, letztlich ein Geständnis des Scheiterns. Die Geschichte und ihre Motive in jahrelanger Arbeit so oft »umgebogen«, daß das Astwerk ihrer Motive »wie zerbrochen« auf einem abschüssigen Gelände liegt.

Achtzehn kleine, von 1904 bis 1912 entstandene Arbeiten enthält die erste Buchveröffentlichung »Betrachtung«, die meisten von ihnen aus Kafkas Tagebüchern extrahiert. Darunter das berühmte »Zum Nachdenken für Herrenreiter«, das einem alle Nachteile des Gewinnens in einem Rennen aufzählt, so daß der Sieg schließlich so madig gemacht ist, daß man gar nicht mehr gewinnen mag. Dann die wie ein Blitzschlag der Erinnerung einfahrende Geschichte »Kinder auf der Landstraße«, die unstrukturiert und erregt von einer Begebenheit aus der Kindheit erzählt. Oder auch eine ganz kurze »Betrachtung«, in der es einfach nur darum geht, wie der Schatten eines Mannes, der ein kindhaftes Mädchen überholt, dessen Gesicht verdunkelt und – wie nach einem gewonnenen Kampf – wieder freigibt. Kafka war mit all seiner frühen Prosa unzufrieden. Kaum ein Jahr nach Erscheinen seines ersten Buches herrschte er Felice Bauer an, sie solle nicht so »alte« und »schlechte« Bücher lesen.

»Damit diese falschen Stellen, die um keinen Preis aus der Geschichte heraus wollen, mir endlich Ruhe geben, schreibe ich zwei her: ›Seine Atemzüge waren laut wie ein Seufzer über einen Traum, in dem das Unglück leichter zu tragen ist als in unserer Welt, so daß einfache Atemzüge schon genügendes Seufzen sind.‹«

Das Seufzen wird so bald nicht aufhören. Erst mit dem »Urteil« wird es Kafka gelingen, nicht nur Kleiderfalten zu beschreiben, nicht nur Schatten auf Gesichtern, nicht nur »als ob«-Geschichten oder kurze Erinnerungen, sondern Körper und ihre Handlungen. Naturstudien wird er dazu allerdings, bis auf wenige Ausnahmen, aufgeben müssen. Es lag Kafka einfach nicht. Natur wird daher in den folgenden Texten zum »Naturtheater« oder zur undurchsichtigen Schneewüste.

Dennoch ist der Bildausschnitt mit Fluß, Brücke und Abendlandschaft so etwas wie ein Urbild in Kafkas Schreiben. Wir finden ihn nicht nur in der Brücke wieder, von der sich Georg Bendemann stürzt, sondern auch als Metamorphose eines Mannes, der sich in eine Brücke verwandelt. Der Landvermesser K., Held des »Schlosses«, bleibt zunächst lange auf einer Brücke stehen und schaut zum Schloßberg empor, bevor er sich auf den Weg in das Dorf – und damit den Roman – begibt. Auch im »Proceß«, und da an expliziter Stelle, taucht der Bildausschnitt auf: Ein bis zuletzt schwankender Mensch geht, eskortiert von zwei Wachen, auf einer Brücke über den Fluß. Kein Geringerer als Josef K., der Angeklagte, scheint wenige Stunden später auf dem Gang zu seiner Hinrichtung an ebenjener Stelle zu verweilen und sich zu erinnern: »Das im Mondlicht glänzende und zitternde Wasser teilte sich um eine kleine Insel, auf der, wie zusammengedrängt, Laubmassen von Bäumen und Sträuchern sich aufhäuften. Unter ihnen, jetzt unsichtbar, führten Kieswege mit bequemen Bänken, auf denen K. in manchem Sommer sich gestreckt und gedehnt hatte. ›Ich wollte ja gar nicht stehn bleiben‹, sagte er zu seinen Begleitern, beschämt durch ihre Bereitwilligkeit.«

Dieses Wiederauftauchen – im wahrsten Sinne des Wortes – der Insel zeigt etwas sehr Wichtiges an. Kafkas Werk bildet untergründig eine Einheit, speist sich aus immer demselben Fluß mit denselben Bildern, die sich, je nach Strömung, verändern, aber alle rückführbar sind auf eine Erfahrung. Eine kleine ferne Insel im so herrlich glänzenden und zitternden Wasser des Daseins, Laubmassen, die sich auftürmen wie Manuskriptseiten, unsichtbare weiße Wege, die einmal irgendwohin geführt haben, damals, als das Leben noch leicht war, sommerlich, und man sich strecken und dehnen durfte auf und in bequemen Bänken und Banken. »Ich wollte ja gar nicht stehn bleiben«, sagt Josef K. zu seinen Begleitern. Und wir können uns vorstellen, wie seine traurigen Dichteraugen bei diesen Worten blinzeln.

Der Abendspaziergang ist vorüber. Die Laternen auf Prags Kleinseite werden schon gelöscht. Franz schlägt den Weg zum Wenzelsplatz ein, ein Umweg auf dem Gang nach Hause. Noch ist ihm nicht danach, in den Lärm der Familie zurückzukehren. Zu enttäuscht ist er, um die Gleichzeitigkeit von lautem Leben und Einsamkeit zu ertragen.

Wieder einmal war Max nur mit seinen eigenen Sachen beschäftigt, Frauengeschichten und seinem neuesten Buch, das übliche. Zu dem großen, beide ganz und gar ergreifenden Gespräch ist es wieder einmal nicht gekommen. Es wird nie stattfinden. Doch das überlegene Lächeln wird Max Brod bald vergehen. Er erkennt als erster Kafkas ungeheures Talent. So wird er in Max Brod seinen wichtigsten und vehementesten Fürsprecher erhalten – und einen Freund, der bis zu seinem Tode loyal bleibt. Dann allerdings wird Brod sich gegen den Freund und für dessen Literatur entscheiden. Er wird sie herausgeben, beschreiben und betrachten. Sie wird Teil seines Daseinskampfes werden.

Kafka aber veröffentlicht die »Betrachtungen« kurze Zeit nachdem er bei Max Brod seine spätere Verlobte Felice Bauer kennengelernt hat. Das Zusammentreffen vom ersten fertigen Manuskript und der ersten Frau, mit der es Kafka ernst war, hielt Kafka dabei für ein gutes Zeichen. Hin- und hergerissen zwischen fanatischer Perfektion – »schlechte Sachen endgültig schlecht sein lassen, darf man nur auf dem Sterbebett« – und dem starken Wunsch nach Veröffentlichung – »Mein Wunsch wäre es eigentlich gewesen, ein größeres Novellenbuch herauszugeben« –, entschließt er sich dazu, in den sauren Apfel zu beißen. Nicht ohne nüchtern zu konstatieren, daß zwischen Schreiben und Schreiben für die Veröffentlichung ein gewaltiger Unterschied besteht: »Um wieviel Zeit mich die Herausgabe des kleinen Buches bringt und wieviel schädliches, lächerliches Selbstbewußtsein beim Lesen alter Dinge im Hinblick auf das Veröffentlichen entsteht. Nur das hält mich vom Schreiben ab.«

Mit den Veröffentlichungen beginnt auch das neue Leiden Franz Kafkas. Das Leiden eines Schriftstellers.

## »Die Verwandlung«

Ein Sonntagnachmittag in der Familie. Gerade hat das Dienstmädchen den Nachtisch abgetragen. Hermann Kafka holt die Karten hervor, schaut sich unter seinen Frauen nach Mitspielerinnen um, klopft dreimal auf den Tisch und »kommandiert« damit die willfährige Mutter zum Spielen, wie es sein Sohn einmal boshaft in einem Brief an Felice bezeichnet. Franz liegt das Mittagessen schwer im Magen, obwohl er doch, zum Verdruß des Vaters, wieder nur die Gemüsebeilage gegessen hat. Verlegen murmelt er etwas von »... noch arbeiten« und verzieht sich auf das Kanapee in seinem Zimmer. Kaum daß er seinen Kopf auf ein Kissen gebettet hat, überfällt ihn Schlaf mit unwiderstehlicher Macht. Draußen explodiert derweil der Familienlärm. »Ich sitze in meinem Zimmer im Hauptquartier des Lärms der ganzen Wohnung«, heißt es in »Großer Lärm«. Bei Kafkas wird Familienkrieg über Lautstärke geführt. Nur durch Schlaf kann man ihm manchmal entrinnen.

Anders gesagt: Die Quintessenz von Kafkas berühmter Käfergeschichte läßt sich in einem Satz fassen. Er lautet wie die Maxime des ehrenwerten Bürgers Hermann Kafka: »Nur sich nicht unnütz im Bett aufhalten.« Mit der Vergeudung von Lebenszeit im Liegen, grinst Kafka mit schmerzlich süffisantem Lächeln, kann nämlich schnell so eine dumme Geschichte passieren wie die mit dem Gregor-Käfer: »Als Gregor Samsa eines Morgens aus unruhigen Träumen erwachte, fand er sich in seinem Bett zu einem ungeheuren Ungeziefer verwandelt.«

Wir lassen erst einmal außen vor, ob Gregor von einer bösen Fee verwandelt wurde oder von einer inneren Erkenntnis, die ihn im Schlaf überfallen hat, oder ob er sich überhaupt nur zu einem unglaublich »ungeheuren Ungeziefer verwandelt«

findet, das heißt, es in Wahrheit gar nicht ist, oder ob er sich endlich als das wiederfindet, was er schon lange war – denn schon zuvor, schreibt Kafka, sei er »eine Kreatur des Chefs, ohne Rückgrat und Verstand« gewesen. Eine eindeutige Antwort auf diese Fragen verwehrt der Text einmal mehr.

»Was ist mit mir geschehen?« fragt Gregor. »Seine vielen, im Vergleich zu seinem sonstigen Umfang kläglich dünnen Beine flimmerten ihm hilflos vor den Augen.« Noch gestern abend ist Gregor Samsa, der etwas naive Held der Erzählung, Handelsreisender in Tuchwaren gewesen. Ein freundlicher, höflicher, junger Mann, der mit seinem Lohn Eltern und Schwester Grete ernährte, um seine »Schuld« ihnen gegenüber abzutragen. Glücklich ist der Reserveleutnant allerdings nicht mit seiner Stellung, in der es »immer wechselnden« und niemals »herzlicher werdenden menschlichen Verkehr« gibt und man immer früh aufstehen muß. Andere Reisende leben dagegen »wie Haremsdamen«. Und natürlich ist auch Gregor Junggeselle. Doch sein Erfolg, der mit dem Konkurs des väterlichen Geschäfts zusammenfällt, hat ihm nicht zu mehr Freiheit verholfen. Er lebt zu Hause oder logiert in einsamen Hotels. Das einzige Vergnügen, das er sich leistet, ist es, Schönheiten aus der Zeitung auszuschneiden und hinter Glas an die Wand zu hängen, wie eine Käfersammlung. Aber wartet nur, bald – in etwa fünf bis sechs Jahren –, bald wird der große Schritt gemacht sein, sagt sich Gregor jeden Tag aufs neue. Und darum: Husch aus dem Körbchen und sich durch nichts aufhalten lassen! »Nur sich nicht unnütz im Bett aufhalten.«

Doch wie soll die zukünftige Haremsdame mit den Beinchen und ohne Ärmchen aus ihrem Zimmer kommen? Gregor will seinem Zustand zunächst ganz handgreiflich Abhilfe schaffen, durch einen Arzt – oder gar einen Schlosser. Denn seine Angewohnheit, nachts die Zimmertür zu verriegeln, erweist sich als erste schwere Hürde. Immerhin gelingt es ihm, trotz »heftiger Schmerzen im Unterleib«, durch Schaukeln aus dem Bett zu fallen und auf die Tür zuzukriechen.

Das dauert ziemlich lange, ungefähr eine halbe Seite Prosa.

Mittlerweile trifft daher der Prokurist der Tuchwarenfirma ein, um nachzusehen, wo Gregor bleibt. »Ich staune, ich staune. Ich glaubte, Sie als einen ruhigen, vernünftigen Menschen zu kennen, und nun scheinen Sie plötzlich anfangen zu wollen, mit sonderbaren Launen zu paradieren.« Prophylaktisch droht er Gregor schon mal damit, ihn zu entlassen, falls dieser nicht augenblicklich aus seinem Zimmer käme. Wir warten mit dem Prokuristen und dem Rest der Familie vor der Tür und zählen langsam bis zehn. Dann hat Gregor mit seinem Käferkiefer endlich den Zimmerschlüssel umgedreht. Nun folgt der Moment der Wahrheit für Gregor, sein Coming-out im wahrsten Sinne des Wortes: »er war begierig zu erfahren, was die anderen, die jetzt so nach ihm verlangten, bei seinem Anblick sagen würden.«

Der Prokurist – nach Gregors Aussage ein »Damenfreund« mit aufgeworfenen Lippen in Lackstiefeln – erblickt Gregor zuerst. Kurz aufschreiend, wendet er sein Gesicht ab und flüchtet sich in Richtung Haustür. Gregor, der, wie schon erwähnt, etwas naiv ist, verspricht dem Prokuristen, sich sofort anzuziehen und den nächsten Zug zu nehmen. Der Prokurist hat die Haustür erreicht und starrt ihn fassungslos an. Kein Wunder, bei dem Gewisper und Gepfeife. Denn mit seiner körperlichen Verwandlung hat sich auch Gregors Sprache, deren Verstehbarkeit verändert. Erklärungen über seinen Zustand werden nicht mehr richtig gehört: »Haben Sie auch nur ein Wort verstanden?« fragte der Prokurist die Eltern. »Er macht sich doch wohl nicht einen Narren aus uns?« – Und wenn es so wäre? Wenn Gregor eben an jenem Morgen einfach findet, daß es jetzt genug ist, daß er aus der Gesellschaft aussteigen möchte, Narrenfreiheit besitzen, anstatt für das Familieneinkommen aufzukommen?

Gregors Mutter weicht entsetzt in die Küche zurück. Der Vater aber nimmt einen großen Stock und treibt Gregor wie einen wilden Ochsen in sein Zimmer. »Die eine Seite seines Körpers hob sich, er lag schief in der Türöffnung, seine eine Flanke war ganz wundgerieben, an der weißen Tür blieben häßliche Flecke, bald steckte er fest und hätte sich allein nicht mehr rühren können, die Beinchen auf der einen Seite hingen zitternd oben in der Luft, die auf der anderen waren schmerzhaft zu Boden gedrückt – da gab ihm der Vater von hinten einen jetzt wahrhaftig erlösenden starken Stoß, und er flog, heftig blutend, weit in sein Zimmer hinein.« Die Zimmertür wird von außen verschlossen, und Gregor verkriecht sich – durch den abschließenden Tritt des Vaters verletzt – unter dem Kanapee. Im Text heißt es später mit perfider Verharmlosung: »Ein Beinchen war übrigens im Laufe der vormittägigen Vorfälle schwer verletzt worden – es war fast ein Wunder, daß nur eines verletzt worden war – und schleppte leblos nach.« Dreimal darf man raten, was das für ein »Beinchen« gewesen sein mag.

Wenn wir jetzt einfach einmal annehmen, daß hier eine Kastration stattgefunden hat, so müssen wir uns fragen, ob sie nicht der brutale Ausdruck einer längst bestehenden Situation ist: Von sexuellen Kontakten Gregors, seien sie hetero- oder homosexuell, ist nirgendwo die Rede. Frauen hängt er als Fetische an die Wand, und gegenüber seinen Kollegen befleißigt er sich eines fehlgeleiteten sexuellen Jargons, wenn er sie »Haremsdamen« nennt oder den Prokuristen einen »Damenfreund«. Die Unterdrückung seiner Triebe – immer schön verhüllt durch seine Arbeit mit »Tuchwaren« – ist längst Teil seines Wesens geworden. Seine eine Seite hängt«zitternd oben in der Luft«, voller Erwartungen und Wünsche an seine Zukunft, die andere ist depressiv zu Boden gedrückt. Die »Erlösung« kommt nicht durch eine Fee oder einen Heiland, sondern, wie im »Urteil«, durch den Vater, der nur durch seinen »Anstoß« »wahrhaftig« macht, was bereits in Gregor schlummert. Denn Gregor Samsas Leben ist tief und sprachlos in ihm verschlossen, wie die Tür zu seinem Zimmer, die er anstelle sprachlicher Verständigung mit seinem Kiefer öffnen muß. Nun, einmal erkannt und wegen seiner neuen Verwundbarkeit heftig blutend, ist das Staunen auf Gregors Seite. Und so kommt er in seiner Naivität zu dem Schluß: »Früh, als die

Türen versperrt waren, hatten alle zu ihm hereinkommen wollen, jetzt, da er die eine Tür geöffnet hatte und die anderen offenbar während des Tages geöffnet worden waren, kam keiner mehr, und die Schlüssel steckten nun auch von außen.«

Der Sonntagabend neigt sich dem Ende zu. Es geht schon auf halb elf, doch der Vater sitzt immer noch beim Kartenspiel. Damit versperrt er das Wohnzimmer, den einzigen geheizten Raum und, seit der neuerdings eine Empfindlichkeit gegenüber Kälte entwickelt hat, Kafkas Schreibzimmer. Kafka beschwört die Mutter, endlich ins Bett zu gehen: »›Geht schon schlafen‹, sie möchte wohl auch gern, aber es ist eben schwer.

›Zwei letzten doppelt‹, hat gerade der Vater gesagt, was bedeutet, daß zumindest noch zwei Spiele gemacht werden müssen, und das kann unter Umständen noch sehr lange dauern.«

Überhaupt ist die Stimmung angespannt, seit Franz den Vater zum Erwerb einer Asbestfabrik überredet hat, um die er sich nun nicht einen Deut kümmern mag. Selbst die Schwester Ottilie, seine neun Jahre jüngere Lieblingsschwester Ottla, ist diesmal nicht auf seiner Seite. Und nun muß er also auch noch warten.

Teil zwei der »Verwandlung«. Am nächsten Morgen betritt Gregors Schwester als erste das Gefangenenzimmer. Ohne ihren Bruder auch nur anzusehen, bringt sie ihm, da er Milch und süßes Brot zuvor abgelehnt hat, verschiedene Speisen. Halbverfaultes Gemüse, Knochen vom Abendessen, ein paar Rosinen und Mandeln, einen Käse, den Gregor vor zwei Tagen für ungenießbar erklärt hat, und ein paar Brote. »Außerdem stellte sie zu dem allen noch den wahrscheinlich ein für allemal für Gregor bestimmten Napf, in den sie Wasser gegossen hatte. Und aus Zartgefühl, da sie wußte, daß Gregor vor ihr nicht essen würde, entfernte sie sich eiligst und drehte sogar den Schlüssel um, damit nur Gregor merken könne, daß er es sich so behaglich machen dürfe, wie er wolle.« Wirklich, bei so viel Zartgefühl weiß man nicht, ob man nun lachen oder weinen soll.

Als seine Schwester aus dem Zimmer geht, krabbelt Gregor

auf den Käse zu und beginnt gierig daran zu saugen, mit »vor Befriedigung tränenden Augen«. Die frischen Speisen dagegen rührt er nicht an. Nach der ausgiebigen Mahlzeit liegt er faul am Boden. Als er die Schritte seiner Schwester hört, kriecht er jedoch schnell unter das Kanapee. Seine Schwester kehrt mit einem Besen die Speisereste zusammen und wirft sie in einen Kübel. So bekommt Gregor nun jeden Tag zweimal sein Essen.

Das Essen ist, bildlich, in dieser Passage eng mit Wunden verquickt. Gregor bemerkt erstaunt, daß die »Behinderung«, die er durch den Tritt des Vaters erleiden mußte, beinahe schon wieder verheilt ist. Er zieht jedoch aus seinen neuen Kräften die falschen Schlüsse: »Sollte ich jetzt weniger Feingefühl haben?« fragt er sich. Dabei sind alle seine neuen Erfahrungen von ungekannter Intensität. Das rasche, gierige Essen, das faule Auf-dem-Boden-Liegen, die kontemplativen Äußerungen über das Verhalten der Schwester – welch ein Unterschied zu dem verklemmten Reisenden in Tuchwaren, der nichts genießen und sich nie entspannen konnte.

Und siehe da – es klappt auch ohne Gregors Einkommen. Anders gesagt, es ist nicht sein Verdienst, daß es der Familie gut geht. Denn der Vater, der nun wieder die Rolle des Ernährers übernommen hat (was allerdings nicht schwierig ist, denn »man aß fast nichts«), offenbart seinen Frauen, aus dem geschäftlichen Unglück doch einiges gerettet zu haben. Und der ausgenommene und geprellte, ins Zimmer gesperrte Sohn äußert sich erneut nur mit dem größten Feingefühl über diesen Sachverhalt: »Diese Erklärungen des Vaters waren zum Teil das erste Erfreuliche, was Gregor seit seiner Gefangenschaft zu hören bekam. Er war der Meinung gewesen, daß dem Vater von jenem Geschäft her nicht das Geringste übriggeblieben war, zumindest hatte ihm der Vater nichts Gegenteiliges gesagt, und Gregor allerdings hatte ihn auch nicht darum gefragt.«

Der Konflikt ist hier derselbe wie im »Urteil«: Die Schuld des Sohnes liegt in der Sprachlosigkeit und im Erstarken durch den Untergang des Vaters. Zumindest »zum Teil« ist es daher für Gregor erfreulich, daß sich dieser Konflikt als nicht bis in letzte Konsequenz real erweist. Die Beziehung zu den Eltern war eine nutznießerische. Auch in der Familie gab es niemals den »herzlicher werdenden menschlichen Verkehr«, den sich Gregor am Beginn der Erzählung in der Geschäftswelt so wünscht. Im Gegenteil, das Geld, das Gregor verdient hat, um die Schulden des Vaters bei seinem Chef abzuzahlen, wurde von seinem Vater gespart und kommt nun den anderen Familienmitgliedern zugute. Gregor hätte also schon viel früher die ungeliebte Arbeit verlassen können. Er ist von seiner Familie ausgebeutet worden. »Man hatte sich eben daran gewöhnt, sowohl die Familie als auch Gregor, man nahm das Geld dankbar an, er lieferte es gern ab, aber eine besondere Wärme wollte sich nicht mehr ergeben. Nur die Schwester war Gregor doch noch geblieben, und es war sein geheimer Plan, sie, die zum Unterschied von Gregor Musik sehr liebte und rührend Violine zu spielen verstand, nächstes Jahr, ohne Rücksicht auf die großen Kosten, die das verursachen mußte, und die man schon auf andere Weise hereinbringen würde, auf das Konservatorium zu schicken.«

Das neue Leben Gregors entwickelt seine eigene Routine. Jeden Tag kommt nun seine Schwester ins Zimmer, öffnet die Fenster, bringt Essen und räumt ein wenig auf. Zum großen Gefallen der Eltern, die es nicht über sich bringen können, ihren Sohn zu sehen, macht sich die vormals verträumte Tochter nützlich. Wenn die Schwester im Zimmer ist, versteckt sich Gregor unter einem »Leintuch«, weiß wie ein Leichentuch. Aber sobald sie gegangen ist, drängt sich Gregor gegen die Tür und versucht zu hören, was über ihn gesprochen wird. Und tatsächlich kennt die Familie kaum ein anderes Thema als sein »Unglück«. Die Mutter will Gregor zwar sehen, läßt sich jedoch zuerst mit Vernunftgründen, später mit Gewalt davon abhalten.

In seiner Einsamkeit wächst Gregor in seine Eigenheiten hinein. So nimmt er die Gewohnheit an, kreuz und quer über Wände und Decke zu kriechen: »Besonders oben an der Decke hing er gern; es war ganz anders, als das Liegen auf dem Fußboden; man atmete freier; ein leichtes Schwingen ging durch den Körper, und in der fast glücklichen Zerstreutheit, in der sich Gregor dort oben befand, konnte es geschehen, daß er zu seiner eigenen Überraschung sich losließ und auf den Boden klatschte. Aber nun hatte er natürlich seinen Körper ganz anders in der Gewalt als früher und beschädigte sich selbst bei einem so großen Falle nicht.«

Gregors zuvor immer unter Tüchern verborgener Körper ist nun durch den erfolgten Tritt des Vaters in »seine Gewalt« übergegangen. Die Gewalt hat sich verlagert und kann ein befreites, musikalisches »Schwingen« auslösen. Aber auch sein Geist kennt nun neue Zustände. »Fast glückliche Zertreutheit« statt gesammelte Unzufriedenheit und überraschendes Sich-Loslassen. Während sich die »Musikalität« und »Verträumtheit« der Schwester (die »zum Unterscheiden« von ihrem in Wahrheit sehr ähnlichen Bruder nötig waren) in Nützlichkeit verwandeln und sie eine berechenbare Größe wird, gewinnt Gregor mit jedem Tag neue Freiheiten hinzu, ohne ihrer ganz gewahr werden zu können. Denn noch hofft er natürlich darauf, sich wieder »zurückzuverwandeln«.

Der Konflikt mit dem, was er ehemals an sich als »Menschsein« begriffen hat, alles Ererbte, Wohleingerichtete, eskaliert, als Mutter und Schwester beschließen, die Möbel aus Gregors Zimmer zu entfernen. Die Frage, die sich Gregor nun stellen muß, ist eine des Triebs: »Hatte er wirklich Lust, das warme, mit ererbten Möbeln gemütlich ausgestattete Zimmer in eine Höhle verwandeln zu lassen, in der er dann freilich nach allen Richtungen ungestört würde kriechen können, jedoch auch unter gleichzeitigem, schnellem, gänzlichem Vergessen seiner menschlichen Vergangenheit?« Und ironisch schreibt Kafka: »Nun, den Kasten konnte Gregor im Notfall noch entbehren, aber schon der Schreibtisch mußte bleiben.« Selbst wenn der Schrank als Sinnbild für Besitztümer in Gregors neuem Leben nicht mehr wichtig ist – der Schreibtisch, an dem er sein ganzes Leben lang gesessen hat, schon zu Schulzeiten seine Aufgaben machte und zu einem ehrbaren Bürger herangewachsen ist, dieser Schreibtisch darf auf gar keinen Fall – selbst den größten von der Decke nicht – den neuen Zuständen gopfert werden.

Verzweifelt kriecht Gregor unter dem Kanapee hervor und die Wand bis zu dem Bild einer der Modezeitungsschönheiten hoch. Fest umklammert er dieses letzte Relikt seines »Menschseins«. Als seine Mutter und seine Schwester das Zimmer wieder betreten, sehen sie Gregor an der Wand hängen. Die Mutter wird auf der Stelle ohnmächtig, woraufhin Grete Gregor ausschimpft. In der Küche versucht sie, die Mutter mit Hilfe von Riechsalz aufzuwecken. Auch Gregor hat sein Zimmer verlassen, um seiner Schwester zu helfen. Doch er kann nur untätig zusehen. Plötzlich kommt sein Vater zur Haustür herein und beginnt, als er bemerkt, was passiert ist, Gregor durchs Wohnzimmer zu jagen und mit Äpfeln zu bewerfen. »Gregor blieb vor Schreck stehen, ein Weiterlaufen war nutzlos, denn der Vater hatte sich entschlossen, ihn zu bombardieren.«

Es ist Krieg, und die entscheidende Schlacht ist ausgebrochen. Bei seiner ersten Attacke traktiert der Vater Gregor mit der Spitze seines Stockes von hinten, bevor er ihm einen schmerzhaften, aber wahrhaftig erlösend starken Stoß versetzt, so daß er heftig blutend weit in sein Zimmer hineinfliegt: eine wiederum pervertierte Vertreibung ins Paradies des Jugendzimmers, das zugleich Hölle und Fegefeuer ist. Dazu passen in satirischer Weise die Adams-Äpfel, mit denen der Vatergott seinen Sohn nun, bei der zweiten Attacke, bewirft und ihn schwer verletzt.

Ein Apfel, vielleicht als Symbol für die Erkenntnis, »drang ... förmlich in Gregors Rücken ein« und verursacht unglaubliche Schmerzen. Gregor sieht nur noch schemenhaft, wie die Mutter, quasi im Geschlechtsakt den Vater umarmend, in gänzlicher Vereinigung mit ihm um Schonung von Gregors Leben bittet.

Niemand entfernt den Apfel in Gregors Rücken. Gregor wird immer schwächer, er nimmt keine Nahrung mehr zu sich, da ihm an »dieser Nahrung« längst nichts mehr liegt. Am Ende kann er sich kaum noch auf den Beinchen halten.

Einzig das Geigenspiel seiner Schwester Grete bringt Gregor noch einmal zur Besinnung: »War er ein Tier, da ihn Musik so ergriff? Ihm war, als zeige sich ihm der Weg zu der ersehnten unbekannten Nahrung.« Bezeichnenderweise kann Gregor – nun fast gänzlich verwandelt – nur mehr denken, daß Musik Tiere ergreife, nicht Menschen. Durch diese Umkehrung wird noch einmal verdeutlicht, wie weit entfernt die Wertmaßstäbe Gregors vor seiner ausgebrochenen Verwandlung von seinem wahren Leben waren: Wie die Zikaden hätte der Käfer Samsa-Samba-Sumsum-Musik machen sollen. Dies wäre seine Nahrung, seine Berufung gewesen. Statt dessen hat er sich immer verhüllt und entzogen – Gregor Samsa, den Reisenden in Tuchwaren, hätte es nach ganz anderen »Stoffen« verlangen sollen. Nach dem Stoff, aus dem Geschichten gemacht werden – oder Musik.

Halb zwei Uhr morgens. Die Eltern sind endlich, vom Sohn unbemerkt, zu Bett gegangen. Franz reibt sich die vor Müdigkeit flimmernden Augen. Nicht unzufrieden mit dem Großreinemachen in der Geschichte, zieht er einen Bogen Briefpapier hervor und beginnt, Felice einen Brief zu schreiben: »24. XI. 12. Liebste! Was ist das doch für eine ausnehmend ekelhafte Geschichte, die ich jetzt wieder beiseite lege, um mich in den Gedanken an Dich zu erholen. Sie ist jetzt schon ein Stück über ihre Hälfte fortgeschritten und ich bin auch im allgemeinen mit ihr nicht unzufrieden, aber ekelhaft ist sie grenzenlos und solche Dinge, siehst Du, kommen aus dem gleichen Herzen, in dem Du wohnst und das Du als Wohnung duldest. Sei darüber nicht traurig, denn, wer weiß, je mehr ich schreibe und je mehr ich mich befreie, desto reiner und würdiger werde ich vielleicht für Dich, aber sicher ist noch vieles aus mir hinauszuwerfen und die Nächte können gar nicht lang genug sein für dieses übrigens äußerst wollüstige Geschäft.« – Statt die geschäftstüchtige Felice neben sich im Bett liegen zu haben, beschäftigt sich also Kafka lieber mit dem »wollüstigen

Geschäft« des Schreibens. Vielleicht die einzige Wollust, die auch Gregor Samsa an seinem Schreibtisch erfahren hätte können ... Warum aber muß Kafka überhaupt etwas so Fürchterliches schreiben? Denn etwas Grauenerregenderes, als in dem Körper eines Insektes gefangen zu sein, läßt sich wohl kaum vorstellen. Kafka selbst empfand Tiere, und besonders kleine Tiere wie Insekten und Mäuse, als »fern« und »stumm«. Vielleicht so fern und stumm, wie er sich in seiner Familie, oder überhaupt in der »Menschenfamilie«, fühlte. Denn natürlich »denkt« man sich so eine Geschichte nicht einfach aus. Sie setzt sich vielmehr aus Tausenden von – für sich genommen banalen – Einzelheiten des wahren Lebens zusammen, die man zu einem Bild fügt. Nur so kann man sich von ihnen befreien. Diese Arbeit des »Hinauswerfens«, des »Über-sich-Schreibens« und »Über-sich-hinaus-Schreibens« ist dabei so anstrengend und verzehrend wie lustvoll.

Also gönnen wir uns noch ein paar wollüstige Minuten, die Nacht ist kurz, und am nächsten Morgen wartet wieder der Einsatz im Büro. Kafka leckt das Kuvert an und verschließt den Brief. Dann flüstert er fast unhörbar in die kalte Luft: »Wie ich Dich liebe, Liebste.«

»Die Verwandlung«, Teil drei. »Wer hatte in dieser abgearbeiteten und übermüdeten Zeit, sich um Gregor mehr zu kümmern, als unbedingt nötig war?« Selbst die Schwester, die doch noch am ehesten Verständnis für Gregor aufgebracht hat, wird beim Auskehren des Zimmers immer nachlässiger, auch wenn sich Gregor wie eine Mahnwache auf den Staub legt: »Aber er hätte wohl wochenlang dort bleiben können, ohne daß sich die Schwester gebessert hätte; sie sah ja den Schmutz genau so wie er, aber sie hatte sich eben entschlossen, ihn zu lassen.«

Unmerklich wird hier der Käfer zu Staub, Gregors Tod bereits vorweggenommen. Die Mitglieder der Familie überlegen sich derweil, wie sie Gregor loswerden können; vor allem, weil sie nun drei Untermieter aufgenommen haben, die das neue Familienzentrum bilden. »Wir müssen es loszuwerden versuchen«, sagt die Schwester, ganz Gregors frühere Menschlichkeit vergessend, und stimmt die Violine, um den drei Herren bei ihrem abendlichen Mahl etwas vorzugeigen.

Doch Gregor ist in seinem Todeskampf zu weit vorangeschritten, als daß er daran noch zerbrechen würde. »Im übrigen fühlte er sich verhältnismäßig behaglich. Er hatte zwar Schmerzen im ganzen Leib, aber ihm war, als würden sie allmählich schwächer und schwächer und würden schließlich ganz vergehen.« Das Ende Gregors ist denn auch fast eine Apotheose: »Den verfaulten Apfel in seinem Rücken und die entzündete Umgebung, die ganz von weichem Staub bedeckt war, spürte er schon kaum. An seine Familie dachte er mit Rührung und Liebe zurück. Seine Meinung darüber, daß er verschwinden müsse, war womöglich noch entschiedener als die seiner Schwester. In diesem Zustand leeren und friedlichen Nachdenkens blieb er, bis die Turmuhr die dritte Morgenstunde schlug. Den Anfang des allgemeinen Hellerwerdens draußen vor dem Fenster erlebte er noch. Dann sank sein Kopf ohne seinen Willen gänzlich nieder, und aus seinen Nüstern strömte sein letzter Atem schwach hervor.«

Vor den Fenstern wird es bereits wieder hell. Franz ist auf dem Schreibtisch eingeschlafen, nur mühsam richtet er seinen langen Oberkörper auf, atmet durch. Schon beginnt erneut der »Große Lärm« in der Wohnung: »Der Vater durchbricht die Türen meines Zimmers und zieht im nachschleppenden Schlafrock durch, aus dem Ofen im Nebenzimmer wird die Asche gekratzt, Valli fragt, durch das Vorzimmer Wort für Wort rufend, ob des Vaters Hut schon geputzt ist, ein Zischen, das mir befreundet sein will, erhebt noch das Geschrei einer antwortenden Stimme. Die Wohnungstüre wird aufgeklinkt und lärmt, wie aus katarrhalischem Hals, öffnet sich dann weiterhin mit dem Singen einer Frauenstimme und schließt sich endlich mit einem dumpfen, männlichen Ruck, der sich am rücksichtslosesten anhört. Der Vater ist weg, jetzt beginnt der zartere, zerstreutere, hoffnungslosere Lärm, von den Stimmen der zwei Kanarienvögeln angeführt. Schon früher dachte ich daran, bei den Kanarienvögeln fällt es mir von neuem ein, ob ich nicht die

Türe bis zu einer kleinen Spalte öffnen, schlangengleich ins Nebenzimmer kriechen und so auf dem Boden meine Schwestern und ihr Fräulein um Ruhe bitten sollte.«

Franz' Stimmung bessert sich, wird zarter, zerstreuter. Er lauscht dem Lärm fröhlicher. Nur noch ein wenig wird er jetzt in das vor ihm liegende Heft schreiben, in dem, obwohl noch viele leere Seiten vorrätig sind, nur diese Geschichte stehen soll.

Kafka streckt sich. Er fühlt sich wie verwandelt. Frisch und stark. Nur acht Wochen nach seinem ersten Treffen mit Felice – und der kontinuierlichen Aufnahme des nächtlichen Schreibens – hat er in dieser Erzählung zur Meisterschaft gefunden. Etwas Perfekteres als »Die Verwandlung« wird er nicht mehr schaffen. Nun kann er sich hinlegen. Beruhigt. Und schlafen.

Die Haushälterin findet Gregor tot in seinem Zimmer. Mit den Worten »›Es ist krepiert; da liegt er, ganz und gar krepiert‹«, teilt sie der Familie sein Ende mit. »Ganz und gar« ist nun Gregor, ein Zustand, den er erst im Tod erreichen konnte. Mit dem »Krepiertsein« der Kreatur verschwindet auch das »es«, und im Ausspruch selbst gewinnt Gregor das Pronomen »er« zurück. Wie zu Beginn sehen wir Gregor »liegend«. Die »Verwandlung« ist abgeschlossen – ganz und gar.

Was nach Gregors Tod geschieht, ist rasch erzählt. Die Hinterbliebenen schreiben drei Entschuldigungsbriefe an ihre Arbeitgeber. »Sie beschlossen, den heutigen Tag zum Ausruhen und Spazierengehen zu verwenden; sie hatten diese Arbeitsunterbrechung nicht nur verdient, sie brauchten sie sogar unbedingt.« Die Ironie ist hier gleich doppelt. Einerseits beginnt nun innerhalb der Familie genau das, was Gregor sich immer gewünscht hat – Zusammengehörigkeit und Genuß ohne ökonomische Beweggründe: Nicht nur was »verdient« ist, sondern was »gebraucht« wird, zählt. Andererseits wird eben auch dieser Spaziergang »verwendet«, und es ist das kleine Wort, das erneut alles in Zweifel zieht.

Die Hinterbliebenen sind ein wenig verweint, als sie sich aufmachen, mit der Elektrischen aus der Stadt ins Freie zu fahren. Doch mit dem Ruf des Vaters: »Also kommt doch her. Laßt schon endlich die alten Sachen. Und nehmt auch ein wenig Rücksicht auf mich«, werden die Frauen lebhafter. Gregor ist nur noch eine »Sache«, die Konzentration muß nun erneut auf dem Vater als Familienernährer und untergründigem Zusammenhalt der Familie liegen. »Und es war ihnen wie eine Bestätigung ihrer neuen Träume und guten Absichten, als am Ziele ihrer Fahrt die Tochter als erste sich erhob und ihren jungen Körper dehnte.«

Nach dem Ende des mißratenen Sohns liegt nun das Familienheil ganz in der Tochter – doch dehnt und streckt diese ihren jungen Körper wie ein kleines Käferchen, kurz vor dem Fliegen ...

Die Jahre vergehen. Ottla, Kafkas Lieblingsschwester, in der er »Empfänglichkeit und Abgrenzung, Hingabe und Selbständigkeit, Scheu und Mut in untrüglichem Gleichgewicht« findet, ist, ihrem Eigensinn und Kafkas gutem Zureden folgend, aus der Familie ausgebrochen, arbeitet in einem Blindenheim und hat sich sogar einen nichtjüdischen und nichtdeutschen Liebhaber genommen. Diese Entwicklung konnte selbst ihr Bruder nicht voraussehen, und er ist in Sorge darüber. Franz selbst ist bereits seit drei Jahren an Tuberkulose erkrankt, geht aber immer noch brav ins Büro. An Milena Jesenská jedoch schreibt Kafka 1920 einen erstaunlichen Brief, der noch einmal die inneren Konflikte der »Verwandlung« aufzugreifen scheint: »Wie die Gewißheit, daß ich morgen früh nicht aufstehn ( ich allein soll mich heben! Ich sehe mich dann unter mir wie unter einem schweren Kreuz, bäuchlings niedergedrückt, schwer habe ich zu arbeiten, ehe ich mich wenigstens ducken kann und der Leichnam über mir sich ein wenig hebt) und nicht ins Bureau gehen werde.«

Moment. Wer duckt sich hier bitte unter wem? Trägt da Kafka Christus am Kreuz auf seinem Rücken? Oder doch nur, in akrobatischer Verrenkung, sich selbst – als toten Käfer? Eine oszillierende Leidensfähigkeit spricht aus diesen Worten. Schillernd wie die musikalischen Panzerplatten des Samsa-

Käfers. Immerhin stellt Kafka auch hier sofort fest, daß es sich bei der »Gewißheit« eben nur um eine literarische handelt, daß auch Gregor Samsa nicht Franz Kafka ist. »Doch nimm das über das Aufstehn nicht zu wörtlich, so schlimm ist es nicht; daß ich morgen aufstehn werde, ist immerhin gewisser als die fernste Möglichkeit unseres Zusammenlebens.«

Türen werden geknallt, sprachlos schreit man sich an. Zusammen leben, nicht nebeneinander. Miteinander essen, nicht bloß gleichzeitig. Ein warmer, vertrauter Verkehr im Familienleben, der nicht ständig durch ökonomische Überlegungen gestört wird. Die liebsten Menschen die Flügel strecken und dehnen lassen, damit sie nicht zu Stummeln verkümmern. Erst ganz am Ende seines Lebens wird diese Utopie Kafkas – zur Zeit der Inflation in Berlin in bitterster Armut lebend – mit der jungen Jüdin Dora Diamant für eine kurze letzte Zeit Wirklichkeit werden.

## Kurzer interaktiver Kurs zu »Die Verwandlung«

1. Leg dich auf den Boden, strecke die Beine und Arme in die Luft, und höre Musik von Arnold Schönberg. Beschreib deine Gefühle durch einen Aufsatz, ein Bild oder eine Melodie.
2. Knipse ein Digitalfoto von dir und suche ein digitalisiertes Bild von einem Insekt oder einem Frosch. Vergleiche die beiden Bilder miteinander. Ziehe daraus deine Schlüsse.
3. Überlege dir: Wachst du gerne auf? Oder bist du ein Langschläfer? Was würdest du tun, wenn du als Käfer aufwachtest?
4. Wie würden deine Verwandten und Freunde reagieren, wenn du als Käfer aus deinem Zimmer kämst?
5. Ordne dein Verhältnis zu deinem Vater. Was tut dein Vater für dich? Was tust du für deinen Vater? Was tut ihr zusammen? Was kritisiert dein Vater an dir?
6. Zieh zurück zu deinen Eltern, oder besetze ein Zimmer in der elterlichen Wohnung, am besten direkt neben dem Schlafzimmer. Stell deinen Lebensablauf um, und fang an, nachts mit schabenden Geräuschen Tagebuch zu schreiben. Komm tagsüber nicht mehr aus deinem Zimmer.
7. Schau nach einem Jahr das erste Mal wieder in einen Spiegel.

# P. S.: Das heimliche Happy-End der »Verwandlung«

Von der Wissenschaft weitgehend unerkannt, existiert noch ein anderes Ende für »Die Verwandlung«. Und wem das originale Ende zu traurig ist, der darf die glückliche Lösung Kafkas aus einem Brief an Milena Jesenská an seine Stelle setzen: »Ich lag dort, einen Schritt von mir war ein Käfer auf den Rücken gefallen und war verzweifelt, konnte sich nicht aufrichten, ich hätte ihm gern geholfen, so leicht war ihm zu helfen, eine offenbare Hilfe konnte man durchführen mit einem Schritt und einem kleinen Stoß, aber ich vergaß ihn über Ihrem Brief, ich konnte nicht aufstehn, erst eine Eidechse machte mich wieder auf das Leben um mich aufmerksam, ihr Weg führte sie über den Käfer, der schon ganz still war, es war also, sagte ich mir, kein Unfall gewesen, sondern ein Todeskampf, das seltene Schauspiel des natürlichen Tiersterbens; aber als die Eidechse über ihn hinweggerutscht war, hatte sie ihn damit aufgerichtet, zwar lag er noch ein Weilchen totstill, dann aber lief er wie selbstverständlich die Hausmauer hinauf. Irgendwie bekam ich wahrscheinlich dadurch auch ein wenig Mut wieder, stand auf, trank Milch und schrieb Ihnen.«

# »Der Verschollene«. Ein amerikanisches Roadmovie

»Der Roman ist so groß, wie über den ganzen Himmel hin entworfen (auch so farblos und unbestimmt wie heute) und ich verfitze mich beim ersten Satz, den ich schreiben will. Daß ich mich durch die Trostlosigkeit des schon Geschriebenen nicht abschrecken lassen darf, das habe ich schon herausgebracht und habe von dieser Erfahrung gestern viel Nutzen gehabt.« Der erste Satz, um den es in dem Brief an Max Brod vom Juli 1912 geht, faßt den gesamten Romanversuch »Der Verschollene« in nuce zusammen. Und von Trostlosigkeit findet sich darin keine Spur. »Als der siebzehnjährige Karl Roßmann, der von seinen armen Eltern nach Amerika geschickt worden war, weil ihn ein Dienstmädchen verführt und ein Kind von ihm bekommen hatte, in dem schon langsam gewordenen Schiff in den Hafen von Newyork einfuhr, erblickte er die schon längst beobachtete Statue der Freiheitsgöttin wie in einem plötzlich stärker gewordenen Sonnenlicht. Ihr Arm mit dem Schwert ragte wie neuerdings empor und um ihre Gestalt wehten die freien Lüfte.«

Dort winkt die Freiheitsstatue mit ihrem Schwert herüber, das Sonnenlicht scheint für einen Moment stärker zu leuchten, das Schiff wird langsamer und langsamer, endlich: Amerika! Ganz jung ist unser Held und mit wenig mehr ausgestattet als seinem kraftstrotzenden Namen, als er in Kafkas erstem Romanfragment von seinen armen Eltern nach Amerika verschickt wird. Aber nicht nur aus wirtschaftlicher Not haben sie aus Karl ein Hänsel gemacht. Lapidar heißt es: »weil ihn ein Dienstmädchen verführt und ein Kind von ihm bekommen hatte«. So viele Pläne hatten die Eltern mit ihrem hoffnungsvollen Sprößling, und nun diese Schande! Keine Ingenieursausbildung wie vorgesehen, nicht einmal Unterhaltszahlungen: ein paar Kleidungsstücke, eine Veroneser Salami, ein letztes Bild der Eltern in den Koffer gepackt, und dann ab mit ihm an den Kai, wo die zahllosen anderen Auswanderer warten. Wieder ein hartes Urteil, daß da vom Vater, respektive den Eltern, gefällt wird. Aber immerhin geht es diesmal nach Amerika, dem Land der unbegrenzten Möglichkeiten. Da wird sich doch für einen starken jungen Mann wie Karl etwas finden lassen!

Völlig überwältigt von dem neuen modernen Kontinent, vergißt der werdende Vater bei der Ankunft im New Yorker Hafen leider seinen Regenschirm unter Deck. Während er noch versucht, seinen Schirm zurückzubekommen, verirrt er sich in den Gängen des Schiffs, landet schließlich in einem fremden Bett – und es wird ihm durch einen Vertrauensmißbrauch seitens eines deutschen Mitreisenden sein Gepäck geklaut. Daß es hier nicht ganz mit rechten Dingen zugeht, haben wir ja spätestens daran gesehen, daß die Freiheitsstatue keine Fackel, sondern ein Schwert trägt! Außerdem flunkert die Geschichte beim Alter des Protagonisten – Karl ist noch sechzehn, als er in Amerika ankommt. Aber schließlich sind wir in Amerika. Wie in einem Slapstickstummfilm folgt ein Unglück auf das nächste – und wir können schon mal mutmaßen, daß sich der fortan unbeschirmte junge Held mit der Schwangerschaft des Dienstmädchens nicht zum letzten Mal ordentlich naß gemacht hat!

Im ersten Kapitel »Der Heizer«, das Kafka einzeln veröffentlichte, geht es zunächst um die Geschichte einer »Passage«, vom alten Kontinent Europa und seinen Gepflogenheiten hin in ein fremdes Land. Wird Karl Roßmann dieser Neuanfang gelingen? Auf der ersten Manuskriptseite steht ein verräterischer Hinweis: »In seiner Ratlosigkeit und da er keinen Menschen traf und nur immerfort über sich das Scharren der tausend Menschenfüße hörte«. Tausend Füße, aber kein Mensch, noch auf dem Schiff verirrt, des sicheren Griffs des Regenschirms verlustig gegangen – und von einem Landsmann betrogen. Was für ein Tag. Und er hat erst begonnen! Auf seiner

Schirmsuche trifft Karl auf den »Heizer« des Ozeanriesens, der gerade dabei ist, seinen Dienst zu quittieren, weil er sich durch seinen rumänischen Vorgesetzten diskriminiert fühlt. Karl, noch ganz Europäer im Denken, hält diese Geschichte für so plausibel, daß er dem aufgebrachten Mann zum Kapitän folgt und mit jugendlichem Elan eine Rede zu dessen Verteidigung hält. Leider erweist sich, daß der Heizer Karls Fürsprache nicht verdient hat, und peinlich berührt müssen wir unserem Helden dabei zusehen, wie er sich vor dem Kapitän und den anderen Anwesenden lächerlich macht. Karl allerdings schätzt die Situation gänzlich anders ein: »Wenn ihn doch seine Eltern sehen könnten, wie er im fremden Land vor angesehenen Persönlichkeiten das Gute verfocht und wenn er es auch noch nicht zum Siege gebracht hatte, so doch zur letzten Eroberung sich vollkommen bereit stellte! Würden sie ihre Meinung über ihn revidieren? Ihn zwischen sich niedersetzen und loben? Ihm einmal einmal in die ihnen so ergebenen Augen sehen? Unsichere Fragen und ungeeignetster Augenblick, sie zu stellen!« Alles, was recht ist: Hier ist Kafka wirklich gemein zu seinem Helden! Wann immer sich Karl großartig oder zumindest auf der richtigen Seite stehend vorkommt, kriegt er vom Leben kräftig eins übergebraten. So muß er seine Hilflosigkeit auch gegenüber dem Heizer eingestehen: »Du mußt dich aber zur Wehr setzen, ja und nein sagen, sonst haben ja die Leute keine Ahnung von der Wahrheit. Du mußt mir versprechen, daß du mir folgen wirst, denn ich selbst, das fürchte ich mit vielem Grund, werde dir gar nicht mehr helfen können.« Aber warum denn das? Schließlich passiert doch gerade jetzt etwas, das Karl von einem rumänischen Vorarbeiter gründlich unterscheidet. Denn es taucht wie ein Deus ex machina wer auf? Der berühmte »Onkel aus Amerika«! Ein wohlhabender Senator und Inhaber eines riesigen Transportgeschäftes – Herr Jakob – gibt sich als Karls Onkel zu erkennen. Hinter Karl (wie hinter Georg Bendemann) laufen Fäden zusammen, von denen er keine Ahnung hat: Johanna Brummer, das Dienstmädchen, hat mittlerweile Karls Sohn zu Ehren des fernen Onkels auf den Namen Jakob getauft – und sie ist auch dafür verantwortlich, daß Karl auf ihn trifft, da sie aus Mitleid dem Namenspatron einen Brief geschrieben und ihn um positive Aufnahme Karls gebeten hat.

Und tatsächlich, der Onkel ist zunächst ganz große Geste und Verzeihung: »Mein lieber Neffe ist nun von seinen Eltern – sagen wir nur das Wort, das die Sache auch bezeichnet – einfach beiseitegeschafft worden, wie man eine Katze vor die Tür wirft, wenn sie ärgert. Ich will durchaus nicht beschönigen, was mein Neffe gemacht hat, ... aber sein Verschulden ist von der Art, daß dessen einfaches Nennen schon genug Entschuldigung enthält.« Amerika, das Land der unbegrenzten Neuanfänge! Der Onkel, selbst ein Selfmademan, nimmt Karl wie einen Sohn bei sich auf. Genau darin – soweit kennen wir unseren Kafka ja schon – liegt dann auch das Problem. In der Folge fällt der Onkel, »durchaus ein Mann mit Prinzipien«, Entscheidungen über Karl, die für diesen nicht nachzuvollziehen sind, die ambivalente Auswirkungen haben und schließlich in ihrer Undeutbarkeit oder Unverständlichkeit zur Katastrophe führen. Vor allem aber scheinen sie immer zu schnell zu erfolgen, wie alles hier in Amerika. Diese Geschwindigkeit verwirrt Karl, auch wenn es nicht um ihn selbst geht. Über die Firma des Onkels heißt es: »Im Saal der Telephone giengen wohin man schaute die Türen der Telephonzellen auf und zu und das Läuten war sinnverwirrend. Der Onkel öffnete die nächste dieser Türen und man sah dort im sprühenden elektrischen Licht einen Angestellten gleichgültig gegen jedes Geräusch der Türe, den Kopf eingespannt in ein Stahlband, das ihm die Hörmuscheln an die Ohren drückte. Der rechte Arm lag auf einem Tischchen, als wäre er besonders schwer und nur die Finger, welche den Bleistift hielten, zuckten unmenschlich gleichmäßig und rasch.« Die Unmenschlichkeit der Industrialisierung und Elektrifizierung der Welt wird hier als Fortschritt gefeiert, auch von Karl. »›Du hast es wirklich weit gebracht‹, sagte Karl einmal auf einem dieser Gänge durch den Betrieb, auf dessen Durchsicht man viele Tage verwenden mußte, selbst wenn man jede Abteilung gerade nur gesehen haben wollte.« Der Onkel läßt Karl anfänglich eine amerikanisch-europäische Erziehung angedeihen, die neben einem Sprachkurs sogar Klavierspielen und Reiten umfaßt. Karl zeigt musikalisches Talent und erhofft sich von diesem Klavierspiel viel, in fast rührend naiver Weise glaubt er sogar daran, mit seinem Spiel die »amerikanischen Verhältnisse« beeinflussen zu können. »Ganz ausgezeichnet« läßt sich alles an, Karls Amerika ist einzig Fortschritt und Wohlgefallen, Inbegriff des »American dream«.

Wo immer eine Idylle aufzuscheinen wagt, wird bei Kafka natürlich schnell ein Unheil zusammengebraut, meistens in Form einer verfänglichen oder zumindest nach außen verfänglich erscheinenden Situation. Leider nimmt Karl aus Höflichkeit und Eigensinn und gegen den Willen des Onkels die Einladung seines Geschäftsfreundes Pollunder an, ihn auf dem Land zu besuchen. Er erhofft sich von dieser Einladung einen tieferen Einstieg in die amerikanische Gesellschaft. Der Onkel tut aus Höflichkeit gegenüber dem Geschäftsfreund so, als gebe er Karl die Erlaubnis zum Besuch, schränkt ihn aber gleichzeitig – mit vielen Gründen – zeitlich so ein, daß Karl ihn enttäuschen muß. Ein Dilemma, das in Wahrheit eine Machtprobe mit verschiedenen Vaterfiguren ist, bei der im voraus klar ist, wer sie verlieren wird. Karl, immer hungrig nach Anerkennung und Zärtlichkeit, wählt den falschen Vater: »Sie saßen eng beieinander und Herr Pollunder hielt Karls Hand in der seinen, während er erzählte. Karl wollte vieles über das Fräulein Klara hören, als sei er ungeduldig über die lange Fahrt und könne mit Hilfe der Erzählungen früher ankommen als in Wirklichkeit.« Der falsche Vater? Ja. Denn Pollunder hat schon eine Tochter, ein Gegenstück zu Karl, die dank einer winzigen Nuance eben nicht Karla, sondern »Klara« heißt, die »Klare«. Sie hat ihrem Vater obendrein einen Schwiegersohn in Aussicht gestellt, den amerikanisch-jovialen und attraktiven Mack, der ganz nebenbei der Reitlehrer Karls und eben ein ziemlicher Macker ist. Trotz all der Erzählungen Pollunders, oder vielleicht gerade deswegen, gerät Karl auf dem Landgut in die Fänge der lebenslustigen und körperlich durchtrainierten Klara. Eine Begegnung, die ihn so verwirrt, daß er das Haus am liebsten auf der Stelle wieder verlassen möchte. Klara ist amerikanisch bis ins Mark, unschuldig, brutal und sexy zugleich. So kommt ihr Verhalten zwar einem Verführungsversuch sehr nahe, endet aber mit einem Kampf zwischen ihr und Karl, wobei sie dank ihres Ju-Jutsu-Trainings Karl rasch niederringen kann. Eine Sexszene bei Kafka? Warum nicht. »›Warum seufzt sie so‹, dachte Karl, ›es kann ihr nicht wehtun, ich drücke sie ja nicht‹, und er ließ sie noch nicht los.« Soviel Naivität muß bestraft werden: »Dort war aber ein Kanapee, auf das legte sie Karl hin und sagte, ohne sich allzusehr zu ihm hinabzubeugen: ›Jetzt rühr dich, wenn du kannst.‹« Rührt sich der starke Karl Roßmann, das Pferd von einem jungen Mann? Nein, natürlich nicht. Schließlich hat er sich von einem europäischen Dienstmädchen mißbrauchen lassen, da hat eine Amerikanerin leichtes Spiel: »›Katze, tolle Katze‹, konnte Karl gerade noch aus dem Durcheinander aus Wut und Scham rufen, in dem er sich befand.« Au weh. Schnell weg von hier. Sehnsucht nach dem Onkel, das ist alles, was Karl auf dem Landgut noch zu empfinden vermag. Aber zu allem Überfluß wird ihm mitten in der Nacht durch einen weiteren Geschäftsfreund die Nachricht überbracht, daß sein Onkel ihn verstößt, wenn er nicht – Trommelwirbel – vor Mitternacht das Haus Pollunders verläßt und am nächsten Morgen zur Englischstunde erscheint. Der arme Karl befindet sich mal wieder in einem ständigen Irrtum – nicht Klara ist hier die Katze, wieder ist es Karl, der vor die Tür gesetzt wird und nun vor dem großen Nichts der amerikanischen Metropole steht. Denn durch die Begegnung mit Klara, durch augenblickliche Müdigkeit, die ihn abermals auf ein fremdes Bett niederwirft, durch erneutes Sich-Verirren, die Herausgabe des – aus dem Nichts! – wieder aufgefundenen Reisekoffers und sinnlose Hütchenspiele mit dem Geschäftsfreund des Onkels, Herrn Green, hat sich Karl so verspätet, daß er nur noch die Flucht nach vorne antreten kann – mitten hinein in die amerikanische Wildnis. Halt, halt. Ganz so wild kann es natürlich doch nicht zugehen. Schließlich braucht man als Europäer ein ordentliches Dach überm Kopf – und vor allem ein ordentliches Bett! Flugs kehrt Karl in das nächste Wirtshaus ein. Dort lernt er den Franzosen Delamarche und den Iren Robinson kennen, die sich als arbeitslose Maschinenschlosser bezeichnen. Bald muß er feststellen, daß die beiden windigen Gesellen ihn ausnützen und bestehlen wollen. Es geht buchstäblich um die Wurst, denn neben Karls letztem Familienfoto hat es den Gaunern die Veroneser Salami angetan! Spätestens ab hier ändert sich der Tonfall des ganzen Romans endgültig, er wird pikaresk beziehungsweise grotesk und so überzeichnet, daß auch sein Stil so »amerikanisch« anmutet, wie man sich das als in Prag lebender Versicherungsbeamter nur erträumen kann. Konnte man die Ju-Jutsu kämpfende höhere Tochter, den Prinzipen reitenden Onkel und den naiven Reitlehrer noch gerade so als »wirklich« hinnehmen, befinden wir uns nun in einem ganz eigenen Universum. Daher werden Delamarche und Robinson, die umgekehrten Freitage auf Karls amerikanischer Trauminsel, auch nicht unsympathisch, eben weil sie zu eindeutig nach Slapstickfiguren gezeichnet sind. Am nächsten Tag ziehen die drei als Kameraden weiter – in Richtung Kalifornien. Weit kommen sie nicht. Am Abend stehlen Delamarche und Robinson Karl seinen wertvollsten Besitz, die Fotografie seiner Eltern. Nicht ohne Verständnis verläßt Karl die beiden Vagabunden und findet in einem großen modernen Hotel mit dem sprechenden Namen »Occidental« eine Anstellung als Liftboy.

Das »Occidental« ist ganz moderner Westen, es herrscht eine durchrationalisierte fordistische Betriebsamkeit. Wer hier absteigt, kann mit dem besten Service rechnen. Im Hotel gewinnt Karl die Freundschaft zweier Frauen, Immigrantinnen wie er. Die in Wien geborene Grete Mitzelbach arbeitet im Hotel als Oberköchin. Sie nimmt sich Karls an und verschafft ihm den Job als Liftboy mit der Begründung, daß er ihr Landsmann sei. Wir haben aber das Heizer-Kapitel gelesen und ahnen bereits, daß das nicht gutgehen kann. Schon hören wir wieder Kafka durch die Worte der Köchin: »Die Freude, einen Landsmann getroffen zu haben, macht ganz gedankenlos.«

Wir können uns also merken: Anders als im wahren Leben ist es im Roman nie von Vorteil, sich auf die Nationalität zu verlassen – schon gar nicht in Amerika, wo die alteuropäischen Regeln und Vorurteile keine Rolle mehr spielen. Zwar hat Karl seine Fotografie verloren, aber glücklicherweise findet er in der Oberköchin und dem Oberkellner Herr Isbary, der ihr den Hof macht, einen Elternersatz. Die Familienidylle, soweit man das sagen kann, wird durch eine junge Frau ergänzt: Therese Berchtold, Sekräterin der Oberköchin, ebenfalls eine Immigrantin. Sie verbindet mit Karl eine fast geschwisterlich-kameradschaftliche Freundschaft, er begleitet sie – ganz Kavalier – bei Einkäufen in die Stadt, und sie unterstützt ihn bei seinen neu aufgenommenen Studien in »kaufmännischer Korrespondenz«. Achtung, Idylle. Wir brauchen schnell ein Dilemma! Und tatsächlich: »Da klopfte ihm jemand auf die Schulter.«

Nachdem Karl seinen Dienst in dem wie ein Fließband wirkenden Hotel zwei Monate lang tadellos erfüllt hat, erscheint der völlig betrunkene, inzwischen aber offensichtlich zu Geld gekommene Robinson und lädt ihn ein, sich ihm und Delamarche wieder anzuschließen. Karl weigert sich. Da behauptet Robinson, nicht mehr gehen zu können, und übergibt sich in den Treppenschacht. Karl bittet einen Kollegen, seinen Lift zu bedienen, und schafft Robinson in den Schlafsaal der Liftboys. Leider fällt seine Abwesenheit auf, und er wird von der Hotelleitung angeklagt. Aufgrund dieser Vorkommnisse wird Karl vom Oberkellner entlassen, und auch die Oberköchin, die ihn bislang protegiert hat, kann ihm nicht helfen. Bevor er das Hotel verlassen kann, ergreift ihn noch der sadistische Oberportier und durchsucht seine Taschen. Karl flieht und läßt seine Jacke mit seinen Ausweispapieren zurück. »›Jetzt ist's aber genug‹, sagte sich Karl – sein Gesicht mußte glühend rot sein –, und als der Oberportier, durch die Gier unvorsichtig gemacht, in Karls zweiter Tasche herumgrub, fuhr Karl mit einem Ruck aus den Ärmeln heraus.« Aber wir kennen das, Karl muß immer weiter verlieren: zuerst den Koffer, dann die Fotografie, nun die Ausweispapiere. Zum dritten Mal wird Karl so unsanft aus einer Art Familiensituation entlassen und befindet sich auf dem Weg ins Nirgendwo. Immer wieder passiert das gleiche. Entweder findet Karl Kameraden, die er verteidigen will, wodurch er in Konflikt mit der Obrigkeit gerät. Oder er verläßt sich zu sehr auf seine »Mütter« – seine wirkliche Mutter, die Oberköchin, in gewissem Sinne Herrn Pollunder, und gerät auf für ihn unfaßbare Weise mit der väterlichen Autorität aneinander. Karl wird von Eltern verstoßen, findet Kameraden, wird von einer mütterlichen Person »emporgehoben« und nach einiger Zeit von einem Vollstrecker wieder ins Nichts gestoßen. In wenigstens zwei Fällen ist sexueller Kontakt zu Frauen Ursache einer solchen Vertreibung »aus dem Paradies«. Bereits im ersten Satz des Romans wird ja berichtet, Karl sei von seinen Eltern nach Amerika geschickt worden, weil ihn ein Dienstmädchen verführt und ein Kind von ihm bekommen habe. Die später im Kapitel folgende detaillierte Beschreibung dieser Verführung weist Karl als kindlich-naives Opfer aus, das den Geschlechtsakt mit der Hausangestellten teils verwirrt, teils angeekelt erlebt, trotzdem aber schuldig gesprochen und grausam bestraft wird. Zum zweiten Mal wird Karl in dieser Figurenkonstellation ebenfalls eine Frau zum Verhängnis: Klara. Ihr »klarer« Wille ist es, der den Ausschlag zur Annahme der Einladung ins Landhaus gibt, sie allein hält Karl dort zurück, sie ist es, von der Karl sich verabschieden muß, nachdem er den Entschluß zur Abreise getroffen hat, und sie hält ihn schließlich so lange gegen seinen Willen in ihrem Zimmer fest, bis die vom Onkel gesetzte Frist endgültig verstrichen ist. Der skurrile Ringkampf mit deutlich sexuellen Untertönen, in dem Karl der Unterlegene bleibt und wiederum weibliche Sexualität als Angriff mit Vergewaltigungscharakter erlebt, läßt ihn dennoch als Schuldigen zurück.

Kein Amerika-Roman ohne Verfolgungsjagd! In einem Taxi

sucht Karl mit Robinson das Weite, hinter sich das schimpfende Personal des »Occidental«. Aber anders als die Helden in den Western kann Karl, als der Wagen vor dem Haus anhält, in dem Robinson mit Delamarche und der voluminösen Sängerin Brunelda wohnt, das Fahrgeld nicht bezahlen. Die Situation verschärft sich, als ein Polizist hinzukommt, der Karl wegen seiner fehlenden Ausweispapiere verhaften will. Karl nimmt Reißaus, wird aber von Delamarche gefunden. Konnte Karl mit Klara noch raufen, so wird er nun von Brunelda förmlich erdrückt. »›Laß nur‹, sagte Brunelda und wehrte die Hand des Delamarche ab, ›er bleibt ja schon.‹ Und sie drückte Karl noch fester ans Geländer, er hätte mit ihr raufen müssen, um sich von ihr zu befreien.«

Die Bedrohlichkeit des Weiblichen steigert sich umgekehrt proportional zu Karls sozialem Abstieg. Am Ende des Romans steht die Begegnung mit Brunelda, der Sängerin, dem formlosen Urweib. Natürlich war Karls Entlassung aus dem Hotel ein fieser Plan von Delamarche. Durch Erpressung sichert er sich Karls Arbeitskraft. Fortan muß dieser für Brunelda arbeiten, ohne Aussicht auf Verdienst. Nach einem mißglückten Fluchtversuch wird er immer mehr erniedrigt. Auf Bruneldas Befehl hin muß er mit Robinson auf dem Balkon schlafen, und beide dürfen erst eintreten, wenn Brunelda läutet. Nach den unzähligen fremden Betten, in die Karl sich niederlegen mußte, ist hier ein erster wirklicher Tiefpunkt erreicht: er muß auf einem seltsamen Stapel von Gardinen und anderen Stoffen schlafen.

In der Nacht bleibt Karl daher lieber wach und unterhält sich von Balkon zu Balkon mit dem Studenten Josef Mendel. Ganz versunken betrachtet er den Studenten, der ihn an seine eigene europäische Vergangenheit erinnert: »Nicht viel anders – jetzt war es schon lange her – war Karl zu Hause am Tisch der Eltern gesessen und hatte seine Aufgaben geschrieben, während der Vater die Zeitung las oder Bucheintragungen und Korrespondenzen für einen Verein erledigte und die Mutter mit einer Näharbeit beschäftigt war und hoch den Faden aus dem Stoffe zog.« Diese Erinnerungen berühren Karl im Innersten, und langsam reift in ihm der Plan zur Flucht.

Nun existieren vom »Verschollenen« mehrere fragmentarische Enden. Bei dem einen muß Karl mit Brunelda und den beiden Ganoven fliehen und landet schließlich in einer Art Bordell – ein weiterer Abstieg, dem vielleicht noch ein Wiederaufstieg im Mafia-Milieu gefolgt wäre, wenn Kafka auf die Art weitergeschrieben hätte, mit der er den Roman begonnen hatte. Das zweite Ende jedoch ist weitaus spannender, und wir können Kafka dankbar sein, daß er mit diesem unverhofften Umschwung in der Geschichte sein erstes großes Rätsel verfaßt hat.

Als Karl ein Plakat liest, auf dem das »Teater von Oklahama« Personal sucht, fährt er nach Clayton, um sich zu bewerben. »›Das große Teater von Oklahama ruft Euch! Es ruft nur heute, nur einmal. Wer jetzt die Gelegenheit versäumt, versäumt sie für immer. Wer an seine Zukunft denkt, gehört zu uns. Jeder ist willkommen. Wer Künstler werden will melde sich! Wir sind das Teater, das jeden brauchen kann, jeden an seinem Ort. Wer sich für uns entschieden hat, den beglückwünschen wir gleich hier! Aber beeilt euch, damit Ihr bis Mitternacht vorgelassen werdet. Um zwölf wird alles geschlossen und nicht mehr geöffnet! Verflucht sei, wer uns nicht glaubt! Auf nach Clayton!‹« Soll man einem solchen Plakat etwa trauen? Schließlich: »Es gab so viele Plakate, Plakaten glaubte niemand mehr. Und dieses Plakat war noch unwahrscheinlicher, als es Plakate sonst zu sein pflegen.« Außerdem ist Karl ja nicht erst seit gestern in Amerika und weiß mittlerweile etwas besser, wie der Hase hier läuft. Doch dieses Theater hält, was es verspricht. Karl trifft – Trommelwirbel – pünktlich vor Mitternacht ein und begegnet zunächst einer Bekannten, die, als Engel verkleidet, mit vielen gleichartig angezogenen Frauen Posaune bläst. Obwohl es Schwierigkeiten gibt, weil Karl ja keine Ausweispapiere mehr besitzt, bekommt er eine Stelle als technischer Arbeiter und wird von den Zirkusleuten mitgenommen. Denn Karl ist ja jemand, der immer nur an seine

Zukunft denkt – wie es das Plakat verlangt. Sein Wunschtraum, ein Ingenieur zu werden, scheint sich hier – ohne die Mühen der europäischen Ausbildung – von selbst zu erfüllen. Auch wenn er zunächst von der Abteilung »Ingenieure« nach »europäische Mittelschüler« versetzt wird. Was ist nun das Naturtheater von Oklahama? Handelt es sich um eine gigantische amerikanische Arbeitsbeschaffungsmaßnahme, die Vollendung des »American dream«, oder befindet sich hier gar der Eingang zum Paradies? »Leider verhält sich nicht jeder so richtig«, kommentiert der Impresario – das erste Mal, daß eine Autoritätsperson Karl lobt. Seine anfängliche Unsicherheit und Skepsis beginnt zu schwinden, als er merkt, daß die ihm gestellten Fragen unverfänglich bleiben. Im Gegensatz zu seinen bisherigen Vorgesetzten, die ihm auf unangenehme, fast intime Art nahe gewesen sind und ihn bedrängt haben, sind die Führer des Theaters ebenso unerreichbar wie auch gar nicht an Einmischung in Karls Leben interessiert. Sie verharren auf ihrer Tribüne wie in einem Elfenbeinturm, während die einzelnen Arbeiter in der Weite des riesigen Theaterareals verschwinden, fast absorbiert werden.

Nach all den Widrigkeiten erwartet den geschundenen Einwanderer also doch noch eine Art Wunder. Karl kommt zum ersten Mal mit der grenzenlosen Weite des Landes in Berührung. Die Endlosigkeit und Wildheit der Natur scheinen Karl seine Freiheit zurückzugeben, die Freiheit jenseits der überkommenen europäischen Familienbindungen und auch jenseits der menschenfeindlichen Technologisierung – die Kafka, mehr als up to date, visionär genau beschreibt –, eben Karls Amerika!

P. S.: Wie der Schluß des Romans tatsächlich aussehen sollte, ist ungewiß. Max Brod sah in »Der Verschollene« den lichtvollsten und mit warmer Menschlichkeit geschriebenen Roman Kafkas und spekulierte auf ein positives Ende. Kafka selbst plante aber wohl doch einen tragischen Schluß, in dem Karl, wie es der Arbeitstitel vorgab, zwar jede Menge Menschen (wieder)trifft, aber letztendlich in der Weite Amerikas verlorengeht. Kafka begann die Arbeit an seinem ersten Roman in der fruchtbaren Zeit, nachdem er Felice Bauer kennengelernt hatte. Er schrieb zeitgleich mehrere Erzählungen, arbeitete an dem Romanfragment und verfaßte jeden Tag mindestens einen Brief an die neue Geliebte.

Aber auch Kafka geriet beim Schreiben des Romans in Weiten, in denen er sich nicht mehr auskannte. Noch am 11. November 1912 schreibt er vergnügt an Felice: »Die Geschichte, die ich schreibe, und die allerdings ins Endlose angelegt ist, heißt, um Ihnen einen vorläufigen Begriff zu geben ›Der Verschollene‹ und handelt ausschließlich in den Vereinigten Staaten von Nordamerika. Vorläufig sind 5 Kapitel fertig, das 6te fast.«

Schon zwei Tage später läßt er Max Brod wissen: »Ich habe gestern das sechste Kapitel mit Gewalt, und deshalb roh und schlecht beendet; zwei Figuren, die noch darin hätten vorkommen sollen, habe ich unterdrückt. Die ganze Zeit, während der ich geschrieben habe, sind sie hinter mir her gelaufen, und da sie im Roman selbst die Arme hätten heben und die Fäuste ballen sollen, haben sie das gleiche gegen mich getan.«

Zwei Monate später heißt es resigniert gegenüber Felice: »Mein Roman! Ich erklärte mich vorgestern abend vollständig von ihm besiegt. Er läuft mir auseinander, ich kann ihn nicht mehr umfassen, ich schreibe wohl nichts, was ganz außer Zusammenhang mit mir wäre, es hat sich aber in der letzten Zeit doch allzusehr gelockert, Falschheiten erscheinen und wollen nicht verschwinden, die Sache kommt in größere Gefahr, wenn ich an ihr weiterarbeite, als wenn ich sie vorläufig lasse.«

Kafka machte seinen Entschluß wahr. Der Roman blieb vorläufig. Das Roadmovie blieb on the road, Karl Roßmann geht in der Weite Amerikas und des sich über den ganzen Himmel streckenden Entwurfs verschollen. Mit seinen beiden anderen Romanentwürfen wird es Kafka nicht besser ergehen. Nomen est omen. Der Prozeß bleibt prozeßhaft, das Schloß in seiner Bedeutung verschlossen.

# »Briefe an Felice«

Den Schreibrausch, der für »Die Verwandlung«, »Das Urteil« und das Fragment des Amerika-Romans verantwortlich ist, entwickelte Kafka im Anschluß an die erste Begegnung mit Felice Bauer. Sie war ein überraschender, Franz nicht gerade willkommener Besuch bei der Familie Brod. Er hatte gehofft, den Freund alleine anzutreffen, denn er wollte Max wegen seines Manuskriptes um Rat fragen. Statt dessen also Felice, die Berliner entfernte Verwandte, die in den Pantoffeln von Mutter Brod am Tisch sitzt.

»Fräulein F. B. Als ich am 13. August zu Brod kam, saß sie bei Tisch und kam mir doch wie ein Dienstmädchen vor. Ich war auch gar nicht neugierig darauf, wer sie war, sondern fand mich sofort mit ihr ab. Knochiges, leeres Gesicht, das seine Leere offen trug. Freier Hals. Überworfene Bluse. Sah ganz häuslich aus, trotzdem sie es, wie sich später zeigte, gar nicht war ... Fast zerbrochene Nase. Blondes, etwas steifes reizloses Haar, starkes Kinn. Während ich mich setzte, sah ich sie zum erstenmal genauer an, als ich saß, hatte ich schon ein unerschütterliches Urteil.«

Wir können uns eine kurze Erschütterung leisten. Denn diese Sätze Kafkas über seine zweifache Verlobte finden sich nicht etwa in den (nicht vorhandenen) Memoiren Kafkas – nein, am 20. August 1912, nur eine Woche nach dem ersten Treffen, stehen sie im Quartheft.

Zwischen Hinsetzen und Sitzen ist es nur ein winziger Augenblick, doch er reicht, um Kafka auf Jahre festzulegen. Dieses Mal ist es K., der sein »unerschütterliches Urteil« über das »Fräulein F. B.«, die Prokuristin einer Firma für Diktiergeräte und Parlographen, spricht. Wie fällt es aus? Auf den ersten Blick ernüchternd. Felice, seine zukünftige Liebste, erinnert ihn an ein Dienstmädchen! Durch die Degradierung einer leitenden Angestellten zu einem Dienstmädchen kann Kafka Felice aber vielleicht um so einfacher für sich vereinnahmen, sich »mit dem Gefundenen abfinden«. Kafka war zu jenem Zeitpunkt im Spätsommer schon seit längerem auf der Suche – nach Mädchen, die sich durch »Schrift binden« lassen würden. Erst kurz vor der Begegnung mit Felice hatte er sich auf der gemeinsamen Reise mit Max nach Weimar in eine kleine Liebesgeschichte mit einem noch sehr jungen Mädchen, Margarethe Kirchner, die Tochter des Aufpassers im Weimarer Goethehaus, verrannt. Aus der Tändelei war keine Beziehung geworden, aber das Mädchen hatte brav auf seine Postkarten geantwortet, und in Kafka war die Idee gekeimt, daß seine schriftstellerische Begabung vielleicht auch in dieser Hinsicht von Vorteil sein könnte.

Vielleicht war das Schreiben ja der richtige, ja der einzig mögliche Weg, sich einer Frau wirklich zu nähern? Wo doch alle anderen Wege voller Fallstricke waren und eher Ängstlichkeit hervorriefen als Aussicht auf Genuß verhießen. Im »Brief an den Vater« heißt es über den frühen Umgang mit Sexualität: »Ich … machte Euch Vorwürfe, daß sich erst die Mitschüler meiner hatten annehmen müssen, daß ich in der Nähe großer Gefahren gewesen bin (hier log ich meiner Art nach unverschämt, um mich mutig zu zeigen, denn infolge meiner Ängstlichkeit hatte ich keine genauere Vorstellung von den ›großen Gefahren‹), deutete aber zum Schluß an, daß ich jetzt schon glücklicherweise alles wisse, keinen Rat mehr brauche und alles in Ordnung sei.«

Natürlich war auch jetzt nicht alles in Ordnung. Die erste Reaktion auf Felice, die Frau, mit der es ernst werden sollte, war einfach nur panisch. Ihre Beschreibung – das steife Haar, das leere, knochige Gesicht, das Ignorieren der Kleidung mit Ausnahme einer »Bluse« – ergibt kein Porträt, sie erinnert vielmehr an das Bild einer Toten!

Kein gutes Omen für eine Beziehung, in der über fünf lange Jahre geschrieben und mehrere Jahre lang von einem gemeinsamen Leben geträumt werden wird. Daher vielleicht auch Kafkas Ausspruch, sie gefalle ihm »zum Seufzen«, auf Felices Frage, ob er sie denn »gleich lieb« gehabt habe. Und schließlich: Fühlen sich nicht auch die meisten Helden in Kafkas Werk auf die eine oder andere Weise von Dienstmädchen angezogen? Hat nicht sogar Karl Roßmann eines von ihnen geschwängert?

»Sie sah ganz häuslich aus«, war es aber in Wirklichkeit nicht, ebenso wie Kafka mit Häuslichkeit wenig anfangen konnte. Wie auch immer: Alle eventuellen Hoffnungen Kafkas auf einen gemeinsamen Hausstand werden eine Woche nach der ersten Begegnung (und drei Wochen bevor Kafka im September überhaupt den Briefverkehr aufnimmt) implizit durchgestrichen! Dennoch schreibt Kafka: » Ich kann nicht glauben, daß in irgendeinem Märchen um irgendeine Frau mehr und verzweifelter gekämpft worden ist als um Dich in mir, seit dem Anfang und immer von neuem und vielleicht für immer.« Georg Bendemann als Georg, der Drachentöter? Was anderes soll das sein als ein verzweifeltes Eheversprechen? Oder ist es auch nur ein Märchen?

Sie sitzen am Tisch. Gleichzeitig oder gemeinsam? Franz senkt seine Augen und starrt auf seinen Teller; er grübelt darüber nach, wie er Max Brod noch das Manuskript von »Betrachtung« zeigen könne. Später reicht er Felice die Bilder der Reise mit Max über den Tisch in die Hand. Mutter Brod mahnt zum Essen. Da verblüfft Felice ihn, indem sie sagt, daß es ihr vor kaum etwas so ekle wie vor Menschen, die »pausenlos nur ans Essen denken«. Wie aus dem Nichts erscheint der Plan, zusammen nach Palästina zu reisen.

Franz, mit einem Exemplar einer zionistischen Zeitschrift in der Tasche, ist verliebt. Es wird noch besser: Felice hat die Angewohnheit, bis spät in die Nacht zu lesen. Als sie beiläufig bemerkt, sie schreibe gerne Manuskripte ab, schlägt er vor Überraschung auf den Tisch. Hat er in der nicht besonders attraktiven, etwas steifen Berlinerin etwa eine Geistesverwandte vor sich?

Einen Monat später erhält das Fräulein Bauer in der Immanuelkirchstraße im Norden Berlins einen ersten Brief aus Böhmen: »(Prag, am 20. September 1912) Sehr geehrtes Fräulein! Für den leicht möglichen Fall, daß Sie sich meiner auch im geringsten nicht mehr erinnern könnten, stelle ich mich noch einmal vor: Ich heiße Franz Kafka und bin der Mensch, der Sie zum erstenmal am Abend beim Herrn Direktor Brod in Prag begrüßte, Ihnen dann über den Tisch hin Photographien von einer Thaliareise, eine nach der andern, reichte und der schließlich in dieser Hand, mit der er jetzt die Tasten schlägt, ihre Hand hielt, mit der Sie das Versprechen bekräftigten, im nächsten Jahr eine Palästinareise mit ihm machen zu wollen. Wenn Sie nun diese Reise noch immer machen wollen – Sie sagten damals, Sie wären nicht wankelmüthig und ich bemerkte auch an Ihnen nichts dergleichen –, dann wird es nicht nur gut, sondern unbedingt notwendig sein, daß wir schon von jetzt ab über diese Reise uns zu verständigen suchen. Denn wir werden unsere gar für eine Palästinareise viel zu kleine Urlaubszeit bis auf den Grund ausnützen müssen und das werden wir nur können, wenn wir uns so gut als möglich vorbereitet haben und über alle Vorbereitungen einig sind.«

Das ist der Startschuß für den Briefwechsel – und der Parcours ist mit wenigen Worten abgesteckt. Schauen wir uns die Fähnchen an. Erstens: Felice darf nicht »wankelmüthig« sein. Ihre Stärke soll seine Schwäche aufheben, deswegen verläßt er sich auch nicht auf seine Wahrnehmung (auf die er sonst bis zur Eitelkeit stolz ist), sondern fragt zur Sicherheit noch einmal nach: »Sie sagten damals, Sie wären nicht wankelmüthig ...« Zweitens: Er braucht Felice zum Schreiben, soviel hat er in der Zwischenzeit spitzgekriegt. Drittens: Sie muß dafür in Berlin bleiben, weil sonst zwar die Kraft, aber keine Zeit mehr zum Schreiben vorhanden wäre. Sie beide sollen sich nur in der sehr knappen »Urlaubszeit« und ausnahmsweise einmal sehen, doch man muß sich, was unbedingt notwendig ist, von jetzt an darüber »verständigen«.

»Bis auf den Grund« wird Kafka die Beziehung mit Felice

tatsächlich ausnützen, und trotzdem wird ihr Kontakt für immer in Vorbereitungen steckenbleiben. Denn hinter, oder besser: vor allem anderen steht ein großes »Trotzdem«, was hier soviel heißt wie »aber«: »Aber trotzdem, trotzdem – es ist der einzige Nachteil des Schreibmaschinenschreibens, daß man sich so verläuft – wenn es auch dagegen Bedenken geben sollte, praktische Bedenken meine ich, mich auf eine Reise als Reisebegleiter, -Führer, -Ballast, -Tyrann, und was sich noch aus mir entwickeln könnte, mitzunehmen, gegen mich als Korrespondenten – und darauf käme es ja vorläufig nur an – dürfte nichts Entscheidendes von vornherein einzuwenden sein und Sie könnten es wohl mit mir versuchen. Ihr herzlich ergebener Dr. Franz Kafka«.

Franz ergibt sich. Und in den nächsten fünf Jahren wird Kafka alles für Felice werden, was er hier bezüglich der Reise nach Palästina aufzählt. Er wird sich in ihr verlaufen, wie nirgendwo sonst, aber auch Begleiter sein auf ihren seltenen Reisen, ihr Führer in literarischen Belangen werden, aber auch Ballast in ihrem bislang so durchstrukturierten Leben, und ein Tyrann, der in immer neuen Briefen immer mehr Details aus ihrem Leben einfordert und versucht, Felice nach seinen Wünschen zu verwandeln.

Falls die praktische Felice Einwände gehabt haben sollte, so werden ihr diese bei dem ihr in den folgenden Monaten auferlegten Briefmarathon bald abhanden gekommen sein. Sie schreibt einen höflichen Brief zurück. Kafka antwortet mit einem vierseitigen Brief, in dem er sie darum bittet, ihr anstelle von Briefen ein Tagebuch zu schicken, weil man sich ja »noch gar nicht kenne«. Nach dreiwöchiger Wartezeit (die Kafka so nervös macht, daß er eine Verwandte von Felice um Hilfe bittet) versucht sie es tatsächlich mit ihm. Zunächst läßt sich alles ganz wunderbar an. Die erste Veröffentlichung – und seine erste öffentliche Lesung – geben ihm Mut, sich der fernen Frau zu nähern. Franz hat den Kopf so voll Felice, daß er Max sogar bitten muß, die Manuskriptseiten der »Betrachtung« noch einmal durchzusehen, ob ihm, dem Perfektionisten, nicht Fehler unterlaufen sind: Kafka erkennt sich selbst nicht mehr wieder.

Das große »Trotzdem« bleibt unüberhörbar. Es beginnt gleich im zweiten Brief mit Klagen über Nervosität und Schlaflosigkeit, Ärger im Büro und in der Familie. »Ein Regen von Nervositäten geht ununterbrochen auf mich herunter«, schreibt Kafka – in Wahrheit ist es aber jetzt Felice, die pitschnaß wird –, und er kann, dank der Ableitung der Leiden in die Briefe an sie, um so munterer an seinen Erzählungen arbeiten.

Aber dann passiert es: Kafka weiß nicht mehr weiter. Wie kann es dazu kommen, daß seine Energie nach wenigen Monaten erlahmt? Vielleicht, weil sich der zuvor geknüpfte Knoten aus Manuskript-Frau-Schreiben-Frau-Lesen-Manuskript als Unsinn erweist.

Am 11. Dezember 1912 schickt Kafka Felice die gerade erschienene »Betrachtung«. Dazu bittet er sie: »Du, sei freundlich zu meinem armen Buch. Es sind ja eben jene paar Blätter, die Du mich an unserem Abend ordnen sahst ... Ob Du wohl erkennst, wie sich die einzelnen Stückchen im Alter voneinander unterscheiden. Eines ist z. B. darunter, das ist gewiß 8–10 Jahre alt.« Damit verlangt er ein wirklich dezidiertes Urteil von ihr. Das aber ist zuviel verlangt von einer Angestellten, und sei sie noch so literarisch interessiert – und deswegen erhält er keine Antwort. Franz ist verzweifelt und wirbt bei ihr mehr um das Buch, als er je für sich selbst werben würde. Felice quält ihn statt dessen mit Diskussionen über andere Schriftsteller, über Schnitzler, Lasker-Schüler, die Kafka verabscheut, oder völlig unbekannte Autoren.

Im März 1913 sehen sich Franz und Felice das erste Mal wieder. Nachdem er monatelang nichts mehr geschrieben hat, erhofft sich Kafka von dieser Begegnung natürlich nichts weniger als Erlösung. Deswegen verschiebt er die endgültige positive Antwort so weit, daß Felice gar nicht mehr damit rechnet, ihn in Berlin zu treffen. Samstag soll das Treffen sein. Am Montag schreibt er: »Ich weiß nicht, ob ich werde fahren können, heute ist es noch unsicher, morgen kann es schon gewiß sein ... Mittwoch um 10 Uhr dürftest Du es schon bestimmt wissen.« Am Mittwoch heißt es: »Ich fahre nach Berlin zu keinem anderen Zweck, als um Dir, der durch Briefe Irregeführten, zu sagen und zu zeigen, wer ich eigentlich bin. ... Wo kann ich Dich also Sonntag vormittag treffen? Sollte ich doch noch an der Fahrt verhindert werden, so würde ich Dir spätestens Samstag telegrafieren.« Der Brief vom Donnerstag lautet: »... und zu den alten Drohungen neuerdings auftretende Drohungen möglicher Hindernisse der kleinen Reise. Jetzt Ostern gibt es gewöhnlich – ich hatte nicht daran gedacht – Kongresse aller möglichen Vereinigungen.«

Am Freitag: »... Dabei ist es noch gar nicht sicher, ob ich fahre; erst morgen vormittag entscheidet es sich ... Wenn ich fahre, werde ich wahrscheinlich im Askanischen Hof wohnen ... Ich muß mich aber ordentlich ausschlafen, ehe ich vor Dich trete.« Diesen Brief wirft er am Samstagmorgen ein, mit dem Zusatz auf dem Briefumschlag: »Noch immer unentschieden.«

Am Ostersonntag aber liegt er stundenlang in Berlin im »Askanischen Hof« herum und wartet auf einen Anruf von Felice. »Was ist denn geschehen, Felice? ... Nun bin ich in Berlin, muß nachmittags um 4 oder 5 wegfahren, die Stunden vergehen und ich höre nichts von Dir.«

Das kurze Treffen, das Felice dann doch noch irgendwie möglich macht, kann man sich leicht vorstellen. Es ist eine Katastrophe. Felice rettet die Begegnung, indem sie darauf besteht, daß sie sich sieben Wochen später, zu Pfingsten, wiedersehen sollen. In der Zwischenzeit macht sie sich rar. Kafka rennt ihr wie ein Hündchen hinterher. Jetzt will er sie unbedingt haben, koste es, was es wolle, selbst wenn er und sein Schreiben dabei zugrunde gehen sollten.

Mai 1913 in Berlin. Kafka trifft auf Felices Familie und ist völlig paralysiert. »Ich fühlte mich so klein, und alle standen so riesengroß um mich herum mit so einem fatalistischen Zug im Gesicht. ... Das entsprach den Verhältnissen, sie besaßen Dich und waren deswegen groß, ich besaß Dich nicht und war deshalb klein ...«

Noch viel schlimmer ist es für ihn, daß Felice apathisch wird, sobald sie allein sind, verstummt und teilnahmslos. »Du bist doch nicht ich.« Schließlich braucht er ihre Kraft. »Ist noch irgendein fremder Mensch da, der mir ins Blut geht, desto besser, da kann ich scheinbar von geborgter Kraft lebendig werden.« So hatte er sich das nicht vorgestellt. Felice, seine »liebste Geschäftsfrau«, durfte nicht wankelmütig sein, dessen hatte er sich doch im ersten Brief vergewissert! Und es wird immer schlimmer. Auch als sie wieder getrennt sind – Felice hat ihm mehr oder weniger das Verlobungsversprechen aus der Nase gezogen –, erhält er von ihr nur unwichtige Nachrichten. Er fleht sie geradezu an, wieder die Felice zu sein, die er aus den Briefen kennt, verspricht ihr auch, einen Werbebrief an ihren Vater zu schreiben, vermag es dann aber doch nicht. Zu fern ist ihm diese Frau, wenn sie nicht seinen Spielregeln folgt. Endlich, im Juni, schickt er ihr eine »Abhandlung«. Es ist einer der peinlichsten Heiratsanträge, die man sich überhaupt vorstellen kann.

Kafka, das Genie, das die ökonomischen und sozioökonomischen Machtverhältnisse in Familien wie kein zweiter durchschaute und mit boshaftester Ironie aufs Papier brachte, schreibt tatsächlich über die bevorstehende Ehe mit Felice, die wie keine andere Beziehung in seinem Leben aus »Vernunft« geboren wurde: »Was eine Ehe verlangt, ist menschliche Übereinstimmung, also Übereinstimmung noch tief unter allen Meinungen, also eine Übereinstimmung, die nicht zu überprüfen, sondern nur zu fühlen ist, also eine Notwendigkeit menschlichen Beisammenseins. Dadurch wird aber die Freiheit des einzelnen nicht im geringsten gestört, die wird eben nur gestört durch das nicht notwendige menschliche Beisammensein, aus dem der größte Teil unseres Lebens besteht.«

Kafka sucht die perfekte Ergänzung, ohne die Unbill eines »menschlichen Beisammenseins« auch in schlechteren Zeiten. Felice soll am besten gar nicht anwesend sein bei dem, was Kafka später sein »Manöverleben« nennen wird: »Was sagst Du aber, liebste Felice, zu einem Eheleben, wo, zumindest während einiger Monate im Jahr, der Mann um ½ 3 oder 3 aus dem Büro kommt, ißt, sich niederlegt, bis 7 oder 8 schläft, … dann zu schreiben anfängt und bis 1 oder 2 Uhr schreibt? Könntest

Du denn das ertragen? Vom Mann nichts zu wissen, als daß er in seinem Zimmer sitzt und schreibt? ... Und gegen das Frühjahr zu den Halbtoten an der Tür des Schreibzimmers empfangen und im Frühjahr und Sommer zusehn, wie er sich für den Herbst zu erholen sucht?«

Diese »Empfängnis« des Gatten im Frühjahr, die Felice als Ehefrau leisten soll, stellt er sich als die einzige vor. »Ich werde niemals Kinder haben.« Punkt. Er führt noch mehr ins Feld. Seine Krankheiten, seine Lebensängste, seine Furcht vor Menschen, selbst sein schlechtes Gedächtnis erscheinen ihm als Hinderungsgrund für eine Ehe. Und eine Woche vor seinem dreißigsten Geburtstag schreibt er ihr: »Ich brauche zu meinem Schreiben Abgeschiedenheit, nicht ›wie ein Einsiedler‹, das wäre nicht genug, sondern wie ein Toter. Schreiben in diesem Sinne ist ein tieferer Schlaf, also Tod ...« So gefragt, kann wohl keine Frau guten Gewissens in die Ehe gehen.

Kafka ist in heilloser Panik. Zwei Monate nach dem Brief, in dem er Felice das erste Mal um ihre Hand bittet, schlägt er vor, das Briefeschreiben ganz seinzulassen, die Beziehung zur Ruhe zu bringen, und fährt im September allein auf einen Kongreß und nach Riva ins Sanatorium.

Dort passiert etwas, wovon Kafka nicht einmal zu träumen gewagt hätte. Er verliebt sich, und diese Liebe wird erwidert, auch körperlich. Nicht länger als zehn Tage hielt die Beziehung zu der »Schweizerin«, aber sie war unbedingt notwendig, so daß Kafka eines einsah: Er konnte lieben. Also mußte er auch Felice, die er ja glaubte zu lieben, wirklich lieben können. Alles weitere war eine Sache des Verstandes und des Mutes. Seine Kraft mußte einfach dafür ausreichen. Mußte.

Felice, die von diesen Entwicklungen nichts ahnt, begeht einen folgenschweren Fehler. Weil sie von Kafka monatelang nichts hört, bittet sie ihre jüngere Freundin Grete Bloch um Vermittlung. »Ich gestehe, ich sehe mit Gewalt in einer Verlobung ein Glück für Sie beide«, schreibt Grete. Das sah Kafka ähnlich. Der hatte sich auch gerade »mit Gewalt« dazu entschieden, Felice in sich endgültig zu verankern. Mit der Verlobung mit Felice tat er sich Gewalt an, weil der Liebe mittlerweile jede Leichtigkeit fehlte. Diese kam mit Grete Bloch wieder ins Spiel.

Nur so ist wohl die merkwürdige Aufspaltung seiner Gefühle zu verstehen, durch die die Beziehung zu Felice und Grete eine literarische ménage à trois wurde. Kafka beginnt das einzige Spiel, das er kann, das er mittlerweile aus dem Effeff beherrscht, das Briefspiel mit Grete; und tatsächlich – noch ein Mädchen läßt sich durch die Schrift binden.

Ginge es hier nicht um Kafka, müßte man für die folgenden Monate davon sprechen, daß er mit Grete Bloch über Felice hinter deren Rücken lästert. Und noch schlimmer – die Wärme in den Briefen gilt eindeutig Grete, nicht Felice. Von ihr will er nun hören, was sie liest, wie es ihr geht, ihre Probleme und Sorgen finden sein offenes Ohr.

Gleichzeitig treibt er die Verlobung mit Felice auf Biegen und Brechen voran. Dieses Mal aber zeigt Felice Widerstand, als ahnte sie, was hinter ihrem Rücken vor sich geht und daß sie der sowieso immer schwankenden Gefühle Kafkas nicht mehr sicher sein kann. Kafka will es wissen. Bei einem kurzen Besuch erniedrigt er sich sogar vor ihr »wie ein Hund«, aber ereicht nichts. Erst nachdem Felice durch einen Familienskandal geschwächt ist, sucht sie doch wieder Halt bei Franz. Ostern 1914, ein Jahr nach dem ersten Treffen in Berlin, kommt es zur inoffiziellen Verlobung.

Grete ist in all dieser Zeit Kafkas treue Vertraute. Ohne sie als Blitzableiter für die Demütigungen, die er von Felice erhält, hätte er die Verlobung nie zustande gebracht. Nun wird es Grete aber langsam mulmig. Wer ist dieser Mann, der sich einerseits mit ihrer Freundin verlobt, sie andererseits bekniet, im Winter mit ihnen in der anzumietenden Wohnung gemeinsam zu leben? Und wer ist sie selbst, daß sie inzwischen Gefühle für den Verlobten ihrer Freundin entwickelt hat und sich zu Indiskretionen hat hinreißen lassen? Grete will ihre Briefe zurück. Franz verweigert das.

Franz braucht sie mehr denn je. Er fleht sie geradezu an, bei der im Juni erfolgenden offiziellen Verlobung anwesend zu sein. Schließlich willigt Grete ein. Die Verlobung im Kreis der Familien gerät natürlich zur Katastrophe. Kafka fühlt sich »gebunden wie ein Verbrecher. ... Und das war meine Verlobung, und alle bemühten sich, mich zum Leben zu bringen, und da es nicht gelang, mich zu dulden, wie ich war.« Da er nicht »zum Leben zu bringen« ist, bleibt er, was er von Anfang an war: ein Toter mit einer toten Liebe zu Felice. All das läßt er wie ein Waschweib in Briefen an Grete Bloch aus. Aber die hat langsam genug von diesem Spiel. Sie weiß sich bald keinen anderen Rat mehr, als endgültig die Seiten zu wechseln. Zu verstörend ist die Position, die sie in Kafkas Briefen eingenommen hat.

1914, 12. Juli, »Askanischer Hof«. Die beiden Freundinnen sitzen Gericht über Kafka. Die Anklage ist hart und wenigstens in Teilen ungerecht, aber wirksam. Die Verlobung wird aufgelöst. Was er von diesem Gericht mitnehmen wird, kennt die Welt als »Proceß«. Kafka schreibt im Quartheft mit diebischer Freude: »Der Gerichtshof im Hotel ... Das Gesicht F.s. Sie fährt mit den Händen in die Haare, gähnt. Rafft sich plötzlich auf und sagt gut Durchdachtes, lange Bewahrtes, Feindseliges. Der Rückweg mit Fr. Bl. ... Bei den Eltern. Vereinzelte Tränen der Mutter. Ich sage die Lektion auf. Der Vater erfaßt es richtig von allen Seiten ... Sie geben mir recht, es läßt sich nichts oder nicht viel gegen mich sagen. Teuflisch in aller Unschuld. Scheinbare Schuld des Fräulein Bl.«

Nur wenige Wochen nach der Auflösung der Verlobung gewinnt Kafka sein Schreiben zurück. Er schreibt am »Verschollenen« weiter und bringt eine weitere Strafphantasie »In der Strafkolonie« zu Papier, dazu die Fragment gebliebene »Erinnerung an die Kaldabahn«. Alles könnte so schön sein, wären da nicht die zwei Frauen, die Briefe und ihre unnachgiebige Sogwirkung auf Kafka. In Wahrheit brennt er darauf, sich vor Felice zu rechtfertigen, zu erklären, auf anständige Weise loszukommen von ihr. Ende Oktober schreibt er ihr daher einen langen, ausführlichen Brief. »Ich habe allerdings nicht daran gedacht, Dir zu schreiben – im Askanischen Hof war die Wertlosigkeit von Briefen und allem Geschriebenen deutlich geworden –«, heißt es da. Aber diese Geste ist natürlich eine hohle; wie viele, die nun folgen werden – und die die zweite Verlobung zur Folge haben werden. An einem Punkt aber sagt Kafka nun endlich deutlich die Wahrheit, so bitter sie auch ist: »Du konntest nicht die Macht einsehn, die meine Arbeit über mich hat ... Sieh, Du warst doch nicht nur der größte Freund, sondern auch der größte Feind meiner Arbeit ...«

Er will sie verletzen, und das kann er gut. Etwa mit der Mitteilung, daß er mittlerweile in Briefverkehr, und auch sonst auf vertrautem Fuße, mit ihrer Schwester Erna steht (die als dunkles Geheimnis vor der Familie ein uneheliches Kind bekommen hat): »Ich dachte z. B. daran, als ich einmal abend mit Deiner Schwester bei einem fast ausschließlichen Fleischessen saß. Wärest Du dabei gewesen, hätte ich wahrscheinlich Knackmandeln bestellt.« Und dann kommt es. Sie hat ihn tödlich beleidigt, indem sie die Intimität zwischen ihnen aufgegeben hat: »Auch im Askanischen Hof habe ich nicht aus Trotz geschwiegen. Was du sagtest, war doch so deutlich, ich will es nicht wiederholen, aber es waren Dinge darunter, die fast unter 4 Augen zu sagen unmöglich hätte sein sollen.« Der Brief ist lang und verschafft Kafka ein Gefühl großer »Selbstzufriedenheit«. Er schlägt das Kapitel Felice zu. Aber das neuerliche Briefeschreiben hat seine Tücken. Prompt stockt seine Arbeit. Die »Feindin« Felice hat wieder einmal gesiegt.

Um so mehr zieht er sich wieder zurück, selbst als Erna ihm mitteilt, daß Felices Vater gestorben ist. Kafka ist so kalt wie ein Fisch, er hat nur sein eigenes Leiden im Sinn, wenn er für sich notiert: »Ich habe F. unglücklich gemacht, die Widerstandskraft aller, die sie jetzt so benötigen, geschwächt, zum Tode des Vaters beigetragen, F. und E. auseinandergebracht, und schließlich auch E. unglücklich gemacht ... Ich bin ja innerhalb des Ganzen genügend bestraft, schon meine Stellung zu der Familie ist Strafe genug, ich habe auch derartig gelitten, daß ich mich davon niemals erholen werde ...«

Er wird sich also vom Tod von Felices Vater nie erholen können, rafft sich aber zu keinem Wort des Beileids auf. Statt dessen schreibt er den »Riesenmaulwurf« und den »Unterstaatsanwalt« sowie das wichtige Kapitel »Im Dom« für den »Proceß«.

Im Januar 1915 aber trifft er sich, zerknirscht und gar nicht mehr so selbstbewußt, mit Felice an der Grenze zu Deutschland. Der Mechanismus dieser Beziehung ist mittlerweile deutlich hervorgetreten. Das Treffen ist wieder eine Katastrophe. Doch wieder leitet es auch eine neue Phase in der Beziehung zwischen den beiden ein. Franz schreibt Felice einige Briefe, prompt ist es mit dem literarischen Schreiben wieder einmal vorbei.

Dafür häufen sich im Jahr 1915 die – mal weniger, mal mehr gelungenen – Treffen der beiden. Dann stoppt Kafka wieder einmal fast gänzlich die Briefe, von einigen Karten abgesehen, in denen er Treffen verschiebt oder absagt. Erst 1916 sehen sie sich wieder.

Es geschieht etwas, womit keiner gerechnet hätte, Kafka aber am allerwenigsten. Im Juli verbringen sie zehn Tage miteinander in Marienbad, davon mindestens fünf glückliche. Das Wunder liegt auch daran, daß sie miteinander Sex haben. »Ich war noch niemals, außer in Zuckmantel, mit einer Frau vertraut. Dann noch mit der Schweizerin in Riva. Die erste war eine Frau, ich unwissend, die zweite ein Kind, ich ganz und gar verwirrt. Mit F. war ich nur in Briefen vertraut, menschlich erst seit zwei Tagen. So klar ist es ja nicht, Zweifel bleiben. Aber schön der Blick ihrer besänftigten Augen, das Sich-Öffnen frauenhafter Tiefe.«

Nun kann sich Franz das erste Mal wirklich vorstellen, neben Felice zu leben. Er entspannt sich. An Max Brod schreibt er kurz nach Felices Abreise: »Unser Vertrag ist in Kürze: Kurz nach Kriegsende heiraten, in einem Berliner Vorort zwei, drei Zimmer nehmen, jedem die wirtschaftliche Sorge überlassen.« Was für eine wunderbare Zeit beginnt für Kafka in Marienbad nach Felices Abfahrt! Täglich schreibt er ihr nun Postkarten, denkt ihrer gemeinsamen Zeit hinterher und genießt sonst das Kurleben.

Was für eine Liebe. Erst hatte er versucht, sich ihr madig zu machen. Dann, als das nicht half, glorifizierte er sie so sehr, daß sie eigentlich hätte aufschreien müssen. Nach dem Urteil im »Askanischen Hof« demystifiziert er sie, holt sie von ihrem Sockel herunter, spricht sogar schlecht von ihr hinter ihrem Rücken. Wenn ihm diese Frau doch so gar nicht paßte, könnten wir jetzt fragen, warum ließ er sie dann nicht einfach in Ruhe? Aber Kafka hat es sich in den Kopf gesetzt, daß Felice und nur Felice der Deckel auf seinem Topf sein soll. Daher schmiedet er einen neuen Plan. Kafka will nun Felice, deren »Oberflächlichkeit« ihn schmerzt, zu einem besseren Menschen verwandeln. Anders gesagt: Er will, daß sie an seiner Stelle ein besserer Mensch werde, und macht ihr den Vorschlag, in einem jüdischen Volksheim zu arbeiten.

Felice soll die Gedanken an eigene Kinder, an eine eigene Wohnung, ein eigenes Leben zugunsten von Waisenkindern und dem Volksheim ausgetrieben werden. Und Felice gehorcht. Vier lange Monate währt dieses Einverständnis. Dann treffen sich die beiden wieder, diesmal in München, wo es zu einem ernsthaften Zerwürfnis zwischen ihnen kommt. Wieder einmal wissen sie nicht weiter. Kafka kehrt nach Prag an seinen Schreibtisch zurück, wo Ottla für ihn ein Häuschen in der Alchimistengasse mietet. Dort schreibt Kafka u. a. »Ein Landarzt«, »Der neue Advokat«, »Auf der Galerie«, »Schakale und Araber«, »Die Brücke«, »Der Jäger Gracchus« und »Der Kübelreiter«.

Die Briefe hingegen werden wieder spärlicher. Noch ist jedoch geplant, kurz nach Kriegsende zusammenzuziehen. Im Juli 1917 findet die zweite offizielle Verlobung statt. Daran anschließend fahren sie gemeinsam nach Budapest. Dort verläßt Franz Felice und kehrt allein über Wien nach Prag zurück. In der Nacht vom 9. auf den 10. August hat Kafka seinen ersten Blutsturz. Er erlöst ihn für immer von Büro, Ehe und in gewissem Sinne auch von seiner Familie. Er macht ihn frei.

Felice erfährt davon wochenlang nichts, auf ihre freundlichen Briefe erhält sie keine Antwort. Dann aber liest sie einen sehr ernsthaften Brief. Kafka will Abschied nehmen. Er hat seine Ehe gefunden, auch ohne Felice. Über die Zeit in Zürau mit seiner Schwester Ottilie schreibt er: »Mit Ottla lebe ich in kleiner guter Ehe.« Felice, alarmiert, macht sich auf, ihn zu besuchen. »F. war hier, fährt, um mich zu sehen, dreißig Stunden, ich hätte es verhindern müssen ... Ich selbst bin gänzlich gefühllos, ebenso hilflos, denke an die Störung einiger meiner Bequemlichkeiten und spiele als einziges Zugeständnis etwas Komödie.« Der vorletzte Brief kommt an Peinlichkeit dem ersten Heiratsantrag gleich.

Daß Kafka sehr wohl wußte, daß er die bei ihm ausgebrochene Tuberkulose als Waffe benutzte, macht es nur noch schlimmer: »Im übrigen sage ich Dir ein Geheimnis, an das ich augenblicklich selbst gar nicht glaube (trotzdem mich das bei Arbeitsbesuchen und beim Denken rings um mich in der Ferne fallende Dunkel vielleicht überzeugen könnte), das aber doch wahr sein muß: ich werde nicht mehr gesund werden. Eben weil es keine Tuberkulose ist, die man in den Liegestuhl legt und gesund pflegt, sondern eine Waffe, deren äußerste Notwendigkeit bleibt, solange ich am Leben bleibe. Und beide können nicht am Leben bleiben.« Wieder einmal der Tod. »Meine arme, arme Liebste.« So spricht Kafka Felice in vielen der letzten Briefe an. Damit meint er nicht zuletzt sich selbst.

Es läßt einen verstört und traurig zurück, wenn man bedenkt, wieviel verlorene Liebesmüh in dieser Beziehung steckt. Einer Beziehung, die von vornherein zum Scheitern verurteilt war. Fünf Jahre, in denen Energien gebunden wurden, die besser genutzt hätten können, die schließlich beide krank gemacht haben.

Der Briefwechsel endet, wie er begonnen hat. Die Todesthematik, die in dieser Liebesbeziehung immer wieder durchgespielt wird, findet sich auch an ihrem Ende, dem Tod der Liebe. Aus Zürau schreibt Kafka Felice am 16. Oktober 1917 einen merkwürdig verschrobenen Brief, der zudem zur Hälfte aus einem Brief von Max Brod besteht. Dann kehrt er zum Thema Körperlichkeit zurück, wie stets. Aber dieses Mal ist es umgekehrt, er klagt nicht, er jubelt geradezu. »Was meinen Körperzustand betrifft – er ist ausgezeichnet, nach Deinem wage ich kaum zu fragen.« Wie sollte er auch, Felices Körper ist längst für ihn gestorben. Und nach dem körperlichen Zustand eines Gespenstes wagt man eben kaum zu fragen.

Wie Elias Canetti als erster bemerkt hat, können die »Briefe an Felice« auch als »anderer Proceß« gelesen werden. An beiden Enden (und an wenigstens einem Beginn) steht ein Todesurteil. Und so bleibt Franz nur noch, Felices Asche Frieden zu wünschen: »Kant kenne ich nicht, der Satz aber soll wohl nur für die Völker gelten, auf Bürgerkriege, auf ›innere Kriege‹ bezieht er sich kaum, hier ist der Friede wohl nur jener, den man der Asche wünscht.«

Er nimmt den Stapel Briefe von Felice, über vierhundert müssen es sein, und übergibt sie dem Feuer.

Felice hingegen hat Kafkas Asche nicht ruhen lassen. 1955, schwer erkrankt, verkaufte sie aus einer finanziellen Notlage heraus Kafkas Briefe für einen Spottpreis an den Schocken-Verlag. So lange hatte sie die Intimsphäre gewahrt. Zwei Jahre nach der Trennung von Kafka heiratete sie den Bankier Moritz Marasse, ging mit ihm und den zwei Kindern erst in die Schweiz, 1936 nach Amerika. Felices Hals war und blieb frei, keine Kehlkopftuberkulose, und auch das von Kafka gefällte Urteil vermochte ihr nichts anzuhaben. Aber auch sie fällt ihr Urteil, denn, wie Kafka später an Milena schreiben wird, »die Frau urteilt doch am Ende. (Die Sage von Paris verdunkelt das ein wenig, aber auch Paris urteilt nur darüber, welcher Göttin Schlußurteil das stärkste ist.)« Und wie fiel das Urteil von Felice aus? Vielleicht steht es am Ende des »Prozesses«: »K. wußte jetzt genau, daß es seine Pflicht gewesen wäre, das Messer, als es von Hand zu Hand über ihm schwebte, selbst zu fassen und sich einzubohren. Aber er tat es nicht, sondern drehte den noch freien Hals und sah umher.«

## »Der Proceß«. Eine Kriminalkomödie

»Jemand mußte Josef K. verleumdet haben, denn ohne daß er etwas Böses getan hätte, wurde er eines Morgens verhaftet. Die Köchin der Frau Grubach, seiner Zimmervermieterin, die ihm jeden Tag gegen acht Uhr früh das Frühstück brachte, kam diesmal nicht. Das war noch niemals geschehen.« Erst einen Satz ist die Geschichte lang, und schon dürfen wir uns die Haare zerraufen: Wer hat Josef K. angeklagt? Wird er sich gegen die Verleumdungen zur Wehr setzen können? Wird er sein Frühstück später noch bekommen? Werden sich all die Dinge aufklären, die jetzt noch im dunkeln liegen, und sich das Schicksal für K. zum Guten wenden? Und – worin besteht überhaupt seine Schuld?

Der Krimi kann beginnen. Hauptfigur: Der karrierebewußte Bankprokurist Josef K., der, nichtsahnend, am Morgen seines dreißigsten Geburtstags aufwacht und darauf wartet, daß ihm das Dienstmädchen seiner Vermieterin Frau Grubach das Frühstück ans Bett bringt. Aber es kommt nicht. Statt dessen steht ein wildfremder Mann im Zimmer. »›Wer sind Sie‹, fragte K.« und: »›Ja, was wollen sie denn?‹« Keine Antwort. Er hört nur ein »kleines Gelächter« aus dem Nebenraum. K. will fliehen. Doch dann besinnt er sich. Erst mal nachschauen, was überhaupt los ist, bevor man die Segel streicht und alle Pferde scheu macht. »›Ich will doch sehen, was für Leute im Nebenzimmer sind …‹«, und doch weiß K., »daß er das nicht hätte laut sagen müssen und daß er dadurch gewissermaßen ein Beaufsichtigungsrecht des Fremden anerkannte«. Im Nebenzimmer warten drei Herren auf ihn. »›Nein‹, sagte der Mann beim Fenster, warf das Buch auf ein Tischchen und stand auf. ›Sie dürfen nicht weggehen, Sie sind ja verhaftet.‹«

Über den Grund der Verhaftung können die Herren in den dunklen Anzügen naturgemäß keine Auskunft geben. Streng drängen sie K., wieder zurück in sein Zimmer zu gehen, sich ordentlich anzuziehen und auf ihren Vorgesetzten zu warten. Andererseits beschwichtigen sie ihn und behaupten, daß die Verhaftung K. nicht weiter belasten werde. K. ist verwirrt, wir auch. Was kann das auch für eine Verhaftung sein, die darauf Wert legt, er solle an seiner »gewöhnlichen Lebensweise nicht gehindert sein«?

Vielleicht ein Scherz der Kollegen aus dem Büro? Mit denen versteht er sich zwar nicht besonders gut, aber immerhin ist ja heute sein Geburtstag. »... war es eine Komödie, so wollte er mitspielen.« Wenn es aber nun kein Spaß ist? »Noch war er frei. ›Erlauben Sie‹, sagte er und gieng eilig zwischen den Wächtern durch in sein Zimmer. ›Er scheint vernünftig zu sein‹, hörte er hinter sich sagen. In seinem Zimmer riß er gleich die Schubladen des Schreibtischs auf, es lag dort alles in großer Ordnung, aber gerade die Legitimationspapiere, die er suchte, konnte er in der Aufregung nicht gleich finden. Schließlich fand er seine Radfahrlegitimation und wollte schon mit ihr zu den Wächtern gehen, dann aber schien ihm das Papier zu geringfügig und er suchte weiter, bis er den Geburtsschein fand.«

Doch der nützt ihm wenig. Kindisch, einfach kindisch, sagen die Herren in den dunklen Anzügen. »Sie führen sich ärger auf als ein Kind. Was wollen Sie denn? Wollen Sie Ihren großen, verfluchten Proceß dadurch zu einem raschen Ende bringen, daß Sie mit uns, den Wächtern, über Legitimation und Verhaftbefehl diskutieren?«

Man wird doch wohl noch fragen dürfen, oder? K. lebte doch in einem Rechtsstaat. Also gibt er seinen Zweifeln Ausdruck, vergessend, daß Unwissenheit nicht vor Strafe schützt. »Dieses Gesetz kenne ich nicht ... Es besteht wohl auch nur in Ihren Köpfen.« – »Desto schlimmer für Sie ... Sie werden es zu fühlen bekommen.«

K. hält inne, überlegt. Also, wenn es kein Scherz sein sollte und Nachfragen genausowenig bringen wie forsches Auftreten, vielleicht geht der ganze Spuk vorbei, wenn man sich einfach ganz still verhält?

»Er warf sich auf sein Bett und nahm vom Waschtisch einen schönen Apfel, den er sich gestern abend für das Frühstück vorbereitet hatte … Er fühlte sich wohl und zuversichtlich, in der Bank versäumte er zwar heute vormittag seinen Dienst, aber das war bei der verhältnismäßig hohen Stellung, die er dort einnahm, leicht entschuldigt.« Leider kann man heutzutage aber in der abendländischen Welt nicht einfach nur einen Apfel essen, ohne dabei gleich an den Sündenfall zu denken, in dem er ja die Hauptrolle spielt. In der »Verwandlung« haben wir erfahren, daß ein Apfel in Gregor Samsas Rücken steckengeblieben ist und ihn zugrunde gerichtet hat. Ist also K. doch nicht ganz ohne Schuld? Zumindest ein erstes Indiz liegt mit dem Verspeisen des Apfels bereits vor. Wer aber hat dann das Recht gehabt, im ersten Satz zu behaupten, K. habe nichts Böses getan?

Zum Protokoll: Am Bett des Bankprokuristen Josef K. erscheint statt des gewohnten, adrett gekleideten Dienstmädchens zur Frühstückszeit ein Mann in einem schwarzen, »praktisch wirkenden« Reisekleid, der so tut, als sei sein Erscheinen das Normalste von der Welt. Und Josef K., abgelenkt durch seinen Hunger und seine Empörung darüber, daß etwas geschieht, was nicht geschehen darf, schmeißt ihn nicht raus, sondern nimmt die Situation so schwer, daß er ernsthaft mit dem Gedanken spielt, sich umzubringen. »Es wunderte K., wenigstens aus dem Gedankengang der Wächter wunderte es ihn, daß sie ihn in das Zimmer getrieben und ihn hier allein gelassen hatten, wo er doch zehnfache Möglichkeit hatte, sich umzubringen. Gleichzeitig allerdings fragte er sich, diesmal aus seinem Gedankengang, was für einen Grund er haben könnte, es zu tun … Es wäre so sinnlos gewesen, sich umzubringen, daß er, selbst wenn er es hätte tun wollen, infolge der Sinnlosigkeit dazu nicht imstande gewesen wäre.« Hier ist ein zweites Indiz: Denn warum, wenn er sich nicht schuldig fühlt, sollte K. sich um alles in der Welt umbringen wollen? Das ist doch völlig sinnlos, genau wie K. es ja auch klar diagnostiziert. Aber woher kommt dann diese Furcht? Denn statt sich umzubringen, genehmigt sich K. erst mal einen ordentlichen Schnaps, sollen doch alle zusehen, »wie er ein Gläschen zuerst zum Ersatz des Frühstücks leerte und wie er ein zweites Gläschen dazu bestimmte, ihm Mut zu machen«.

Den Mut wird er brauchen, denn unheimliche Dinge gehen vor sich. Von den zwei Wächtern wird er nun ins Nebenzimmer gebracht, wo ihr Vorgesetzter auf sie wartet. Werden wir jetzt erfahren, was es mit dem allem auf sich hat?

Natürlich nicht. Wenn es eine Verschwörung gibt, an der alle beteiligt sind, dann kann sie nicht einfach so an einer Stelle aufgeklärt werden. Auch der Vorgesetzte kann also K. über den Grund der Verhaftung keine Auskunft geben, teilt ihm aber mit, daß ein Prozeß gegen ihn läuft. »Ich kann Ihnen auch durchaus nicht sagen, daß Sie angeklagt sind oder vielmehr ich weiß nicht, ob Sie es sind. Sie sind verhaftet, das ist richtig, mehr weiß ich nicht.« Wessen K. angeklagt ist, ist auch eher nebensächlich, denn dieses spezielle Gericht, um das es hier geht, kann sich nicht irren. Das Gericht sucht »nicht etwa die Schuld in der Bevölkerung, sondern wird, wie es im Gesetz heißt, von der Schuld angezogen und muß uns Wächter ausschicken«.

Das Zimmer, in dem K. verhört wird, bewohnt übrigens ein gewisses Fräulein Bürstner (F.B.), die zufälligerweise Sekretärin ist. Nett ist es hier, gepflegt und aufgeräumt, ein paar dekorative Fotografien stehen herum, nur »an der Klinke des offenen Fensters hieng eine weiße Bluse«. Ist dies vielleicht die Bluse, die Felice Bauer trug, als ihr Kafka das erste Mal begegnete? Und hat der Prozeß vielleicht hierdurch etwas mit dem »Gerichtstag« zu tun, der von Grete Bloch und Felice über Franz im »Askanischen Hof« gehalten wurde? Ist es ein Zufall, daß Grete Bloch an einem Montag geboren wurde und hier ein Fräulein Montag, Freundin des Fräulein Bürstner, auftaucht?

Während wir noch grübeln, verabschieden sich die Wächter

und der Vorgesetzte und verlassen die Wohnung. Und vielleicht liegt in der Doppeldeutigkeit des Wortes »verhaftet sein« ein kleines Teilstück der Lösung. Hatte Gregor Samsas »Schuld« etwas damit zu tun, daß er sich »unnütz« im Bett aufgehalten hat, so ist es ein Problem Josef K.s, seinem respektablen und doch einsamen Platz zu sehr »verhaftet« zu sein und immer auf seiner einmal eingenommenen Position zu bestehen. Daher müssen ihm die fremden Männer in ihren »Reisekleidern« und mit ihren Reisekoffern auch so viel Angst einjagen, obwohl sich ja zunächst für ihn gar nichts ändert. »Sie haben mich mißverstanden. Sie sind verhaftet, gewiß, aber das soll Sie nicht hindern, Ihren Beruf zu erfüllen. Sie sollen auch in Ihrer gewöhnlichen Lebensweise nicht gehindert sein.«

Welch ein Unterschied zu der Verwandlung in einen Käfer, die Gregor Samsas Leben von Grund auf veränderte. War es in der »Verwandlung« ja gerade die Unmöglichkeit, den Beruf weiter auszuüben, der den »Proceß« in Gang gesetzt hat, betont Kafka hier, daß dieser neue Prozeß zunächst keine äußeren Auswirkungen hat. Bis auf eine. Wie bei Gregor liegt die erste Auswirkung des neuen Zustandes in dem Verlust der Intimität. Hier wie dort gibt es auf einmal Zuschauer, wo vorher nur Einsamkeit und Abgeschlossenheit war: »Dort sind auch solche Zuschauer«, ruft K. denn auch »ganz laut«.

Und ohne es zu wollen, ohne es überhaupt zu merken, fügt er sich dem Gericht. Auch über seine Kleidung ist schon verfügt worden; jedenfalls wird ihm nahegelegt, sie den Wächtern anzuvertrauen. Und es kommt noch besser. Einige Wächter stellen sich Bankmitarbeiter aus K.s Bank heraus, die er in der Aufregung nur nicht erkannt hat! »Diese so uncharakteristischen, blutarmen, jungen Leute, die er immer noch nur als Gruppe bei den Photographien in der Erinnerung hatte, waren tatsächlich Beamte aus seiner Bank, nicht Kollegen, das war zu viel gesagt und bewies eine Lücke in der Allwissenheit des Aufsehers, aber untergeordnete Beamte aus der Bank waren es allerdings.«

K. ist nun auf der Hut. Werden ihm die Mitarbeiter in der

Bank einen Strick aus der Verhaftung drehen? Oder werden sie den Scherz doch noch aufklären? Aber nichts geschieht. Sein Geburtstag verläuft friedlich, mit Arbeit und freundschaftlichen Glückwünschen.

Normalerweise wäre er an seinen Stammtisch in die Kneipe gegangen und hätte zur Feier des Tages Elsa besucht, »die während der Nacht bis spät in den Morgen als Kellnerin in einer Weinstube bediente und während des Tages nur vom Bett aus Besuche empfieng«, wie es leicht verbrämt heißt. Von den Ereignissen durchgeschüttelt, will K. heute aber nur nach Hause, zu seiner Vermieterin. Und er hat Glück. Frau Grubach, die für ihre Mieter wie eine Mutter sorgt, hat mittlerweile alle Unordnung beseitigt. Sein Zimmer ist wieder im alten Zustand, selbst das Geschirr, von dem die beiden Wächter K.s Frühstück gegessen haben, ist entfernt. »Frauenhände bringen doch im stillen viel fertig, dachte er, er hätte das Geschirr vielleicht auf der Stelle zerschlagen, aber gewiß nicht hinaustragen können.«

Hier schon beginnt K. sich nach Helfern, respektive Helferinnen umzusehen. Frauenhände sind es, in die er immer wieder sein weiteres Schicksal legen wird, taktierend und mit wenig noblen Hintergedanken. Im klassischen Kriminalroman ist das durchaus auch gängig. Allerdings sind die Frauen da eher jung und blond und nicht so mütterlich wie die Vermieterin. Deswegen warten wir nun auch gespannt auf den Auftritt von Fräulein Bürstner, bei der K. sich wegen des morgendlichen Vorfalls entschuldigen will. Und es kommt besser, als erwartet: Das rothaarige Fräulein zeigt sich ziemlich zugänglich, rekelt sich auf der Ottomane, so daß K. ganz schön ins Schwitzen gerät, und teilt K. mit, daß sie schon im nächsten Monat als Kanzleikraft in ein Advokatenbüro eintreten wird. Selbstverständlich werde sie K. helfen, »warum denn nicht?«.

Natürlich ist das zu schön, um gut zu sein. Und es kommt daher auch (wir kennen das schon aus dem »Verschollenen«) zu einer verfänglichen Situation: Der Neffe von Frau Grubach, ein Hauptmann, ertappt K. im Zimmer von Fräulein Bürstner. Es ist ja gar nichts geschehen, K. allerdings will übereilig alle

Schuld auf sich nehmen, sich sogar bezichtigen, daß er Fräulein Bürstner »überfallen habe«, Fräulein Bürstner aber erklärt, selbst die Verantwortung für ihr Zimmer übernehmen zu können, und es kommt, wie es kommen muß – zum Kuß. »›Ich komme schon‹, sagte K., lief vor, faßte sie, küßte sie auf den Mund und dann über das ganze Gesicht, wie ein durstiges Tier mit der Zunge über das endlich gefundene Quellwasser hinjagt. Schließlich küßte er sie auf den Hals, wo die Gurgel ist, und dort ließ er die Lippen lange liegen.«

Geschafft. K., der kleine Vampir, ist nicht unzufrieden mit diesem Erfolg, den er allerdings auf Kosten von Fräulein Bürstners guten Ruf errungen hat. »Er schlief sehr bald ein, vor dem Einschlafen dachte er noch ein Weilchen über sein Verhalten nach, er war damit zufrieden, wunderte sich aber, daß er nicht noch zufriedener war; wegen des Hauptmanns machte er sich für Fräulein Bürstner ernstliche Sorgen.«

Am folgenden Sonntag hat K. eine Segeleinladung vom Direktor-Stellvertreter, einem durchaus wichtigen Mann, mit dem sich K. bisher nie gut verstanden hat. Aber muß er nicht zum Gericht, damit sein Prozeß möglichst schnell über die Bühne geht? »K. war telephonisch verständigt worden, daß am nächsten Sonntag eine kleine Untersuchung in seiner Angelegenheit stattfinden würde.« Also schlägt er die Einladung aus – damit ist obsolet, was der Vorgesetzte behauptete, nämlich daß K. in seinem normalen Leben durch die Verhaftung nicht gestört werde – und begibt sich Sonntagmorgen zu Fuß in die ärmlich wirkende Juliusstraße, wo das Gericht tagen soll. Dort erwarten ihn schon wieder Zuschauer. »Jetzt, am Sonntagmorgen, waren die meisten Fenster besetzt. Männer in Hemdärmeln lehnten dort und rauchten oder hielten kleine Kinder vorsichtig und zärtlich an den Fensterrand. Andere Fenster waren hoch mit Bettzeug angefüllt, über dem flüchtig der zerraufte Kopf einer Frau erschien. Man rief einander über die Gasse zu, ein solcher Zuruf bewirkte gerade über K. ein großes Gelächter ... Ein Obsthändler, der seine Waren zu den Fenstern hinauf empfahl, hätte, ebenso unaufmerksam wie K., mit seinem Karren diesen fast niedergeworfen. Eben begann ein in besseren Stadtvierteln ausgedientes Grammophon mörderisch zu spielen.«

Welch ein Unterschied zu einem Segeltörn oder der Arbeit in der Bank! Hier herrscht das volle Leben. Lachen, Zärtlichkeit, arbeitende Männer in Hemdsärmeln. Das sind die Menschen, vor denen K. unter Umständen verurteilt werden wird. Gefährlich ist es für ihn hier aber jetzt schon allemal. Gerade dem Selbstmord entronnen, wird er hier von der Karre eines Obsthändlers (die sicherlich voll mit Äpfeln geladen ist) beinahe überfahren, und dann beginnt auch noch mörderische Musik.

Zwischen Kindergeschrei, Frauen in Waschküchen und Kranken findet K. auf dem Dachboden einer schäbigen Mietskaserne den Gerichtssaal, einen zweifenstrigen Raum mit Galerie, auf der sich die verschiedensten Leute drängen. K. kann es sich nicht verkneifen, seine gesellschaftliche Überlegenheit herauszustellen, genauer seine »Stellung«: »In welcher Stellung befand sich doch K. gegenüber dem Richter, der auf dem Dachboden saß, während er selbst in der Bank ein großes Zimmer mit einem Vorzimmer hatte und durch eine riesige Fensterscheibe auf den belebten Stadtplatz hinuntersehen konnte.«

Um nicht zu sagen: K. blickt auf alles, was Leben heißen könnte, hinab. Er kommt nicht mit ihm in Berührung, sondern ist in der Bank, dem Zentrum der ökonomischen Verwaltung des Menschen, durch eine Glasscheibe vom Leben isoliert.

Das Verhör beginnt. Endlich werden wir erfahren, worum es eigentlich geht. »›Also‹, sagte der Untersuchungsrichter, blätterte in dem Heft und wandte sich im Tone einer Feststellung an K.: ›Sie sind Zimmermaler?‹ – ›Nein‹, sagte K., ›sondern erster Prokurist einer großen Bank.‹ Dieser Antwort folgte bei der rechten Partei unten ein Gelächter, das so herzlich war, daß K. mitlachen mußte.«

Zu Anfang kleines, nun großes Gelächter. Also doch eine Komödie? Eine Verwechslungskomödie, die sich jetzt aufklären wird? Zeit für K., sich die Lachtränen abzuwischen und sich zu erklären: »Ihre Frage, Herr Untersuchungsrichter, ob ich Zimmermaler bin – vielmehr Sie haben gar nicht gefragt, sondern es mir auf den Kopf zugesagt –, ist bezeichnend für die ganze Art des Verfahrens, das gegen mich geführt wird. Sie können einwenden, daß es ja überhaupt kein Verfahren ist, Sie haben sehr recht, denn es ist ja nur ein Verfahren, wenn ich es als solches anerkenne. Aber ich erkenne es also für den Augenblick jetzt an, aus Mitleid gewissermaßen.«

Ja, aber das hatte K. doch nun wirklich nicht sagen wollen! Er hatte doch klarmachen wollen, wie lächerlich diese ganze Farce ist, wie korrupt die gesamte »Organisation«, und nun erkennt er das Verfahren doch einfach an? Aus Mitleid? Da hilft es auch wenig, daß er mit spitzen Fingern das Schulheft des Untersuchungsrichters (das in Wahrheit obszöne Bilder enthält) aufnimmt und es ihm wie einen Fehdehandschuh vor die Füße wirft. Und zum Publikum gewendet, hält er sein Plädoyer: »Was ich will, ist nur die öffentliche Besprechung eines öffentlichen Mißstandes. Hören Sie: Ich bin vor etwa zehn Tagen verhaftet worden, über die Tatsache der Verhaftung selbst lache ich, aber das gehört jetzt nicht hierher. Ich wurde früh im Bett überfallen, vielleicht hatte man – es ist nach dem, was der Untersuchungsrichter sagte, nicht ausgeschlossen – den Befehl, irgendeinen Zimmermaler, der ebenso unschuldig ist wie ich, zu verhaften, aber man wählte mich. Das Nebenzimmer war von zwei groben Wächtern besetzt. Wenn ich ein gefährlicher Räuber wäre, hätte man nicht bessere Vorsorge treffen können. Diese Wächter waren überdies demoralisiertes Gesindel, sie schwätzten mir die Ohren voll, sie wollten sich bestechen lassen, sie wollten mir unter Vorspiegelungen Wäsche und Kleider herauslocken, sie wollten Geld, um mir angeblich ein Frühstück zu bringen, nachdem sie mein eigenes Frühstück vor meinen Augen schamlos aufgegessen hatten.«

Und schon befinden wir uns bei dem berühmtesten aller Prozesse und unschuldigsten aller Angeklagten. In der Tat, nach diesem Plädoyer ist K. so unschuldig wie Jesus, der Zimmermannssohn, den man vielleicht hatte verhaften wollen.

Alles wie bei dem Christus, der ja auch wie ein Räuber zwischen den zwei anderen Verbrechern gekreuzigt wurde, von Judas verraten, der Geld wollte und bestechlich war, bewacht von Wächtern, die um die Kleidungsstücke würfeln, ausgepfiffen und verhöhnt von einem schamlosen Publikum.

»›So‹, rief K. und warf die Arme in die Höhe, die plötzliche Erkenntnis wollte Raum, ›ihr seid ja alle Beamte, wie ich sehe, ihr seid ja die korrupte Bande, gegen die ich sprach, ihr habt euch hier gedrängt, als Zuhörer und Schnüffler, habt scheinbare Parteien gebildet, ... um mich zu prüfen, ihr wolltet lernen, wie man Unschuldige verführen soll! ... Ihr Lumpen‹, rief er, ›ich schenke euch alle Verhöre‹«.

K. verzichtet auf alle Verhöre, ohne sich die Konsequenzen zu verdeutlichen, die dieses Verhalten auf seinen Prozeß haben kann. »K. wartete während der nächsten Woche von Tag zu Tag auf eine neuerliche Verständigung, er konnte nicht glauben, daß man seinen Verzicht auf Verhöre wörtlich genommen hatte«. Am nächsten Sonntag begibt er sich zur gleichen Zeit zu dem Gerichtszimmer, findet es aber leer vor. Die namenlose Frau eines Gerichtsdieners, die mehr oder weniger als Prostituierte für das Gericht arbeitet, bietet ihm Hilfe an. K. lehnt zunächst ab, überlegt es sich dann aber anders, schließlich weiß man nie, was Frauenhände im stillen so alles bewirken können. Außerdem findet er sie attraktiv: »Die Frau verlockte ihn wirklich, er fand trotz allem Nachdenken keinen haltbaren Grund dafür, warum er der Verlockung nicht nachgeben sollte. Den flüchtigen Einwand, daß ihn die Frau für das Gericht einfange, wehrte er ohne Mühe ab.« Noch bevor er der Verlockung nachgeben kann, wird ihm die Frau leider von einem Studenten vor der Nase weg gestohlen: »Es war natürlich kein Grund, sich deshalb zu ängstigen, er erhielt die Niederlage nur deshalb, weil er den Kampf aufsuchte.« Also lieber wieder stillgehalten! Und in seiner Großzügigkeit beschließt K. sogar, den Studenten einmal zu Elsa mitzunehmen ...

Wenig später trifft K. auf den Mann der Gerichtsprostituierten, einen Gerichtsdiener, der ihm anbietet, ihn durch die

Verwaltungsräume des Gerichts zu führen. K. folgt ihm eine Treppe hinauf zum Dachboden des Hauses, in dem sich die Zimmer der Gerichtsbeamten befinden, »aus dem Verlangen festzustellen, daß das Innere dieses Gerichtswesens ebenso widerlich war wie sein Äußeres«. Entlang der Gänge sitzen andere Angeklagte, die auf die Erledigung ihrer Anträge warten. Eingeschüchtert, starr und ruhig harren sie auf ihren Prozeß, manche seit vielen Jahren. K. konstatiert: »Dann sind es ja meine Kollegen«, hat sich also schon so weit mit der Situation arrangiert, daß er den Prozeß als seine eigentliche Arbeit ansieht und die anderen Angeklagten als »Kollegen«!

K. wird von der verbrauchten Luft in den Kanzleien schwindlig, er muß sich von Gerichtsdienern aus dem Gebäude hinaustragen lassen. Schwach und steif »wie ein Brett« steht er vor dem Ausgang und kann sich kaum rühren. Wieder einmal ist er in seiner »Stellung« »verhaftet«. »›Zuerst will er weg, dann aber kann man ihm hundertmal sagen, daß hier der Ausgang ist, und er rührt sich nicht.‹«

Das Gerichtsinnere bringt K. darauf, sich um sein Körperinneres zu kümmern. Diese Gleichsetzung ist ein erstes Indiz dafür, daß sich der Prozeß unmittelbar auf seinen Körper auswirkt: »Wollte etwa sein Körper revolutionieren und ihm einen neuen Proceß bereiten, da er den alten so mühelos ertrug? Er lehnte den Gedanken nicht ganz ab, bei nächster Gelegenheit zu einem Arzt zu gehn, jedenfalls aber wollte er – darin konnte er sich selbst beraten – alle künftigen Sonntagvormittage besser als diesen verwenden.«

Im übernächsten Kapitel, das »Der Prügler« heißt, geht es richtig zur Sache. Wilhelm und Franz, die zwei Wächter aus der Anfangsszene, sind durch K.s Plädoyer in Verruf geraten und erwarten nun ihre Strafe. »Herr! Wir sollen geprügelt werden, weil du dich beim Untersuchungsrichter über uns beklagt hast.« K. zögert. »›Laß dich nicht durch solche Reden rühren‹«, sagt der Prügler. »›Gibt es keine Möglichkeit, den beiden die Prügel zu ersparen?‹ fragte er ihn. ›Nein‹, sagte der Prügler und schüttelte lächelnd den Kopf.« K. versucht es mit

Bestechung, da aber ist er an den falschen geraten. Die Wächter müssen sich ausziehen und werden unter erbärmlichen, kaum mehr menschlichen Schreien gefoltert. Wahrscheinlich haben wir in dieser bestialischen Szene auch das Urbild für die Erzählung »In der Strafkolonie« vor uns, in der einem Verurteilten, der nichts weiter getan hat, als seinen Vorgesetzten nicht zu grüßen, mit Hilfe einer perfekt konstruierten Foltermaschine das tödliche Urteil in die Haut gestanzt wird. Was macht K.? Greift er ein? »›Schrei nicht‹, rief K., er konnte sich nicht zurückhalten, und während er gespannt in die Richtung sah, aus der die Diener kommen mußten, stieß er an Franz, nicht stark, aber doch stark genug, daß der Besinnungslose niederfiel und im Krampf mit den Händen den Boden absuchte; den Schlägen entgieng er aber nicht, die Rute fand ihn auch auf der Erde, während er sich unter ihr wälzte, schwang sich ihre Spitze regelmäßig auf und ab.«

Und dann knallt der Held einfach die Tür zur Rumpelkammer zu. K., der in dieser Szene wie Jesus mit »Herr« angesprochen wird, hat kläglich versagt, ja sogar noch mitgeholfen, Franz dem Prügler auszuliefern. Einzig aus dem Grund, weil er fürchtete, die »Diener« könnten ihn entdecken. Die nachfolgenden Rechtfertigungen machen K.s Verhalten nicht weniger heikel. »Und K. hätte nicht gespart, es lag ihm wirklich daran, die Wächter zu befreien; wenn er nun schon angefangen hatte, die Verderbnis dieses Gerichtswesens zu bekämpfen, so war es selbstverständlich, daß er auch von dieser Seite eingriff. Aber in dem Augenblick, wo Franz zu schreien angefangen hatte, war natürlich alles zu Ende. K. konnte nicht zulassen, daß die Diener und vielleicht noch alle möglichen Leute kämen und ihn in Unterhandlungen mit der Gesellschaft in der Rumpelkammer überraschten. Diese Aufopferung konnte wirklich niemand von K. verlangen. Wenn er das zu tun beabsichtigt hätte, so wäre es ja fast einfacher gewesen, K. hätte sich selbst ausgezogen und dem Prügler als Ersatz angeboten.«

Hätte, würde, könnte. Fassen wir kurz zusammen: Im Verlauf der ersten Kapitel hat K. sich verschiedensten Menschen aus selbstsüchtigen Gründen genähert, weil er glaubte, daß sie ihm in seinem Prozeß helfen könnten. Er hat seine Geliebte Elsa verleugnet. Er hat eine junge Frau, Fräulein Bürstner, kompromittiert und ist mit ihr eine Beziehung eingegangen, ohne sie zu lieben. Er wird bald eine weitere Frau, Leni, die Pflegerin des Advokaten Huld, die sich zu »Angeklagten hingezogen« fühlt, genauso behandeln. Er hat gelogen. Er wird seinen Onkel im Regen stehenlassen und wahrscheinlich dazu beitragen, daß der schwerkranke Advokat Huld den völligen Zusammenbruch erleidet. Er hat seine Wächter angeschwärzt und sie damit einer furchtbaren Strafe ausgesetzt, da hilft es auch nicht, daß er sich gelobt, »die wirklich Schuldigen«, »die hohen Beamten«, »soweit es in seinen Kräften war, gebührend zu bestrafen«. Was in seiner Kraft liegt, wird schnell deutlich. Sie richtet sich immer gegen die Schwachen. Und was passiert, wenn ihm die Konsequenzen seines Tuns klarwerden? Er macht sich aus dem Staub und gibt – gewollt oder ungewollt in der Aufregung – einem der Wächter noch einen Stoß. (Dabei ist es für die Geschichte nicht unwesentlich, daß dieser Wächter genauso heißt wie ihr Verfasser. Kann es sein, daß Kafka sich hier mit einem Rollenspiel auf seinen Schreibprozeß bezieht?) Wird das Gericht K. dafür verurteilen? Vermutlich nicht. Denn dieses Gericht ist ja nur allmächtig, wo es eingreifen kann, das heißt, wo »Schuld« besteht, von der es »angezogen« wird.

Wie ist es nun aber zu verstehen, wenn vom Gericht gesagt wird: »Das Gericht will nichts von dir. Es nimmt dich auf, wenn du kommst, und entläßt dich, wenn du gehst.« Und warum scheinen nur alle anderen Menschen so viel mehr über das Gericht zu wissen als K.? Vielleicht, weil es vor den Angeklagten geheimgehalten wird. »Das Verfahren ist nämlich im allgemeinen nicht nur vor der Öffentlichkeit geheim, sondern auch vor dem Angeklagten. Natürlich nur, soweit dies möglich ist, es ist aber in sehr weitem Ausmaß möglich.« Eigentlich alle Mitglieder der Gesellschaft wissen von der Gerichtsinstanz, scheinbar nur K. nicht. Nicht nur K., sondern auch andere, wahrscheinlich sogar sehr viele, wenn nicht alle, sind in einen Prozeß verwickelt. Und einen »solchen Proceß haben, heißt ihn schon verloren haben«, zitiert K.s Onkel, der ihn kurze Zeit später zu dem schwer erkrankten Advokaten Huld bringt, fassungslos ein altes Sprichwort, als er sieht, wie wenig Aufmerksamkeit K. seinem Prozeß schenkt. »Willst du denn den Proceß verlieren? Weißt du, was das bedeutet? Das bedeutet, daß du einfach gestrichen wirst.« Gestrichen aus den Akten, den Listen, der gesamten Verwaltung des Menschen im 20. Jahrhundert.

Oder ist es doch mehr ein himmlisches Gericht, wie es eine gewisse geflügelte Erscheinung bei dem Advokaten Huld nahelegt? »Im Licht der Kerze, die der Onkel jetzt hochhielt, sah man dort, bei einem kleinen Tischchen, einen ältern Herrn sitzen. ... Jetzt stand er umständlich auf, offenbar unzufrieden damit, daß man auf ihn aufmerksam gemacht hatte. Es war, als wolle er mit den Händen, die er wie kurze Flügel bewegte, alle Vorstellungen und Begrüßungen abwehren, als wolle er auf keinen Fall die andern durch seine Anwesenheit stören und als bitte er dringend wieder um die Versetzung ins Dunkel und um das Vergessen seiner Anwesenheit.«

Wenn es sich hier tatsächlich um einen Engel handeln sollte, würden auch diejenigen recht haben, die im Prozeß ein Abbild der Kabbala und der jüdischen Vorstellungen vom göttlichen Gericht sehen, wonach der Schuldspruch den Angeklagten jederzeit treffen kann und somit die ganze Welt zu seinem Gericht wird. Deswegen ist das Gericht auch überall. »Gerichtskanzleien sind doch fast auf jedem Dachboden«, sagt der Maler Titorelli. Letztlich »gehört ja alles zum Gericht«, d. h. die ganze Lebenswelt hat Gerichtscharakter. Und der Advokat, dessen Name »Huld« der kabbalistischen Emanation Gottes als Gnade entspricht, wäre dann im Namenssinn wirklich ein Fürsprecher K.s.

K. nimmt die Dienste des Advokaten Huld an, doch Monate vergehen, und K. wird es leid, die ewigen Vertröstungen und Selbstpreisungen Hulds anzuhören. Nach K.s Meinung bringt der Advokat den Prozeß nicht in Gang, es geschieht nichts. So beschließt er, seinen Advokaten zu entlassen und selbst für den Fortgang seines Prozesses zu sorgen, indem er eine umfangreiche Verteidigungsschrift verfassen und einreichen will, die er allerdings nie fertigstellen wird, da er in Unkenntnis der Anklage sein ganzes Leben niederschreiben müßte. Vor seiner Entlassung teilt der Advokat K. noch mit, daß es um seinen Prozeß nicht gut stehe.

Fast immer denkt nun K. an seinen Prozeß, auch hat er schon mit einigen Menschen unvorsichtigerweise darüber gesprochen – »kurz, er hatte kaum mehr die Wahl, den Proceß anzunehmen oder abzulehnen, er stand mitten darin und mußte sich wehren. War er müde dann war es schlimm.« Der Prozeß beginnt ihn in seiner Arbeit massiv zu behindern, vor allem, weil er sich ununterbrochen fragt, was seine Kollegen von ihm halten und wie sie auf ihn reagieren würden, wenn sie von seiner Misere wüßten.

Offensichtlich macht das Gerücht von seinem Prozeß schon die Runde. Durch einen Fabrikanten erfährt K. die Adresse von Titorelli, einem Maler, der Einfluß bei Gericht haben soll. K., mittlerweile gedanklich so von dem Prozeß vereinnahmt, daß er jede Hilfe annehmen würde, fährt sofort zu dem Maler, der ein einziges Zimmer bewohnt, das ihm zugleich als Atelier dient. (Somit ist Titorelli auch in gewissem Sinne der »Zimmermaler«, mit dem K. im ersten Verhör verwechselt worden ist.) Bei Titorelli, dem Gerichtsmaler, erfährt er über den Umweg der Kunstbeschreibung viel von den speziellen Eigenschaften des Gerichts: »›Es ist die Gerechtigkeit‹, sagte der Maler schließlich. ›Jetzt erkenne ich sie schon‹, sagte K., ›hier ist die Binde um die Augen und hier die Waage. Aber sind nicht an den Fersen Flügel und befindet sie sich nicht im Lauf?‹ – ›Ja‹, sagte der Maler, ›ich mußte es über Auftrag so malen, es ist eigentlich die Gerechtigkeit und die Siegesgöttin in einem.‹ – ›Das ist keine gute Verbindung‹, sagte K. lächelnd, ›die Gerechtigkeit muß ruhen, sonst schwankt die Waage, und es ist kein gerechtes Urteil möglich.‹« K. wünscht sich also die

Gerechtigkeit wie sich selbst: der Erde unbeweglich verhaftet. Das Leben aber ist ein fortschreitender Prozeß, daher muß auch die Gerechtigkeit, wie alles andere, sich mit ihm bewegen.

So erklärt es K. auch der Kaufmann Block, ein weiterer Angeklagter, den dieser bei dem Advokaten kennenlernt: »›für den Verdächtigen ist Bewegung besser als Ruhe, denn der, welcher ruht, kann immer, ohne es zu wissen, auf einer Waagschale sein und mit seinen Sünden gewogen werden.‹ K. sagte nichts, er staunte nur mit unbeweglichen Augen diesen verwirrten Menschen an.« Für K. ist jeder Mensch, der sich entwickelt oder der zumindest in Bewegung ist, »verwirrt«. Selbst K.s Augen sind unbeweglich.

Andere sollen lieber für ihn etwas bewegen. Besonders bei den Frauen versucht er dies durchzusetzen. Und tatsächlich: Frau Grubach, Leni, Elsa, Fräulein Bürstner, Fräulein Montag, selbst K.s minderjährige Cousine Erna setzen sich für ihn ein.

Aber was sollen sie vor Gericht eigentlich erreichen? Einen Freispruch? Oder doch lieber nur eine Verschleppung des Prozesses? Der Maler Titorelli erläutert K. die verschiedenen Möglichkeiten des glücklichen Endes eines Prozesses: »›Ich habe vergessen, Sie zunächst zu fragen, welche Art der Befreiung Sie wünschen. Es gibt drei Möglichkeiten, nämlich die wirkliche Freisprechung, die scheinbare Freisprechung und die Verschleppung. Die wirkliche Freisprechung ist natürlich das Beste, nur habe ich nicht den geringsten Einfluß auf diese Art der Lösung. Es gibt meiner Meinung nach überhaupt keine einzelne Person, die auf die wirkliche Freisprechung Einfluß hätte. Hier entscheidet wahrscheinlich nur die Unschuld des Angeklagten. … Ich weiß von keiner wirklichen Freisprechung, wohl aber von vielen Beeinflussungen.‹« Wenn es aber die wirkliche Freisprechung nur der Legende nach noch gibt, was bleibt dann übrig? Die scheinbare Freisprechung, die durch eine Unterschriftenaktion plus Bürgschaft des Malers erreicht werden könnte, hat den Nachteil, daß der Angeklagte zwar frei ist, aber jederzeit von dem höchsten, unbestechlichen Gericht wieder belangt werden kann. Die Akten werden nicht vernichtet, sondern »pendeln«

zwischen den oberen und den niedrigeren Gerichten hin und her. Die Verschleppung wiederum besteht darin, daß man ununterbrochen mit dem Gericht in Tuchfühlung bleibt und versucht, den Prozeß auf unterster Ebene zu halten. Allerdings ist der Angeklagte nie frei. »›Der Proceß muß eben immerfort in dem kleinen Kreis, auf den er künstlich eingeschränkt worden ist, gedreht werden.‹ … ›Beide Methoden haben das Gemeinsame, daß sie eine Verurteilung des Angeklagten verhindern.‹ – ›Sie verhindern aber auch die wirkliche Freisprechung‹, sagte K. leise, als schäme er sich, das erkannt zu haben.«

Wieder wird ihm von der verbrauchten Luft, die an die Luft in den Kanzleien erinnert, schwindlig. Kurz vor dem Ersticken kauft er dem Maler noch drei Bilder ab, die alle dasselbe Motiv aufweisen: eine Heidelandschaft.

Im nächsten Kapitel erhält K. den Auftrag, einen italienischen Geschäftskunden in den Dom zu führen. Gerade als er aufbrechen will, ruft Leni an und fragt nach seinem Befinden. Mitten aus dem Gespräch heraus unterbricht sie K. mit den Worten: »›Sie hetzen dich‹«. Und als K. darüber nachdenkt, gibt er ihr recht. »›Ja, sie hetzen mich.‹«

Der Italiener kommt zu der Verabredung zu spät. Das heißt, er kommt gar nicht, aber das weiß K. zu diesem Zeitpunkt noch nicht. Nachdem er sich die Zeit damit vertrieben hat, Heiligenbilder anzusehen, will K. den Dom schon gerade wieder verlassen, »als er zum erstenmal die Stimme des Geistlichen hörte. Eine mächtige, geübte Stimme. Wie durchdrang sie den zu ihrer Aufnahme bereiten Dom! Es war aber nicht die Gemeinde, die der Geistliche anrief, es war ganz eindeutig, und es gab keine Ausflüchte, er rief: ›Josef K.!‹« Wie immer, wenn er mit dem Gericht in Kontakt gerät, will K. weglaufen, bleibt aber doch an Ort und Stelle. »Es wäre ein kindliches Versteckenspiel gewesen, wenn sich jetzt K. nicht vollständig umgedreht hätte.« Die Situation ist der Eingangsszene spiegelbildlich angeordnet. So fragt der Geistliche, der sich als Gefängniskaplan herausstellt: »›Was hältst du in der Hand? Ist es ein Gebetbuch?‹ – ›Nein‹, antwortete K., ›es ist ein Album der städtischen Sehenswürdigkeiten.‹« Vermutlich würde er die gerne mit dem Fahrrad abfahren …

Der Gefängniskaplan macht sich daraufhin große Sorgen. »›Man hält wenigstens vorläufig deine Schuld für erwiesen.‹ – ›Ich bin aber nicht schuldig‹, sagte K., ›es ist ein Irrtum. Wie kann denn ein Mensch überhaupt schuldig sein. Wir sind hier doch alle Menschen, einer wie der andere.‹ – ›Das ist richtig‹, sagte der Geistliche, ›aber so pflegen die Schuldigen zu reden.‹ … ›Du suchst zuviel fremde Hilfe‹, sagte der Geistliche mißbilligend, ›und besonders bei Frauen. Merkst du denn nicht, daß es nicht die wahre Hilfe ist?‹ – ›Manchmal und sogar oft könnte ich dir recht geben‹, sagte K., ›aber nicht immer. Die Frauen haben eine große Macht. Wenn ich einige Frauen, die ich kenne, dazu bewegen könnte, gemeinschaftlich für mich zu arbeiten, müßte ich durchdringen. Besonders bei diesem Gericht, das fast nur aus Frauenjägern besteht.‹«

Wieder ist es K., der etwas »bewegen« möchte, aber nicht sich selbst. So schreit der Geistliche ihn denn auch an: »›Siehst du denn nicht zwei Schritte weit?‹« Aber genau das kann K. nicht, er ist seiner »Stellung« einfach zu sehr »verhaftet«.

Um K. seine Situation verständlich zu machen, erzählt der Geistliche die Legende »Vor dem Gesetz«, der unbedingte Höhepunkt des Romans und ein autonomes Meisterwerk, das Kafka 1919 gesondert veröffentlicht hat. Ein »Mann vom Lande« sucht darin »Eintritt in das Gesetz«. Nach unzähligen abschlägigen Bescheiden des Türwächters stirbt er vor dem offenen Tor zum Gesetz, nicht ohne einen »unverlöschlichen Glanz« aus dem Dunkel steigen zu sehen.

Er hätte aber vielleicht einfach in das Gesetz hineingehen können, ohne sich das Verbot des Türhüters weiter zu Herzen zu nehmen. Der Türhüter beugt sich kurz vor seinem Ende zu dem vom Warten völlig entkräfteten Mann – auch die Größenunterschiede haben sich mit den Jahren zuungunsten des Mannes verändert – und brüllt ihm in die halbtauben Ohren: »›dieser Eingang war nur für dich bestimmt. Ich gehe jetzt und schließe ihn.‹«

Die anschließende Diskussion zwischen K. und dem Gefängniskaplan dreht sich um verschiedene Auffassungen darüber, ob und wie der Türhüter seine Pflicht erfüllt hat. Schließlich ist K. völlig verwirrt. »›Mißverstehe mich nicht‹, sagte der Geistliche, ›ich zeige dir nur die Meinungen, die darüber bestehn. Du muß nicht zuviel auf Meinungen achten. Die Schrift ist unveränderlich und die Meinungen sind oft nur ein Ausdruck der Verzweiflung darüber.‹« Und flugs ist er schon mit einer neuen Deutung zur Hand. Schließlich schickt er K. fort: »›Du mußt doch fortgehn‹, sagte der Geistliche. ›Nun ja‹, sagte K. ...« Vielleicht hätte hier noch Hoffnung bestanden, wenn K. wirklich einfach fortgegangen wäre. Aber er bleibt zu Hause und wartet auf sein Urteil, das ihn pünktlich zu seinem einunddreißigsten Geburtstag ereilt.

»Am Vorabend seines einunddreißigsten Geburtstages – es war gegen neun Uhr abends, die Zeit der Stille auf den Straßen – kamen zwei Herren in K.s Wohnung. In Gehröcken, bleich und fett, mit scheinbar unverrückbaren Cylinderhüten.« K. erinnern sie an Tenöre. Keine Wächter mehr in Reisekleidung. Das Tempo von K.s letztem Gang ist behäbig, seine Wärter sind komödienhaft ausstaffiert, mit Gehröcken und unverrückbaren Hüten. »Alte, untergeordnete Schauspieler schickt man um mich, sagte sich K.«. Doch er hat ja zu Beginn des Romans zugesagt, bei der »Komödie« mitzuspielen, und er hält sich daran. Er versucht nur, sich einen letzten Rest Würde zu bewahren. Hatte er zwischendrin überlegt, einen Arzt aufzusuchen, weist er nun brüsk die Arme seiner Schergen zurück »›Erst auf der Gasse, ich bin nicht krank.‹« Auf der Straße angekommen, verbinden sich die Arme der beiden Männer auf so kunstvolle Weise mit den seinen, daß sie eine Einheit bilden, »daß, wenn man einen von ihnen zerschlagen hätte, alle zerschlagen gewesen wären. Es war eine Einheit, wie sie fast nur Lebloses bilden kann.«

»Fast leblos« ist K. Doch noch ist der Weg zu seiner Hinrichtungsstätte zu gehen. »Da stieg vor ihnen aus einer tiefer gelegenen Gasse auf einer kleinen Treppe Fräulein Bürstner zum Platz empor. Es war nicht ganz sicher, ob sie es war, die Ähnlichkeit war freilich groß.« – »Das Urteil«, das gesprochen werden wird, es kommt nicht zuletzt von Felice.

K. und seine Schergen treffen in einem leeren Steinbruch ein. Nun ist es K., der sich auszuziehen hat, damit an ihm das immer noch unbekannte Urteil vollstreckt werden kann. Aus der Ferne blitzt noch einmal Hoffnung auf, als K. in einem Haus neben dem Steinbruch eine Gestalt erblickt. Gibt es noch Hilfe? Kann noch eine Eingabe an das Gericht gemacht werden, hat jemand Gnade? Doch die Hinrichtung schreitet unaufhaltsam voran. Und schließlich war es so, »als sollte die Scham ihn überleben«. Die Scham, die mit der Verspeisung eines Apfels begonnen hat, geht über die Schuld hinweg. K. wird sterben, weil er sich schämt, nicht, weil er schuldig ist oder gar etwas »Böses« getan hat. Er hat nur Dinge getan, die es wert sind, daß man sich ihrer schämt. Das »als ob« führt auch zu einer anderen Interpretation des Romans, die davon ausgeht, daß der »Proceß« ein Verfahren ist, das Josef K. in eigener Regie gegen sich selbst führt, wobei unentschieden bleibt, ob es sich dabei um einen Traum handelt oder um eine traumähnliche Realität, auf die sich K. so weit einläßt, daß es ihm unmöglich ist, sich in der bürgerlichen Alltagswelt aufzuhalten.

Die Sterbeszene K.s ist eine der intensivsten der Weltliteratur. Deswegen soll sie hier ganz zitiert werden: »Dann öffnete der eine Herr seinen Gehrock und nahm aus einer Scheide, die an einem um die Weste gespannten Gürtel hing, ein langes dünnes, beiderseitig geschärftes Fleischermesser, hielt es hoch und prüfte die Schärfe im Licht. Wieder begannen die widerlichen Höflichkeiten, einer reichte über K. hinweg das Messer dem anderen, dieser reichte es wieder über K. zurück. K. wußte jetzt genau, daß es seine Pflicht gewesen wäre, das Messer, als es von Hand zu Hand über ihm schwebte, selbst zu fassen und sich einzubohren. Aber er tat es nicht, sondern drehte den noch freien Hals und sah umher.« Nun, kurz vor seinem Ende, ist selbst das letzte bißchen Bewegungsfreiheit kostbar –

und K. weiß es zu nutzen. Was sieht er in seinen letzten Minuten? »Seine Blicke fielen auf das letzte Stockwerk des an den Steinbruch angrenzenden Hauses. Wie ein Licht aufzuckt, so fuhren die Fensterflügel eines Fensters dort auseinander, ein Mensch, schwach und dünn in der Ferne und Höhe, beugte sich mit einem Ruck weit vor und streckte die Arme noch weiter aus. Wer war es? Ein Freund? Ein guter Mensch? Einer, der teilnahm? Einer, der helfen wollte? War es ein einzelner? Waren es alle? War noch Hilfe? Gab es Einwände, die man vergessen hatte? Gewiß gab es solche. Die Logik ist zwar unerschütterlich, aber einem Menschen, der leben will, widersteht sie nicht. ... Wo war das hohe Gericht, bis zu dem er nie gekommen war? Er hob die Hände und spreizte alle Finger.

Aber an K.s Gurgel legten sich die Hände des einen Herrn, während der andere das Messer ihm tief ins Herz stieß und zweimal dort drehte. Mit brechenden Augen sah noch K., wie die Herren nahe vor seinem Gesicht Wange an Wange aneinandergelehnt, die Entscheidung beobachteten. ›Wie ein Hund!‹ sagte er, es war, als sollte die Scham ihn überleben.«

# Kurzer interaktiver Kurs zu »Vor dem Gesetz«

1. Werde so sterblich wie ein Normalsterblicher nur sein kann.
2. Bemühe dich in Bayreuth um Karten für eine Wagner-Aufführung. Es reicht auch, wenn du um Einlaß in die nächste exklusive Disko bettelst. Oder stelle bei deiner Krankenkasse einen Antrag auf einen Kuraufenthalt wegen Überarbeitung.
3. Nimm Urlaub, kaufe ein Zelt, und weiche nicht von der Stelle, an der dir die Erfüllung deines Wunsches am plausibelsten vorkommt.
4. Du wirst nicht wahrgenommen? Laß dich nicht entmutigen. Fordere mit Sprechchören und Transparenten dein Recht ein.
5. Mache stets deutlich, daß du jede Ablehnung persönlich nehmen wirst.
6. Entwickle Fragen: Gefällt Ihnen mein Outfit nicht? Haben Sie etwas gegen Brillenträger? Was ist das hier eigentlich für ein Laden?
7. Denke ständig darüber nach, wie du dein Leben sinnvoller verbringen könntest – aber weiche nicht von der Stelle!
8. Ruiniere dich über diese Angelegenheit – finanziell, gesundheitlich und seelisch. Entwickele hieraus eine philosophische Haltung.
9. Heuere aus dieser philosophischen Haltung heraus als Türsteher an.
10. Unternimm erste Schreibversuche.

# »Ein Landarzt«

Es ist eine kalte Januarnacht. Der Schnee fällt so dicht, daß man im Licht der Gaslaternen kaum etwas erkennen kann. Kafka ist auf dem Weg in die Alchimistengasse, in der ihm Ottla eine kleine Wohnung angemietet hat. Das Häuschen duckt sich schief und ein wenig heruntergekommen in den Schatten der Burg. Drinnen wird es nicht wärmer sein, aber Kafka ist ja an Kälte gewöhnt. Als er die Tür aufschließen will, überfallen ihn Bilder, wie er sie zuvor noch nicht gesehen hat. Keine staubigen Gerichtssäle, keine Zirkusarenen, keine mit altertümlichen Möbeln vollgestopften Zimmer. Er sieht eine archaische Landschaft, Schlitten, Schnee, ein Dorf. Notwendig, sagt er vor sich hin, notwendig, unabhängig zu sein, die Not wenden. Ungeschickt läßt er den Schlüssel fallen, bückt sich im Licht der Gaslaterne vor dem Haus. »Notwendigkeit der Unabhängigkeit von dem mit Ungeschick gemischten Unglück des doppelten Schlittens, des zerbrochenen Koffers, des wackelnden Tisches, des schlechten Lichtes, der Unmöglichkeit, im Hotel nachmittag Ruhe zu haben u. dgl. Das ist nicht zu erreichen, indem man es vernachlässigt, denn es kann nicht vernachlässigt werden, das ist nur zu erreichen durch Heranführung neuer Kräfte. Hier gibt es allerdings Überraschungen; das muß der trostloseste Mensch zugeben, es kann erfahrungsgemäß aus Nichts etwas kommen, aus dem verfallenen Schweinestall der Kutscher mit den Pferden kriechen.« Ich muß es näher erzählen, ich muß es erzählen. Ich.

Nacht, dichtes Schneetreiben, die Glocke läutet durchdringend: Ein Drama kündigt sich an. Kafkas namenloser Junggeselle ist merklich gealtert, und er hat in dieser Geschichte einen soliden Beruf. Er ist Landarzt geworden, wie Kafkas

Onkel, Siegfried Löwy. Dieser Arzt befindet sich nun in großer »Verlegenheit«: Mitten im Winter von der Nachtglocke zu einem Schwerkranken gerufen, kann er seinen Wagen nicht benutzen, weil sein Pferd in der vorangegangenen Nacht urplötzlich verstorben ist. Sein Dienstmädchen Rosa läuft im ganzen Dorf umher, um ein Pferd für die dringende Reise zu leihen, vergeblich. Mit Wut tritt der Arzt gegen die Tür seines Schweinestalles. Plötzlich – »man weiß nie, was für Dinge man im eigenen Hause vorrätig hat« – dringt der Geruch von Pferden daraus hervor. Ein fremder Stallknecht bietet sich an, die Pferde »Bruder« und »Schwester« anzuspannen. Dann ergreift er das Dienstmädchen Rosa und schlägt ihr seine Zahnreihen in die Wange, bis sie laut aufschreit. Der Arzt würde gerne einschreiten, kann es aber nicht, denn wie im Fluge geht es mit der Kutsche, der besten, in der er je gefahren ist, zu dem Kranken, einem im Sterben liegenden Jungen und seiner Familie.

Szenenwechsel: das Haus des Kranken, die hoffende und bangende Familie. Endlich – der Arzt ist erschienen. Aber was tut er? Für einen Arzt benimmt er sich äußerst sonderbar: Nur widerwillig nähert er sich dem Jungen, er muß zu ihm »gelockt« und »geschoben« werden. Und der Patient? Benimmt sich nicht minder eigenartig. »›Doktor, laß mich sterben!‹« ruft er aus. Der Arzt läßt sich von dieser Todesstimmung sogleich anstecken, im wahrsten Sinne des Wortes: »Ja, denke ich lästernd, in solchen Fällen helfen die Götter, schicken das fehlende Pferd, fügen der Eile wegen noch ein zweites hinzu, spenden zum Übermaß noch den Pferdeknecht ... Jetzt erst fällt mir wieder Rosa ein; was tue ich, wie rette ich sie, wie ziehe ich sie unter diesem Pferdeknecht hervor, zehn Meilen von ihr entfernt, unbeherrschbare Pferde vor meinem Wagen?« Bis hier hin scheint soweit alles klar, Kafka, der sehr an alternativer Heilkunde interessiert war, beschreibt vielleicht in Form einer Parabel den Zustand der Medizin auf dem Land: Mißtrauen und Desinteresse. Dann aber beginnt die Erzählung sich weiterzuwinden, auf eine umwundene Art, die viele Exegeten in ihrer Ratlosigkeit die »Traumlogik Kafkas« nennen:

Die starken Pferde stoßen von außen die Fenster der Krankenstube auf und schauen hinein, der Arzt legt den Kopf auf die Brust des Jungen: »Es bestätigt sich, was ich weiß: der Junge ist gesund, ein wenig schlecht durchblutet, von der sorgenden Mutter mit Kaffee durchtränkt, aber gesund und am besten mit einem Stoß aus dem Bett zu treiben. Ich bin kein Weltverbesserer und lasse ihn liegen.« Wie bitte? Der Arzt läßt den Kranken liegen, ohne etwas zu tun? Nur weil sich herausstellt, daß sich »bestätigt, was ich weiß«? Ja, woher wußte er denn, daß der Junge krank war? Kennt er ihn so gut, ist oder war er etwa selbst dieser Junge? Und wer außer einem Arzt ist denn schon ein »Weltverbesserer«? Während sich die Familie des Kranken zu immer größeren Vertraulichkeiten hinreißen läßt, wächst die Wut des Arztes darauf, daß er durch das Läuten der Nachtglocke in solch eine Situation geraten ist. In dieser Verfassung erkennt er sogar so etwas wie Begehren nach seinem Dienstmädchen Rosa, die er für den Jungen, der nicht krank zu sein scheint, opfern mußte. Aus dieser Haltung, die zwischen Wut und schlechtem Gewissen hin und her schwankt wie eine Gaslaterne im Wintersturm, ist er dann doch endlich bereit zu einer intensiveren Untersuchung des kranken Jungen. Wie wir alle wissen, ist eine der gefährlichsten Krankheiten die Diagnose: »und nun finde ich: ja, der Junge ist krank. In seiner rechten Seite, in der Hüftengegend hat sich eine handtellergroße Wunde aufgetan. Rosa, in vielen Schattierungen, dunkel in der Tiefe, hellwerdend zu den Rändern, zartkörnig, mit ungleichmäßig sich aufsammelndem Blut, offen wie ein Bergwerk obertags. So aus der Entfernung. In der Nähe zeigt sich noch eine Erschwerung. Wer kann das ansehen, ohne leise zu pfeifen? Würmer, an Stärke und Länge meinem kleinen Finger gleich, rosig aus eigenem und außerdem blutbespritzt, winden sich, im Innern der Wunde festgehalten, mit weißen Köpfchen, mit vielen Beinchen ans Licht.« Igitt. So tief wollten wir dann vielleicht doch nicht »untertags« schauen. Und besonders wollen wir diese an ein weibliches Geschlecht erinnernde Wunde nicht bei einem Jungen sehen! Oder handelt es sich doch eher um eine Stigma-Wunde, wie die Wunde Jesu, in der sich der Legende nach Kinder verstecken konnten? Aber wir haben ja einen Arzt zur Seite, der nun bestimmt die richtige Kur verschreibt! Statt dessen wird es nun auch noch lyrisch: »Armer Junge, dir ist nicht zu helfen. Ich habe deine große Wunde aufgefunden; an dieser Blume in deiner Seite gehst du zugrunde. Die Familie ist glücklich, sie sieht mich in Tätigkeit«. Das Rosa der rosenartigen Wunde an der Seite des Jungen verschwimmt mit dem Namen des Dienstmädchens und der Wunde, die ihr Verlust durch den viehischen fremden Stallknecht in das Leben des Arztes reißen wird. Auch der Junge hat nun sein Verhalten geändert. Statt sterben zu wollen, bittet er den Arzt um Erlösung: »›Wirst du mich retten?‹ flüstert schluchzend der Junge, ganz geblendet durch das Leben in seiner Wunde. So sind die Leute in meiner Gegend. Immer das Unmögliche vom Arzt verlangen.« Obwohl der Arzt weiß, daß eine Rettung ihm unmöglich ist, läßt er sich von der Familie und der Dorfgemeinschaft, die sich mittlerweile mitsamt Kinderchor, Dorfältesten und Lehrer versammelt hat, ausziehen und in das Bett des Kranken legen wie ein Schamane. Offensichtlich ist diese Form der magischen Heilung durch Übertragung im Dorf seit Generationen bekannt, denn der Kinderchor singt fröhlich vor dem Fenster: »›Entkleidet ihn, dann wird er heilen, Und heilt er nicht, so tötet ihn! ’s ist nur ein Arzt, ’s ist nur ein Arzt.‹« Wenn die Geschichte mit dieser so gassenhauerischen wie naiv-gläubigen Litanei aufhören würde, befänden wir uns in einer zwar skurrilen, nichtsdestoweniger konstruktiven und heilbringenden archaischen Gemeinschaft. Der kranke Junge ist aber leider gar nicht so besonders erbaut darüber, daß ihm der Arzt »das Sterbebett verengt«. Es schließt sich eine der merkwürdigsten Sterbeszenen der Weltliteratur an: »›Junger Freund‹, sage ich, ›dein Fehler ist: du hast keinen Überblick. Ich, der ich schon in allen Krankenstuben, weit und breit, gewesen bin, sage dir: deine Wunde ist so übel nicht. Im spitzen Winkel mit zwei Hieben der Hacke geschaffen. Viele bieten ihre Seite an und hören kaum die Hacke im Forst, geschweige denn, daß sie ihnen näher kommt.‹ – ›Ist es wirklich so oder täuschest du mich im Fieber?‹ – ›Es ist wirklich so, nimm das Ehrenwort eines Amtsarztes mit hinüber.‹ Und er nahm's und wurde still.« Nachdem der Junge mit seinem »amtlichen Segen« gestorben ist, versucht der Arzt, sich in Sicherheit zu bringen. In der heillosen Flucht gelangt er nackt zurück auf seine Kutsche: Die Pferde sind nur zur Hälfte angeschirrt, und sein Mantel schleift im Schnee nach. Während auf der Hinfahrt die zehn Meilen von den Pferden wie im Flug bewältigt worden sind, bewegen sie sich trotz aller Aufforderungen nun »wie alte Männer«. Dem nackten Arzt bleibt auf dieser Zockeltour nur ein bitteres Resümee: »Niemals komme ich so nach Hause; meine blühende Praxis ist verloren; ein Nachfolger bestiehlt mich, aber ohne Nutzen, denn er kann mich nicht ersetzen; in meinem Hause wütet der ekle Pferdeknecht; Rosa ist sein Opfer; ich will es nicht ausdenken. Nackt, dem Froste dieses unglückseligen Zeitalters ausgesetzt, mit irdischem Wagen, unirdischen Pferden, treibe ich mich alter Mann umher. Mein Pelz hängt hinten am Wagen, ich kann ihn aber nicht erreichen, und keiner aus dem beweglichen Gesindel der Patienten rührt den Finger. Betrogen! Betrogen! Einmal dem Fehlläuten der Nachtglocke gefolgt – es ist niemals gutzumachen.«

Es ist schon sehr spät geworden auf dem Hradschin. Das Tintenfaß ist leer, Kafka rudert ein wenig mit den Armen, dann legt er müde den Kopf auf den Tisch. »Die abbröckelnden Kräfte während der Schlittenfahrt. Man kann das Leben nicht so einrichten wie ein Turner den Handstand.« Er lächelt. Er hat geschafft, was er sich vorgenommen hat, statt der gewohnt schillernden Innen-Außen-Perspektive der dritten Person hat er eine »Ich«-Erzählung geschrieben. Und noch ist die Geschichte nicht zu Ende, sie birgt noch viel größeres Potential. Zeitweilige Befriedigung könne er von Arbeiten wie dem »Landarzt« noch haben, denkt Kafka, »vorausgesetzt, daß mir etwas Derartiges noch gelingt (sehr unwahrscheinlich). Glück aber nur, falls ich die Welt ins Reine, Wahre, Unveränderliche heben kann.« Aber aus dem Nichts kann – aller Erfahrung nach – auch immer etwas entstehen ... Die Geschichte vom Landarzt ist zu Recht eine der berühmtesten von Kafka. Aber uns läuten die Ohren vor so viel Nachtglocken. Woran liegt das? Vielleicht an der seltsamen Verwandlung des verwundeten Dienstmädchens Rosa in die rosa Wunde des Jungen? Oder daran, daß wir in den letzten Zeilen der Geschichte mit einer Interpretation bedient werden, die so fade schmeckt, daß wir dahinter eigentlich nur eine Gemeinheit vermuten dürfen? Wollten wir nicht gerade anfangen zu rätseln: Also, der Frost ist die Kälte des Zeitalters, natürlich, der Junge ist ein Heiland, die Pferde, ja, die sind natürlich sonderbar, nicht von dieser Welt, vielleicht sind es gar die schriftstellerischen Inspirationen, schließlich schreibt Kafka häufiger davon, daß seine Geschichten »aufgereiht« seien wie die Pferde im Zirkus, Freud spricht hier mit, der Todesdrang desjenigen, der eigentlich heilen sollte, und der Pelz, was könnte der bedeuten? Und schon wird uns wieder klargemacht, daß wir über der vermeintlichen Symbolik den Text vergessen, daß wir fehlgeleitet, »fehlgeläutet« werden und daß es Kafka nicht um solcherart Interpretationen gegangen sein kann. Übrigens auch um keine psychologische, wie sie besonders gerne an dieser Geschichte durchgeführt wird. Kafka hielt sich bewußt fern von der »Psychologie«, er hielt sie für hilflose Mythologie. Und was, wenn wir das Ende der Geschichte einfach ernst nehmen sollen? Daß wir mit dem Arzt ausrufen dürfen: Betrogen! Betrogen! Die Geschichte betrügt uns um sich selbst, im Dunkeln und aufgeschreckt von der Nachtglocke, konnte sie selbst nicht sehen, wohin sie führen würde, auf bildlicher Ebene heißt das: »starkes Schneegestöber füllte den weiten Raum«. Weißes Rauschen. Das Geheimnis dieser Geschichte ist vielleicht, daß sie sich selbst nicht versteht. Das ist weniger abwegig, als es klingt, wenn man sich vergegenwärtigt, daß Kafka über seine Arbeit sagte, man müsse »wie in einen schwarzen Tunnel« hinein schreiben. Der Ausgang einer Geschichte muß also wenigstens zu Anfang völlig im ungewissen liegen. Noch dazu, wo es Kafka hier auf hohem Niveau gelingt, »ich« zu sagen.

Man darf nun nicht glauben, daß es einfach wäre, eine solche Geschichte zu schreiben. Es erfordert einen großen Wagemut, sich solchermaßen einer Geschichte auszuliefern, die mit »unbeherrschbaren Pferden« unterwegs ist. Und großes Genie, trotzdem, sozusagen schlafwandlerisch, durch die Vernähung der Motive eine so große ästhetische Wirkung hervorzurufen. Letzten Endes sind wir also doch nicht betrogen worden.

## »Ein Bericht für eine Akademie«

Mitte April 1917. Kafka erhält einen Brief von Martin Buber, in dem dieser um Zusendung einiger Texte für die Zeitschrift »Der Jude« bittet. Franz schickt kurze Zeit später zwölf Texte, darunter »Bericht für eine Akademie«, den er gerade erst zu Ende geschrieben hat. Buber veröffentlicht den Bericht, und endlich passiert etwas. Die Aufnahme des »Berichtes« im Freundeskreis ist enthusiastisch. Kafka hat ins Schwarze getroffen. Max berichtet Franz: »Werfel schreibt begeistert über deine Affengeschichte, findet, daß du der größte deutsche Dichter bist. Auch meine Ansicht seit langem, wie du weißt.« Elsa Brod, die Frau von Max, liest den Bericht im Prager Klub jüdischer Frauen und Mädchen. Ein Bombenerfolg, der über Jahrzehnte auf unterschiedlichsten Bühnen immer wieder gefeiert werden wird. Und Max, der immer umtriebige, ist auch gleich mit einer Deutung zur Hand: »Franz Kafka erzählt nur die Geschichte eines Affen, der von Hagenbeck eingefangen, gewaltsam Mensch wird. Und was für ein Mensch! Das Letzte, das Abschaumhafte der Gattung Mensch belohnt ihn für seine Anbiederungsbemühungen. Ist es nicht die genialste Satire auf die Assimilation, die je geschrieben worden ist! Man lese sie nochmal im letzten Heft des ›Juden‹. Der Assimilant, der nicht Freiheit, nicht Unendlichkeit will, nur einen Ausweg, einen jämmerlichen Ausweg! Es ist grotesk und erhaben in einem Atemzug. Denn die nichtgewollte Freiheit Gottes steht drohend hinter der tiermenschlichen Komödie.«

Wie bitte? Ein Affe soll tatsächlich Brehms Tierleben entstiegen sein, sich einer erfolgreichen Menschwerdung unterzogen haben – und nun einen Bericht darüber ablegen, wie es dazu kommen konnte? Die menschliche Zivilisation wird geehrt, das missing link zwischen unreflektierter Natur und der Krone der Schöpfung wird geschlossen werden? Alle unsere darwinistischen Träume werden wahr? Halleluja!

»Sie erweisen mir die Ehre, mich aufzufordern, der Akademie einen Bericht über mein äffisches Vorleben einzureichen. In diesem Sinne kann ich leider der Aufforderung nicht nachkommen. Nahezu fünf Jahre trennen mich vom Affentum, eine Zeit, kurz vielleicht am Kalender gemessen, unendlich lang aber durchzugaloppieren, so wie ich es getan habe, streckenweise begleitet von vortrefflichen Menschen, Ratschlägen, Beifall und Orchestralmusik, aber im Grunde allein, denn alle Begleitung hielt sich, um im Bilde zu bleiben, weit vor der Barriere.«

Nun ja, hören wir uns erst mal an, was der Affe mit dem seltsamen Namen »Rotpeter« zu erzählen hat. In »Afrika« wird Rotpeter von Hagenbecks Jägern mitten aus seiner Herde heraus angeschossen, auf ein Schiff geschleppt und nach Europa gebracht, um dort verkauft und dressiert zu werden. Im engen Schiffskäfig auf dem Unterdeck wird ihm klar, daß eine Flucht unmöglich ist und ihn nur eines retten kann: Er muß sich anpassen, einen »Ausweg« finden. Da er die Gefangenschaft nicht überlebt hätte, entschließt er sich zu lernen – durch Nachahmung. Er beginnt damit, daß er sich der Besatzung des Frachters anpaßt, Pfeife raucht, die Hand gibt, sich zum Schnapstrinken überwindet. Nach diesen Errungenschaften der Zivilisation entfährt ihm dann auch ein (denkbar schlichter) menschlicher Laut. Er sagt »Hallo«. Dies ist der Beginn einer erfolgreichen »Menschwerdung«, die darin gipfelt, daß Rotpeter die »durchschnittliche Intelligenz eines Mitteleuropäers« erworben hat.

Äußerlich ist Rotpeter Tier geblieben. Er trägt nach wie vor ein Fell und tritt im Varieté auf – wie zahllose andere dressierte Affen, die zu Kafkas Zeit in Frack und Zylinder und meist unter dem Namen »Konsul« als Gentlemen-Schimpansen die Zuschauer zum Gruseln bringen. Rotpeter aber inszeniert die Schwelle Mensch – Tier längst von der anderen Seite. Der zivilisierte Mensch wird hier zur Zielscheibe satirischer Ironie, demnach auch das Publikum, das Rotpeters Darbietungen als gelungene Nachahmungen der menschlichen Zivilisation feiert.

So darf man sich auch nicht von dem nüchternen Terminus »Bericht« täuschen lassen. In der Erzählung Rotpeters lassen sich zahlreiche Widersprüche aufdecken. Etwa behauptet Rotpeter (um der Akademie, den Menschen wohlgefällig zu sein?), er habe auf dem Schiff zunächst den Handschlag gelernt: »Handschlag bezeugt Offenheit«, eine ach so humane Geste. Was er aber tatsächlich zuerst lernte, war das Spucken – dann folgten das Pfeiferauchen und Schnapstrinken! Und nur diese Kenntnisse waren es, die die Menschen als ihre eigenen erkannten und den Affen in ihre Gemeinschaft aufnehmen ließen.

»Und zur Ehre meines Lehrers: er war mir nicht böse; wohl hielt er mir manchmal die brennende Pfeife ans Fell, bis es irgendwo, wo ich nur schwer hinreichte, zu glimmen anfing, aber dann löschte er es selbst wieder mit seiner riesigen guten Hand; er war mir nicht böse ...« Das Feuer der Erkenntnis kommt in Gestalt eines perversen »Lehrers« über den Wehrlosen. Rotpeter spricht hier zwar über die ihm widerfahrenen Mißhandlungen, aber entschuldigt das Verhalten seiner Peiniger gleichzeitig: Er nimmt ihnen gegenüber die schizophrene Haltung des Opfers ein. Unklar bleibt dabei, wieviel er tatsächlich von seinen Qualen vergessen mußte, um »Mensch« werden zu können. Und wieviel er aus tierischem Instinkt gegenüber der feindlich eingestellten Macht der Menschen bewußt verschweigt.

Rotpeter schildert sein Erwachen, die Enge im Käfig, die ihm Schmerzen verursacht – faktisch gleicht es der Folter, wenn man sich nicht setzen, stellen oder hinlegen kann. Doch er berichtet es scheinbar ohne Emotionen, ja, er sagt sogar, daß er nach seinen Erfahrungen nicht leugnen könne, diese Unterbringung von wilden Tieren »im menschlichen Sinn« sei tatsächlich vorteilhaft. Doch die Zustimmung ist nur scheinbar, in seinem Sinn ist diese Unterbringung nicht, damals nicht und auch in seiner jetzigen Existenz wohl nicht, wenn man die Einschränkung der Aussage als Distanzierung von diesem »menschlichen Sinn« begreift. Die Verzweiflung über seine Situation ohne Ausweg drückt er aus, wenn er fragt: »Warum das? Kratz dir das Fleisch zwischen den Fußzehen auf, du wirst den Grund nicht finden. Drück dich hinten gegen die Gitterstange, bis sie dich fast zweiteilt, du wirst den Grund nicht finden.« Rotpeter mußte im wahrsten Sinne des Wortes »bei der Stange bleiben« und »fast zweigeteilt« werden, nicht nur körperlich, auch psychisch.

Flucht wäre nur möglich gewesen um den Preis seines Lebens, aber noch (oder gerade) in der jetzigen Situation zweifelt Rotpeter daran, daß seine Wahl gegen die Freiheit und damit den so gut wie sicheren Tod richtig war. »Ich hatte keinen anderen Weg, immer vorausgesetzt, daß nicht die Freiheit zu wählen war.« Ja immer vorausgesetzt, daß die Freiheit nicht zu wählen war. Denn Freiheit, meine Herren von der Akademie, Freiheit gibt es nicht. Aber auch die Wahl für den »Ausweg« hat ihre Spuren hinterlassen.

Was bei Rotpeter bleibt, sind Wunden. Es sind die schon aus dem Landarzt und der »Verwandlung« bekannten Wunden unter der Hüfte, die ihn zum Hinken bringt (und – in der Geschichte einer Erkenntnis, die hier auch erzählt wird – an den berühmtesten Hinkenden Ödipus erinnert), und auf der Wange (schlägst du mich auf die linke Wange, halte ich die rechte hin ...), die ihm den von ihm verabscheuten Namen Rotpeter eingebracht hat.

Mit dem Verursacher der Wunde, dem Jagdleiter, hat Rotpeter mittlerweile die eine oder andere Flasche Rotwein getrunken – eine pervertierte christliche Versöhnungsfeier? Aber daß Rotpeter die Hosen herunterläßt, um die Narbe der Einlaufstelle zu zeigen, der Einlaufstelle des Schusses, der hier mit Nachdruck »frevelhaft« genannt wird, ist ein Hinweis seitens Rotpeters auf die Brutalitäten, die an ihm begangen wurden, sie ist die Wahrheit, die offen zutage tritt.

Außerdem ist da noch jene halbdressierte Schimpansin, bei der es sich Rotpeter »nach Affenart wohlgehen läßt«, was zeigt, daß er sich wenigstens auf dem Gebiet der Sexualität etwas von seinem paradiesischen Leben an der »Goldküste« bewahrt hat, was wiederum verborgen werden muß: Er trifft sie nur nachts. Es zeigt sich aber gleichzeitig, wie weit Rotpeter im Tun die Macht imitiert. Er hält sich eine halbdressierte Schimpansin, mutet ihr ein Käfigdasein zu, das er für sich nie akzeptiert hätte. Allerdings reflektiert er diesen Widersinn auch, wenn er zugibt, daß er den »Irrsinn des verwirrten dressierten Tieres im Blick« der Schimpansin nicht ertragen kann.

Viele Interpreten sehen in dieser Geschichte eine Abrechnung mit dem Sozialisationsprozeß des Kindes, und es gibt viele Indizien dafür, daß Kafka sich mit diesem Thema intensiv beschäftigte: »Jeder Mensch ist eigentümlich und kraft seiner Eigentümlichkeit berufen zu wirken, er muß aber an seiner Eigentümlichkeit Geschmack finden. Soweit ich es erfahren habe, arbeitet man sowohl in der Schule als auch zu Hause darauf hin, die Eigentümlichkeit zu verwischen. Man erleichtert dadurch die Arbeit der Erziehung, erleichtert aber auch dem Kinde das Leben, allerdings mußte es vorher den Schmerz durchkosten, den der Zwang hervorrief.«

Die Erzählung ist ebenfalls im Sinne von Max Brod oft interpretiert worden als Abrechnung mit der »Assimilisationsleistung« des osteuropäischen Judentums an die »Kultur des Mitteleuropäers«, wieder andere sehen in ihr eine Satire auf den Darwinismus und die übertriebene Zivilisationshörigkeit der westlichen Gesellschaft. Für alle diese Lesarten gibt es Hinweise, wobei noch zu klären wäre, wie positiv oder wie negativ die Mitteleuropäer- und Künstlerwerdung Rotpeters hier eigentlich beurteilt wird.

Kafka aber war mit dieser Tiergeschichte wieder etwas näher zu seinem Wunsch gelangt, die »Tier- und Menschenwelt« zu verstehen. »Wenn ich mich auf mein Endziel hin prüfe, so ergibt sich, daß ich nicht eigentlich danach strebe ein guter Mensch zu werden und einem höchsten Gericht zu entsprechen, sondern, sehr gegensätzlich, die ganze Menschen- und Tiergemeinschaft zu überblicken, ihre grundlegenden Vorlieben, Wünsche, sittlichen Ideale zu erkennen, sie auf einfache Vorschriften zurückzuführen, und mich in dieser Richtung möglichst bald dahin zu entwickeln, daß ich durchaus allen wohlgefällig würde, und zwar so wohlgefällig, daß ich, ohne die allgemeine Liebe zu verlieren, schließlich, als einziger Sünder, der nicht gebraten wird, die mir innewohnenden Gemeinheiten offen, vor aller Augen, ausführen dürfte. Zusammengefaßt kommt es mir also nur auf das Menschengericht an und dieses will ich überdies betrügen, allerdings ohne Betrug.«

## Zwischen Behauptung und Behauptet-Werden. Der »Brief an den Vater«

»Liebster Vater, Du hast mich letzthin einmal gefragt, warum ich behaupte, ich hätte Furcht vor Dir. Ich wußte Dir, wie gewöhnlich, nichts zu antworten, zum Teil eben aus der Furcht, die ich vor Dir habe, zum Teil deshalb, weil zur Begründung dieser Furcht zu viele Einzelheiten gehören, als daß ich sie im Reden halbwegs zusammenhalten könnte.«

Mit diesen Worten beginnt einer der berühmtesten Briefe der Weltliteratur – Kafkas »Brief an den Vater«. Es ist Gerichtstag bei Kafka. Es treten auf: der Vater Hermann Kafka als schuldloser Verurteilter, Franz Kafka als schuldig-unschuldiger Ankläger, die Mutter Julie Kafka als umgekehrte Mephista (Teil jener Kraft, die stets das Gute will und stets das Böse schafft), die drei lebenden Schwestern Kafkas, Valli, Elli und die Lieblingsschwester Ottla, als Nebenklägerinnen, ferner tote Brüder, zwei Onkel, Prostituierte und Kafkas »verrückte« Freunde. Generationen von Forschern haben sich an dem 1919 geschriebenen Brief festgebissen. Kein Wunder. Nirgendwo sonst, selbst nicht in seinem Tagebuch, erfährt man so viel über Kafkas Leben in der Familie.

November 1919. Der Versuch, mit Julie Wohryzek eine Ehe einzugehen, war gerade wieder gescheitert. Kafka reist in Begleitung von Max nach Schelesen. Kurz zuvor hat er in einem Café Milena Jesenská kennengelernt. Seine Krankheit ist wieder stärker hervorgetreten. Immer häufiger denkt Franz ans Abschiednehmen.

Kafkas Hände zittern, als er die bittere Erkenntnis niederschreibt: »Mein Schreiben handelte von Dir, ich klagte dort ja nur, was ich an Deiner Brust nicht klagen konnte. Es war ein absichtlich in die Länge gezogener Abschied von Dir, nur daß er zwar von Dir erzwungen war, aber in der von mir bestimmten Richtung verlief.« Der Brief sollte Kafkas »Behauptung« werden, eine »Freischreibung« gegenüber dem Vater. Von Kafka freigebig unter seinen Freunden verteilt, fand der Brief jedoch nie zu seinem Adressaten. Kafkas Mutter verhinderte – ganz nach »Drehbuch« – die Eskalation, die auf die Anklageschrift sicherlich erfolgt wäre. Statt dessen blieb es bei dem unversöhnlichen Standpunkt Hermann Kafkas, der Sohn »behaupte« (in Klammern: nur), Furcht vor ihm zu haben – und ohne die Niederschrift der Gedanken seines in Gesprächen immer sprachlosen Sohnes gelesen zu haben, muß es sogar so scheinen, als habe der Vater damit für immer recht behalten.

»Die Unmöglichkeit des ruhigen Verkehrs hatte noch eine weitere eigentlich sehr natürliche Folge: ich verlernte das Reden.« Glücklicherweise aber können wir dem Sohn zuhören, wie er versucht, dem Vater zu erklären, warum in aller Welt es zwischen ihnen zu einer solchen »Entfremdung« kommen mußte. Kafka schont dabei weder sich noch seinen Vater, denn es geht um nichts weniger als alles. Es geht um die mißglückte Kindheit: »Du kannst ein Kind nur so behandeln, wie Du eben selbst geschaffen bist, mit Kraft, Lärm, Jähzorn, und in diesem Falle schien Dir das auch noch überdies deshalb sehr gut geeignet, weil Du einen kräftigen mutigen Jungen in mir aufziehen wolltest.« Das Kind Franz entfloh dieser Erziehung in eine von Kafka sogar »tierisch« genannte katatonische Isolation: »Jüdische Gymnasiasten bei uns sind leicht merkwürdig, man findet da das Unwahrscheinlichste, aber meine kalte, kaum verhüllte, unzerstörbare, kindlich hilflose, bis ins Lächerliche gehende, tierisch selbstzufriedene Gleichgültigkeit eines für sich genug, aber kalt phantastischen Kindes habe ich sonst nirgends wieder gefunden, allerdings war sie hier auch der einzige Schutz gegen die Nervenzerstörung durch Angst und Schuldbewußtsein.« Es geht um die durch Spott und Ironie sich auszeichnende Erziehung: »Man mußte nur über irgendeine Sache glücklich sein, von ihr erfüllt sein, nach Hause kommen und es aussprechen, und die Antwort war ein ironisches Seufzen, ein

Kopfschütteln, ein Fingerklopfen auf den Tisch.« Doch der Vater hat noch subtilere Mittel: »Deine äußerst wirkungsvollen, wenigstens mir gegenüber niemals versagenden rednerischen Mittel bei der Erziehung waren: Schimpfen, Drohen, Ironie, böses Lachen und – merkwürdigerweise – Selbstbeklagung.«

Wir hören von herausgeforderten, nichtsdestotrotz zwiespältig aufgenommenen Ratschlägen zur Verhütung von Geschlechtskrankheiten. Von Kafkas angeblicher Faulheit: »Es gab Jahre, in denen ich bei voller Gesundheit mehr Zeit auf dem Kanapee verfaulenzt habe, als Du in Deinem ganzen Leben, alle Krankheiten eingerechnet.«

Selbst das Judentum, das vielleicht als verbindendes Element hätte wirken können, erweist sich als Streitpunkt. Der Vater hat Franz nur sein »aus dem Ghetto stammendes« Judentum beigebracht. Als Franz selbst damit beginnt, sich für das Judentum zu interessieren, ist die Haltung des Vaters abweisend. »Durch meine Vermittlung wurde Dir das Judentum abscheulich, jüdische Schriften unlesbar, sie ›ekelten Dich an‹. – Das konnte bedeuten, daß Du darauf bestandest, nur gerade das Judentum, wie Du es mir in meiner Kindheit gezeigt hattest, sei das einzig Richtige, darüber hinaus gebe es nichts.«

Von der väterlichen Ablehnung aller Freunde und Interessen Kafkas seit seiner Kindheit und der Auswirkung, die dieses Desinteresse, der Spott und die beißende Ironie auf ihn gehabt haben, ist genauso die Rede wie von der Unmöglichkeit für Kafka, trotz finanzieller Abgesichertheit den Beruf frei zu wählen, so daß er schließlich aus »Gleichgültigkeit« Jurist wurde.

»Also eigentliche Freiheit der Berufswahl gab es für mich nicht, ich wußte: alles wird mir gegenüber der Hauptsache genau so gleichgültig sei, wie alle Lehrgegenstände im Gymnasium, es handelt sich also darum, einen Beruf zu finden, der mir, ohne meine Eitelkeit allzusehr zu verletzen, diese Gleichgültigkeit am ehesten erlaubt. Also war Jus das Selbstverständliche. Kleine gegenteilige Versuche der Eitelkeit, der unsinnigen Hoffnung, wie vierzehntägiges Chemiestudium, halbjähriges Deutschstudium, verstärkten nur jene Grundüberzeugung.«

Auch das nächtliche Schreiben ist dem Vater ein Dorn im Auge, denn es zeigt die Selbständigkeit seines Sohnes auf einer Laufbahn, die er nicht für ihn vorgesehen hat. »Hier war ich tatsächlich ein Stück selbständig von Dir weggekommen, wenn es auch ein wenig an den Wurm erinnerte, der, hinten von einem Fuß niedergetreten, sich mit dem Vorderteil losreißt und zur Seite schleppt.«

Kafka, der in allem entweder verschieden war oder aber versuchte, sich so weit wie möglich vom Vater zu unterscheiden, entgeht in seiner Erinnerung gerade noch der Katastrophe: »Jedenfalls waren wir so verschieden und in dieser Verschiedenheit einander so gefährlich, daß, wenn man es hätte etwa im voraus ausrechnen wollen, wie ich, das langsam sich entwickelnde Kind, und Du, der fertige Mann, sich zueinander verhalten werden, man hätte annehmen können, daß Du mich einfach niederstampfen wirst, daß nichts von mir übrigbleibt.« Anhand des körperlichen Vergleichs wird argumentiert, daß es niemals ein Zusammenkommen geben kann, denn der Vater ist ganz »Stärke, Gesundheit, Appetit, Stimmkraft, Redebegabung, Selbstzufriedenheit, Weltüberlegenheit, Ausdauer, Geistesgegenwart, Menschenkenntnis«, daneben großzügig, auch in den Fehlern, die durch das allgemeine Temperament und den Jähzorn hervorgerufen werden. Der Sohn wirkt dagegen geradezu jämmerlich. »Ich mager, schwach, schmal, Du stark, groß, breit. Schon in der Kabine kam ich mir jämmerlich vor, und zwar nicht nur vor Dir, sondern vor der ganzen Welt, denn Du warst für mich das Maß aller Dinge.«

Durch dieses »Maß aller Dinge« gerät der Vater schnell in eine gottähnliche Position. Da Franz sein Wort als Gesetz nimmt, verlangt er auch vom Vater, daß dessen Äußerungen in sich konsequent sein müssen, was sie natürlich nicht sind. Dadurch wird er in Franz Augen zum Tyrannen. »In Deinem Lehnstuhl regiertest Du die Welt ... Dabei war Dein Selbstvertrauen so groß, daß Du gar nicht konsequent sein mußtest und doch nicht aufhörtest recht zu haben ... Du bekamst für mich das Rätselhafte, das alle Tyrannen haben, deren Recht auf ihrer Person, nicht auf dem Denken begründet ist. Wenigstens schien es mir so.«

Familienkonstellationen werden zum Beleg untersucht und Ahnenforschung wird betrieben, für die großbürgerlich jüdische Familie der Mutter genauso wie für die proletarische des Vaters. Kafka äußert sich sonst nur ein einziges Mal ausführlich über seine Herkunft: »Ich heiße hebräisch Amschel, wie der Großvater meiner Mutter von der Mutterseite, der als ein sehr frommer und gelehrter Mann mit langem weißen Bart meiner Mutter erinnerlich ist, die sechs Jahre alt war, als er starb. Sie erinnert sich, wie sie die Zehen der Leiche festhalten und dabei Verzeihung möglicher dem Großvater gegenüber begangener Verfehlungen erbitten mußte. Sie erinnert sich auch an die vielen, die Wände füllenden Bücher des Großvaters. Er badete jeden Tag im Fluß, auch im Winter, dann hackte er sich zum Baden ein Loch ins Eis. Die Mutter meiner Mutter starb frühzeitig an Typhus. Von diesem Tode angefangen wurde die Großmutter trübsinnig, weigerte sich zu essen, sprach mit niemandem, einmal, ein Jahr nach dem Tode ihrer Tochter, ging sie spazieren und kehrte nicht mehr zurück, ihre Leiche zog man aus der Elbe. Ein noch gelehrterer Mann als der Großvater war der Urgroßvater der Mutter, bei Christen und Juden stand er in gleichem Ansehen, bei einer Feuersbrunst geschah infolge seiner Frömmigkeit das Wunder, daß das Feuer sein Haus übersprang und verschonte, während die Häuser in der Runde verbrannten. Er hatte vier Söhne, einer trat zum Christentum über und wurde Arzt. Alle außer dem Großvater der Mutter starben bald. Dieser hatte einen Sohn, die Mutter kannte ihn als verrückten Onkel Nathan, und eine Tochter, eben die Mutter meiner Mutter.« Es ist sehr interessant zu sehen, auf welche Aspekte sich Kafka hier in dieser Familiensaga konzentriert. Die Stichworte sind: die in der Familie liegende körperliche Fitness und Krankheit (auch ein Grund, warum Kafka so viel turnte und später sogar bei einem Gärtner arbeitete), der Selbstmord der Großmutter durch Ertrinken, das Nicht-Sprechen aus Schwermütigkeit, frühe Tode, Frömmigkeit, ärztliche

Heilkunst, Wahnsinn, Wunder, Christentum und Judentum. So betrachtet, liest sich auch dieser Tagebucheintrag von 1911 schon wie eine Geschichte von Kafka. Und als verschroben geltende Junggesellen mit zarter Konstitution gab es in dieser Familie zuhauf. Da war Kafkas »Madrider Onkel«, der Junggeselle blieb und schließlich Generaldirektor der spanischen Eisenbahnen wurde. Ein weiterer Bruder gründete eine Kolonialgesellschaft mit Karawanserei am Kongo. Onkel Siegfried, Kafkas Lieblingsonkel, blieb ebenfalls unverheiratet und arbeitete als Landarzt. Ein weiterer Onkel konvertierte zum Katholizismus und wurde »sonderbar«. Was er noch verschweigt, ist, daß die männliche Linie der mütterlichen Vorfahren einer großen Tuchhändlerfamilie angehörten.

Im Brief an den Vater bleibt von diesem Erbe nur eine knappe Zusammenfassung des von Mutterseite aus Ererbten: »Empfindlichkeit, Gerechtigkeitsgefühl, Unruhe«. Nicht die schlechtesten Eigenschaften Kafkas. Väterlicherseits sollte »Lebens-, Geschäfts-, Eroberungswillen« dazukommen. Viel kann Kafka von diesem Erbe jedoch nicht angenommen haben. Der Vater von Hermann Kafka, Jakob Kafka, stammte aus einfachsten Verhältnissen und arbeitete als Fleischhauer, was Franz in seiner vegetarischen Phase einmal zu der Bemerkung veranlaßte, er müsse schließlich nicht so viel Fleisch essen, wie sein Großvater geschlachtet habe. Kafka spricht im »Brief an den Vater« auch von seinen Schwestern, von denen nur die älteste, Elli, zur richtigen Zeit den Absprung aus der Familie geschafft hat, die mittlere dem Vater ähnelt und die jüngste in offener, immer aggressiver Feindschaft mit dem Vater ihr eigenes Leben lebt. Für diese verspäteten oder nie erfolgten Abschiede macht Kafka auch seine Mutter verantwortlich: »Es ist wahr, daß die Mutter grenzenlos gut zu mir war, aber alles das stand für mich in Beziehung zu Dir, also in keiner guten Beziehung. Die Mutter hatte unbewußt die Rolle eines Treibers in der Jagd.«

Von Franz aufgegebenen Heiratsplänen ist am ausführlichsten die Rede, die Klagen darüber nehmen das letzte Viertel des

Briefes ein. Der Vater hatte ihm vorgeworfen, Julie Wohryzek leichtsinnig heiraten zu wollen: »Sie hat wahrscheinlich irgendeine ausgesuchte Bluse angezogen, wie das die Prager Jüdinnen verstehn, und daraufhin hast Du Dich natürlich entschlossen, sie zu heiraten.« Doch Kafka führt ein wichtigeres Hindernis an. »Das wichtigste Ehehindernis aber ist die schon unausrottbare Überzeugung, daß zur Familienerhaltung und gar zu ihrer Führung alles das notwendig gehört, was ich an Dir erkannt habe, und zwar alles zusammen, Gutes und Schlechtes, so wie es organisch in Dir vereinigt ist, also Stärke und Verhöhnung des anderen, Gesundheit und eine gewisse Maßlosigkeit, Redebegabung und Unzulänglichkeit, Selbstvertrauen und Unzufriedenheit mit jedem anderen, Weltüberlegenheit und Tyrannei, Menschenkenntnis und Mißtrauen gegenüber den meisten, dann auch Vorzüge ohne jeden Nachteil wie Fleiß, Ausdauer, Geistesgegenwart, Unerschrokkenheit.«

Diese »unausrottbare Überzeugung« brachte Kafka dazu, sich selbst »auszurotten«, das »notwendig Erkannte« im Vater führte zu der eigenen unabwendbaren Not.

»Dadurch wurde die Welt für mich in drei Teile geteilt, in einen, wo ich, der Sklave, lebte, unter Gesetzen, die nur für mich erfunden waren und denen ich überdies, ich wußte nicht warum, niemals völlig entsprechen konnte, dann in eine zweite Welt, die unendlich von meiner entfernt war, in der Du lebtest, beschäftigt mit der Regierung, mit dem Ausgeben der Befehle und mit dem Ärger wegen deren Nichtbefolgung, und schließlich in eine dritte Welt, wo die übrigen Leute glücklich und frei von Befehlen und Gehorchen lebten.«

Der Vater bildet seit jeher den Mittelpunkt der Familie. So schreibt Kafka über seine Beziehung zu seiner Lieblingsschwester Ottla: »Du bist allerdings ein Hauptthema unserer Gespräche wie unseres Denkens seit jeher, aber wahrhaftig nicht, um etwas gegen Dich auszudenken, sitzen wir beisammen, sondern um mit aller Anstrengung, mit Spaß, mit Ernst, mit Liebe, Trotz, Zorn, Widerwille, Ergebung, Schuldbewußtsein, mit allen Kräften des Kopfes und Herzens diesen schrecklichen Prozeß, der zwischen uns und Dir schwebt, in allen Einzelheiten, von allen Seiten, bei allen Anlässen, von fern und nah gemeinsam durchzusprechen, diesen Prozeß, in dem Du immerfort Richter zu sein behauptest, während Du, wenigstens zum größten Teil (hier lasse ich die Tür allen Irrtümern offen, die mir natürlich begegnen können) ebenso schwache und verblendete Partei bist wie wir.«

Der »schreckliche Prozeß«, um den es hier geht, soll ein für allemal enden und der Vater verstehen, daß er nicht in der Position des Richters ist. Der Brief plädiert in diesem Konflikt auf »schuldlose Entfremdung«. Kafka läßt zunächst kein gutes Haar an sich selbst. Gegenüber dem Vater, der sich als Sohn eines Fleischhauers sein Leben hart erarbeiten mußte, schildert er sich als undankbares Kind, ein Kind, das sich allerdings auch nie habe bewähren können. Nie habe er »offen« mit dem Vater gesprochen, nie ihn im Tempel besucht, er habe ihm eine unprofitable Asbestfabrik aufgehalst, sich immer nur mit verrückten Ideen und Freunden umgeben, niemals Familiengeist gezeigt und die anderen Geschwister gegen den Vater aufgehetzt. Kurz »Kälte, Fremdheit, Undankbarkeit« in allen Bereichen seines Lebens, seien es Familie, Religion oder Arbeit. Und tatsächlich, abweisender als Kafka (und gleichzeitig abhängiger) kann man sich gegenüber seiner Familie kaum zeigen. Im Tagebuch heißt es am 14. Dezember 1911: »Mein Vater machte mir mittags Vorwürfe, weil ich mich nicht um die Fabrik kümmere. Ich erklärte, ich hätte mich beteiligt, weil ich Gewinn erwartete, mitarbeiten könne ich aber nicht, solange ich im Bureau sei. Der Vater zankte weiter, ich stand beim Fenster und schwieg. Abends aber ertappte ich mich bei dem von jenem Mittagsgespräch ausgehenden Gedanken, daß ich mich mit meiner gegenwärtigen Stellung sehr zufrieden geben könne und mich nur hüten müsse, die ganze Zeit für die Literatur freizubekommen. Kaum hatte ich diesen Gedanken näherer Beobachtung ausgesetzt, war er auch nicht mehr erstaunlich und kam mir schon gewohnt vor. Ich sprach mir die

Fähigkeit ab, die ganze Zeit für die Literatur ausnutzen zu können. Diese Überzeugung kam allerdings nur aus einem Augenblickszustand, aber sie war stärker als dieser.«

Kafka hält am Ende seines Briefes das Plädoyer, das sein Vater hätte für sich in Anspruch nehmen können, denn es gibt keinen Vorwurf, den Kafka sich nicht schon selbst einmal gemacht hätte: »So groß ist ja nicht einmal Dein Mißtrauen gegen andere, wie mein Selbstmißtrauen, zu dem Du mich erzogen hast … Du könntest, wenn Du meine Begründung der Furcht, die ich vor Dir habe, überblickst, antworten: ›Du behauptest, ich mache es mir leicht, wenn ich mein Verhältnis zu Dir einfach durch Dein Verschulden erkläre, ich aber glaube, daß Du trotz äußerlicher Anstrengung es Dir zumindest nicht schwerer, aber viel einträglicher machst. Zuerst lehnst auch Du jede Schuld und Verantwortung von Dir ab, darin ist also unser Verfahren das gleiche. Während ich aber dann so offen, wie ich es auch meine, die alleinige Schuld Dir zuschreibe, willst Du gleichzeitig „übergescheit“ und „überzärtlich“ sein und auch mich von jeder Schuld freisprechen … Jetzt hättest Du also schon durch Deine Unaufrichtigkeit genug erreicht, denn Du hast dreierlei bewiesen, erstens daß Du unschuldig bist, zweitens daß ich schuldig bin, und drittens, daß Du aus lauter Großartigkeit bereit bist, nicht nur mir zu verzeihn, sondern, was mehr und weniger ist, auch noch zu beweisen und es selbst glauben zu wollen, daß ich, allerdings entgegen der Wahrheit, auch unschuldig bin. Das könnte Dir jetzt schon genügen, aber es genügt Dir noch nicht. Du hast es Dir nämlich in den Kopf gesetzt, ganz und gar von mir leben zu wollen … Lebensuntüchtig bist Du; um es Dir aber darin bequem, sorgenlos und ohne Selbstvorwürfe einrichten zu können, beweist Du, daß ich alle Deine Lebenstüchtigkeit Dir genommen und in meine Tasche gesteckt habe … Im Grunde aber hast Du hier und in allem anderen für mich nichts anderes bewiesen, als daß alle meine Vorwürfe berechtigt waren und daß unter ihnen noch ein besonders berechtigter Vorwurf gefehlt hat, nämlich der Vorwurf der Unaufrichtigkeit, der Liebedienerei, des Schmarotzertums.‹«

Auf diese (verinnerlichten, vom Vater so nie ausgesprochenen) Vorwürfe antwortet Kafka: »Diese Deine übliche Darstellung halte ich nur so weit für richtig, daß auch ich glaube, Du seist gänzlich schuldlos an unserer Entfremdung. Aber ebenso gänzlich schuldlos bin auch ich. Könnte ich Dich dazu bringen, daß Du das anerkennst, dann wäre – nicht etwa ein neues Leben möglich, dazu sind wir beide viel zu alt, aber doch eine Art Friede, kein Aufhören, aber doch ein Mildern Deiner unaufhörlichen Vorwürfe.« Die Wucht dieser Zeilen rührt daher, daß Kafka hier schon ans Sterben denkt.

Durch diese Nähe zum Nichts finden sich allerdings auch Passagen von so unglaublicher Schönheit, daß sie zu dem Hinreißendsten gehören, was jemals an Vaterbildern geschrieben worden ist: »Es gab glücklicherweise davon allerdings auch Ausnahmen, meistens wenn Du schweigend littest und Liebe und Güte mit ihrer Kraft alles Entgegenstehende überwanden und unmittelbar ergriffen. Selten war das allerdings, aber es war wunderbar. Etwa wenn ich Dich früher in heißen Sommern mittags nach dem Essen im Geschäft müde ein wenig schlafen sah, den Ellbogen auf dem Pult, oder wenn Du sonntags abgehetzt zu uns in die Sommerfrische kamst; oder wenn Du bei einer schweren Krankheit der Mutter zitternd vom Weinen Dich am Bücherkasten festhieltest; oder wenn Du während meiner letzten Krankheit leise zu mir in Ottlas Zimmer kamst, auf der Schwelle bliebst, nur den Hals strecktest, um mich im Bett zu sehn, und aus Rücksicht nur mit der Hand grüßtest. Zu solchen Zeiten legte man sich hin und weinte vor Glück und weint jetzt wieder, während man es schreibt.«

Mit dem Brief ist doch etwas geschehen. Das Schreiben hatte dieses eine Mal tatsächlich eine heilsame Wirkung auf Kafka. Wenn er im Brief bekennt: »Es war ein absichtlich in die Länge gezogener Abschied von Dir, nur daß er zwar von Dir erzwungen war, aber in der von mir bestimmten Richtung verlief«, so gilt das auch für den Prozeß des Briefschreibens selbst. Deswegen kann er auch an Milena schreiben: »Wenn Du einmal wissen willst, wie es früher mit mir war, schicke ich Dir von Prag den Riesenbrief, den ich vor etwa einem halben Jahr meinem Vater geschrieben, aber noch nicht gegeben habe.« Das, worum es in dem Brief ging, ist bereits passé. Franz konnte sich behaupten und hat seine Furcht verloren. Und wenn auch der Vater körperlich noch so imposant gewesen sein mag – der Brief des Sohnes ist riesiger, macht Franz schließlich zum Riesen.

Kafka schreibt ein halbes Jahr später an Milena: »Und verstehe beim Lesen alle advokatorischen Kniffe, es ist ein Advokatenbrief. Und vergiß dabei niemals Dein großes Trotzdem.« Das große »Trotzdem« kannte auch Kafka. Es war sein Schreiben. Über viele Jahre ist es die wichtigste Konstante, Halt und Aussicht auf eine bessere, ihm angemessenere Existenz. Ganz am Ende seines Lebens wird er diesen Entwurf eines besseren Daseins leben. Bis dahin ist es ein langer Weg der Selbsterkenntnis und Selbstannahme, der nach diesem langen Ausfall vorerst wieder zurück in die Tagebücher und die tatsächlich geschickten Briefe an die Freunde führt. Auch darin besteht das »Trotzdem« der Literatur. Und als Franz den Brief beendet, zittern seine Hände nicht mehr.

# Kurzer interaktiver Kurs zu »Brief an den Vater«

1. Verlobe dich mit einem Partner, der von deinen Eltern abgelehnt wird. Besser noch: Wähle einen Partner, den deine Eltern bestimmt ablehnen würden, wüßten sie denn überhaupt von ihm.
2. Studiere Jura.
3. Nimm ein weißes Blatt Papier, und konzentriere dich auf alle Verletzungen, die du jemals erlitten hast. Mach deine Eltern dafür verantwortlich, und freue dich darauf, daß du nun endlich die Wahrheit und nichts als die Wahrheit sagen wirst.
4. Bekenne dich generell als schuldig an jedweder Entfremdung zwischen dir und deinen Eltern. Das hilft dir, die nachfolgende Kritik leichter fließen zu lassen.
5. Die Klausuraufgabe lautet: Wie können Eltern von ihren Kindern Eigenständigkeit erwarten, wenn sie sie doch erziehen?
6. Falls du an den Punkt kommen solltest, an dem du deinem Vater vorwirfst, daß er dir als Säugling nicht die Brust gegeben hat – nur zu, du bist ganz nah dran …

# Kafkas Tagebücher. Ein unkommentiertes Selbstporträt von 1910 bis 1923

1910

»Meine Ohrmuschel fühlte sich frisch rauh kühl saftig an wie ein Blatt. Ich schreibe das ganz bestimmt aus Verzweiflung über meinen Körper und über die Zukunft mit diesem Körper.«

1910

»Aber jeden Tag soll zumindest eine Zeile gegen mich gerichtet werden wie man die Fernrohre jetzt gegen den Kometen richtet.«

16. Dezember 1910

»Ich werde das Tagebuch nicht mehr verlassen. Hier muß ich mich festhalten, denn nur hier kann ich es. Gerne möchte ich das Glücksgefühl erklären, daß ich von Zeit zu Zeit wie eben jetzt in mir habe. Es ist wirklich etwas Moussierendes, das mich mit leichtem, angenehmen Zucken ganz und gar erfüllt und das mir Fähigkeiten einredet, von deren Nichtvorhandensein ich mich jeden Augenblick, auch jetzt, mit aller Sicherheit überzeugen kann.«

20. Dezember 1910

»Womit entschuldige ich die gestrige Bemerkung über Goethe (die fast so unwahr ist wie das von ihr beschriebene Gefühl, denn das wirkliche ist von meiner Schwester vertrieben worden)? Mit nichts. Womit entschuldige ich, daß ich heute noch nichts geschrieben habe? Mit nichts. Zumal meine Verfassung nicht die schlechteste ist. Ich habe immerfort eine Anrufung im Ohr: ›Kämest du, unsichtbares Gericht!‹«

12. Januar 1911

»Ich habe vieles in diesen Tagen über mich nicht aufgeschrieben, teils aus Faulheit (ich schlafe jetzt so viel und fest bei Tag, ich habe während des Schlafes ein größeres Gewicht), teils aber auch aus Angst, meine Selbsterkenntnis zu verraten. Diese Angst ist berechtigt, denn endgültig durch Aufschreiben fixiert dürfte eine Selbsterkenntnis nur dann werden, wenn dies in größter Vollständigkeit bis in alle nebensächlichen Konsequenzen hinein sowie mit gänzlicher Wahrhaftigkeit geschehen könnte.«

19. Januar 1911

»Einmal hatte ich einen Roman vor, in dem zwei Brüder gegeneinander kämpften, von denen einer nach Amerika fuhr, während der andere in einem europäischen Gefängnis blieb. Ich fing nur hie und da Zeilen zu schreiben an, denn es ermüdete mich gleich.«

September 1911

»Ein Mensch, der kein Tagebuch hat, ist einem Tagebuch gegenüber in einer falschen Position. Wenn dieser zum Beispiel in Goethes Tagebuch liest, daß dieser am 11. Januar 1797 den ganzen Tag zu Hause ›mit verschiedenen Anordnungen beschäftigt‹ war, so scheint diesem Menschen, daß er selbst noch niemals so wenig gemacht hat.«

Kafka an Max Brod, 9. Juli 1912

»Mein lieber Max; hier ist mein Tagebuch. Wie Du sehen wirst, habe ich, weil es eben nicht nur für mich bestimmt war, ein wenig geschwindelt, ich kann mir nicht helfen, jedenfalls ist bei einem solchen Schwindel nicht die geringste Absicht, vielmehr kommt es aus meiner innersten Natur und ich sollte eigentlich mit Respekt da hinunterschaun.«

Kafka an Felice, Prag, 14. März 1913

»Wie wäre es, Liebste, wenn ich Dir statt Briefe – Tagebuchblätter schicken würde? Ich entbehre es, daß ich kein Tagebuch führe, so wenig und nichtiges auch geschieht und so nichtig ich auch alles hinnehme. Aber ein Tagebuch, das Du nicht kennen würdest, wäre keines für mich. Und die Veränderungen und Auslassungen, die ein für Dich bestimmtes Tagebuch haben müßte, wären für mich gewiß nur heilsam und erzieherisch. Bist Du einverstanden?«

Kafka an Felice, Prag, 17. März 1913

»Zu dem Tagebuchschreiben habe ich doch keinen rechten Mut, Felice … Es würden schließlich doch unleidliche Dinge darin stehn, ganz unmögliche Dinge, und wärest Du denn, Liebste, imstande, die Blätter dann nur als Tagebuch und nicht als Brief zu lesen? Diese Zusicherung müßte ich vorher haben.«

2. Mai 1913

»Es ist sehr notwendig geworden, wieder ein Tagebuch zu führen. Mein unsicherer Kopf, F., der Verfall im Bureau, die körperliche Unmöglichkeit zu schreiben und das innere Bedürfnis danach.«

21. Juli 1913

»Zusammenstellung alles dessen, was für und gegen meine Heirat spricht:

1. Unfähigkeit, allein das Leben zu ertragen, nicht etwa Unfähigkeit zu leben, im Gegenteil, es ist sogar unwahrscheinlich, daß ich es verstehe, mit jemandem zu leben, aber unfähig bin ich, den Ansturm meines eigenen Lebens, die Anforderungen meiner eigenen Person, den Angriff der Zeit und des Alters, den vagen Andrang der Schreiblust, die Schlaflosigkeit, die Nähe des Irreseins – all dies allein zu ertragen bin ich unfähig. Vielleicht, füge ich natürlich hinzu. Die Verbindung mit F. wird meiner Existenz mehr Widerstandskraft geben.

2. Alles gibt mir gleich zu denken. Jeder Witz im Witzblatt, die Erinnerung an Flaubert und Grillparzer, der Anblick der

Nachthemden auf den für die Nacht vorbereiteten Betten meiner Eltern, Maxens Ehe. Gestern sagte meine Schwester: ›Alle Verheirateten (unserer Bekanntschaft) sind glücklich, ich begreife es nicht‹, auch dieser Ausspruch gab mir zu denken, ich bekam wieder Angst.

3. Ich muß viel allein sein. Was ich geleistet habe, ist nur ein Erfolg des Alleinseins.

4. Alles, was sich nicht auf Literatur bezieht, hasse ich, es langweilt mich, Gespräche zu führen (selbst wenn sie sich auf Literatur beziehen), es langweilt mich, Besuche zu machen, Leiden und Freuden meiner Verwandten langweilen mich in die Seele hinein. Gespräche nehmen allem, was ich denke, die Wichtigkeit, den Ernst, die Wahrheit.

5. Die Angst vor der Verbindung, dem Hinüberfließen. Dann bin ich nie mehr allein.

6. Ich bin vor meinen Schwestern, besonders früher war es so, oft ein ganz anderer Mensch gewesen, als vor andern Leuten. Furchtlos, bloßgestellt, mächtig, überraschend, ergriffen wie sonst nur beim Schreiben. Wenn ich es durch die Vermittlung meiner Frau vor allen sein könnte! Wäre es dann aber nicht dem Schreiben entzogen? Nur das nicht, nur das nicht!

7. Allein könnte ich vielleicht einmal meinen Posten wirklich aufgeben. Verheiratet wird es nie möglich sein.«

23. Juli 1913

»Mit Felix in Rostock. Die geplatzte Sexualität der Frauen … Wie ich ganz kalt die Kleine auf den Schoß nahm, gar nicht unglücklich über die Kälte.«

14. Februar 1914

»Wenn ich mich töten sollte, hat ganz gewiß niemand Schuld, selbst wenn zum Beispiel die offenbare nächste Veranlassung F.s Verhalten sein sollte. Ich habe mir selbst schon einmal im Halbschlaf die Szene vorgestellt, die es ergeben würde, wenn ich, in Voraussicht des Endes, den Abschiedsbrief in der Tasche, in ihre Wohnung käme, als Freier abgewiesen würde, den Brief auf den Tisch legte, zum Balkon ginge, von allen, die hinzueilen, gehalten, mich losreißen und die Balkonbrüstung, während eine Hand nach der anderen ablassen muß, überspringen würde. In dem Brief aber stünde, daß ich F.s wegen zwar hinunterspringe, daß sich aber auch bei Annahme meines Antrages nichts Wesentliches für mich geändert hätte.«

15. Februar 1914

»... Ich sagte bei Weltsch, um die aufgeregte Mutter zu trösten: ›Ich verliere Felix durch diese Heirat auch. Ein verheirateter Freund ist keiner.‹ Felix sagte nichts, konnte natürlich auch nichts sagen, aber er wollte es nicht einmal.«

»Das Heft fängt mit F. an, die mir am 2. Mai 1913 den Kopf unsicher machte, ich kann mit diesem Anfang das Heft auch schließen, wenn ich statt ›unsicher‹ ein schlimmeres Wort nehme.«

März 1914

»Das aber glaube ich bestimmt zu wissen, daß ich aus dieser selbständigen und freien Lage, in der ich in Berlin sein werde (sei sie im übrigen auch noch so elend), das einzige Glücksgefühl ziehen werde, dessen ich jetzt noch fähig bin.

Du bist aber verwöhnt.

Nein, ich brauche ein Zimmer und vegetarische Pension, sonst fast nichts.

Fährst du nicht F.s wegen hin?

Nein, ich wähle Berlin nur aus den obigen Gründen, allerdings liebe ich es wegen F. und wegen des Vorstellungskreises um F., das kann ich nicht kontrollieren.«

5. April 1914

»Wenn es möglich wäre, nach Berlin zu gehn, selbständig zu werden, von Tag zu Tag zu leben, auch zu hungern, aber seine ganze Kraft ausströmen zu lassen, statt hier zu sparen oder besser sich abzuwenden in das Nichts. Wenn F. es wollte, mir beistehen würde!«

2. August 1914
»Deutschland hat Rußland den Krieg erklärt. – Nachmittag Schwimmschule.«

August 1914
»Die Artillerie, die über den Graben zog. Blumen, Heil- und Nazdarrufe. Das krampfhaft stille, erstaunte, aufmerksame schwarze und schwarzäugige Gesicht. Ich bin zerrüttet statt erholt. Ein leeres Gefäß, noch ganz und schon unter Scherben oder schon Scherbe und noch unter dem Ganzen. Voll Lüge, Haß und Neid. Voll Unfähigkeit, Dummheit, Begriffsstützigkeit. Voll Faulheit, Schwäche und Wehrlosigkeit. Einunddreißig Jahre alt.«

»Von der Literatur her gesehen ist mein Schicksal sehr einfach. Der Sinn für die Darstellung meines traumhaft innern Lebens hat alles andere ins Nebensächliche gerückt und es ist in einer schrecklichen Weise verkümmert und hört nicht auf zu verkümmern.«

Oktober 1917
»Beim Bauer Lüftner. Die große Diele. Theatralisch das Ganze. Er nervös mit Hihi und Haha und Auf-den-Tisch-Schlagen und Armheben und Achselzucken und Bierglasheben wie ein Wallensteiner. Daneben die Frau, eine Greisin, die er als ihr Knecht vor zehn Jahren geheiratet hat. Ist leidenschaftlicher Jäger, vernachlässigt die Wirtschaft, riesige zwei Pferde im Stall, homerische Gestalten, in einem flüchtigen Sonnenschein, der durch das Stallfenster kam.«

27. Juni 1919
»Neues Tagebuch, eigentlich nur, weil ich im alten gelesen habe.«

11. Dezember 1919
»Donnerstag. Kälte. Schweigend mit J. im Riegerpark. Verführung auf dem Graben. Das alles ist zu schwer. Ich bin nicht genug vorbereitet.«

15. Oktober 1921

»Alle Tagebücher, vor einer Woche etwa, M. gegeben. Ein wenig freier? Nein. Ob ich noch fähig bin, eine Art Tagebuch zu führen? Es wird jedenfalls anders ein, vielmehr es wird sich verkriechen, es wird gar nicht sein... Über M. könnte ich wohl schreiben, aber auch nicht aus freiem Entschluß, auch wäre es zu sehr gegen mich gerichtet, ich brauche mir solche Dingen nicht mehr umständlich bewußt zu machen, wie früher einmal, ich bin in dieser Hinsicht nicht so vergeßlich wie früher, ich bin ein lebendig gewordenes Gedächtnis, daher auch die Schlaflosigkeit.«

25. Oktober 1921

»Die Eltern spielten Karten; ich saß allein dabei, gänzlich fremd; der Vater sagte, ich solle mitspielen oder wenigstens zuschauen; ich redete mich irgendwie raus. Was bedeutete diese seit der Kinderzeit vielmals wiederholte Ablehnung? Das gemeinschaftliche, gewissermaßen das öffentliche Leben wurde mir durch die Einladung zugänglich gemacht, die Leistung, die man als Beteiligung von mir verlangte, hätte ich nicht gut, aber leidlich zustandegebracht, das Spielen hätte mich wahrscheinlich nicht einmal allzusehr gelangweilt – trotzdem lehnte ich ab. Ich habe, wenn man es danach beurteilt, unrecht, wenn ich mich beklage, daß mich der Lebensstrom nie ergriffen hat, daß ich von Prag nie loskam, niemals auf Sport oder auf ein Handwerk gestoßen wurde und dergleichen – ich hätte das Angebot wahrscheinlich immer abgelehnt, ebenso wie die Einladung zum Spiel. Nur das Sinnlose bekam Zutritt, das Jusstudium, das Bureau, später dann sinnlose Nachträge, wie ein wenig Gartenarbeit, Tischlerei und dergleichen, diese Nachträge sind so aufzufassen wie die Handlungsweise eines Mannes, der den bedürftigen Bettler aus der Tür wirft und dann allein den Wohltäter spielt, indem er Almosen aus seiner rechten in seine linke Hand gibt.«

29. Oktober 1921

»Einen der nächsten Abende beteiligte ich mich dann wirklich, indem ich für die Mutter die Ergebnisse notierte. Es ergab sich aber kein Nähersein, und wenn auch eine Spur dessen da war, so wurde sie überhäuft von Müdigkeit, Langweile, Trauer über die verlorene Zeit. So wäre es immer gewesen. Dieses Grenzland zwischen Einsamkeit und Gemeinschaft habe ich nur äußerst selten überschritten, ich habe mich darin sogar mehr angesiedelt als in der Einsamkeit selbst. Was für ein lebendig schönes Land war im Vergleich hiezu Robinsons Insel.«

23. Januar 1922
»Es war so, als wäre mir wie jedem Menschen der Kreismittelpunkt gegeben, als hätte ich dann wie jeder andre Mensch den entscheidenden Radius zu gehen und dann den schönsten Kreis zu ziehn. Statt dessen habe ich immerfort einen Anlauf zum Radius genommen, aber immer wieder gleich ihn abbrechen müssen. (Beispiel: Klavier, Violine, Sprachen, Germanistik, Antizionismus, Zionismus, Hebräisch, Gärtnerei, Tischlerei, Literatur, Heiratsversuche, eigene Wohnung.) Erstarrt im Mittelpunkt des imaginären Kreises von beginnenden Radien, es ist kein Platz mehr für einen neuen Versuch, kein Platz heißt Alter, Nervenschwäche, und kein Versuch mehr bedeutet Ende. Habe ich einmal den Radius ein Stückchen weitergeführt als sonst, etwa beim Jusstudium oder bei den Verlobungen, war alles eben um dieses Stück ärger statt besser.«

24. Januar 1922
»Die Entwicklung war einfach. Als ich noch zufrieden war, wollte ich unzufrieden sein und stieß mich mit allen Mitteln der Zeit und der Tradition, die mir zugänglich waren, in die Unzufriedenheit, nun wollte ich zurückkehren können. Ich war also immer unzufrieden, auch mit meiner Zufriedenheit.«

Februar 1922
»Die abweisende Gestalt, die ich immer traf, war nicht die, welche sagt: ›Ich liebe dich nicht‹, sondern welche sagt: ›Du kannst mich nicht lieben, so sehr du es willst, du liebst un-

glücklich die Liebe zu mir, die Liebe zu mir liebt dich nicht.‹ Infolgedessen ist es unrichtig zu sagen, daß ich das Wort ›Ich liebe dich‹ erfahren habe, ich habe nur die wartende Stille erfahren, welche von meinem ›Ich liebe dich‹ hätte unterbrochen werden sollen, nur das habe ich erfahren, sonst nichts.«

Juni 1923

»Die schrecklichen letzten Zeiten, unaufzählbar, fast ununterbrochen. Spaziergänge, Nächte, Tage, für alles unfähig, außer für Schmerzen …

Immer ängstlicher im Niederschreiben. Es ist begreiflich. Jedes Wort, gewendet in der Hand der Geister – dieser Schwung der Hand ist ihre charakteristische Bewegung –, wird zum Spieß, gekehrt gegen den Sprecher. Eine Bemerkung wie diese ganz besonders. Und so ins Unendliche. Der Trost wäre nur: es geschieht, ob du willst oder nicht. Und was du willst, hilft nur unmerklich wenig. Mehr als Trost ist: Auch du hast Waffen.«

## »Briefe an Milena«

Da sitzt sie ihm also schräg gegenüber, die junge Journalistin, neben ihrem Mann, dem Schriftsteller Ernst Polak. Den Kopf unter dem großen, modischen und doch abgewetzten Hut skeptisch zur Seite gekippt, der Blick der klugen, warmen Augen ein wenig traurig, auf jeden Fall humanistisch, denkt Franz mit einem Lächeln, vielleicht auch müde. Ihr Atem geht flach, der ganze Körper scheint leicht »außer Fassung« geraten zu können. Dreizehn Jahre jünger ist sie als er. Verliebt sieht sie aus, wie sie da ihren ständig untreuen Mann ansieht. Und sehr blaß. Das soll die Frau sein, die in Kleidern durch die Moldau geschwommen ist, um zu einem Rendezvous nicht zu spät zu kommen? Von der es heißt, sie halte ihren Mann aus, indem sie Geld mit Koffertragen verdient? Von deren Vitalität, Spontaneität und Intelligenz der gesamte Zirkel schwärmt?

Unglücklich sei die Ehe, sagt man auch. Der Vater habe recht gehabt, als er nach der Hochzeit mit dem deutsch-jüdischen Schriftsteller den Kontakt mit seiner Tochter (die sich selbst als den »Sohn« des Vaters sah) abbrach und sie in eine Nervenheilanstalt einweisen ließ. Diagnose: »krankhaftes Fehlen moralischer Begriffe«. Vielleicht war der frühe Tod der Mutter schuld, daß aus der Tochter des berühmten und begehrten Professors für Kieferchirurgie solch ein Wildfang geworden ist.

»Sie ist ein lebendiges Feuer, wie ich es noch nie gesehen habe, ein Feuer übrigens, das trotz allem nur für ihn [d.h. Ernst Polak] brennt. Dabei äußerst zart, mutig, klug und alles wirft sie in das Opfer hinein oder hat es, wenn man will, durch das Opfer erworben«, schreibt Kafka an Max. Ihre ganze Gestalt, ihr Wesen wirkt völlig deplaziert in diesem Literatenkreis des Jahres 1919. Was für eine Frau. Sie ist ein Ereignis, das den Oktobertag zum Leuchten bringt. Milena. Milena Polak. Milena Jesenská. Frau Milena.

So hat er sie sich nicht vorgestellt. Und diese junge schöne Frau hat Kafka geschrieben, weil sie in der Zeitschrift »Kmen« eine tschechische Übersetzung vom »Heizer« veröffentlichen will. Für Kafka ist es eine Ehre, die ihn berührt und beschämt, für die bitterarme Milena zunächst ein verzweifelter Versuch, Geld zu verdienen.

Der Sog hat begonnen. Ein halbes Jahr kann Franz ihm noch standhalten. Erst Anfang April 1920 schreibt Kafka Milena den ersten Brief. »Eben hat der zwei Tage und eine Nacht dauernde Regen aufgehört, wahrscheinlich zwar nur vorübergehend, immerhin ein Ereignis wert gefeiert zu werden. ... Übrigens war auch der Regen zu ertragen, es ist eben die Fremde hier, eine kleine Fremde zwar nur, aber es tut dem Herzen wohl.«

Ja, Milena Jesenská ist ein Ereignis – und Kafka wird dieses Ereignis fast die ganze Zeit ihres Briefwechsels über feiern, in all seiner Größe und Tragik.

Die Briefe sind von fast unvorstellbarer Zärtlichkeit und mit sanftem, behütendem Humor geschrieben. Milena, die »kleine Fremde« aus dem Brief, Tschechin und Nichtjüdin – sie wird ihm letztendlich fremd bleiben, aber in dem gemeinsamen Fremdsein in der Welt auch immer nahe sein. Das spürt er schon in den ersten Zeilen: »Auch Sie haben sich wenn mein Eindruck richtig war (ein kleines vereinzeltes halbstummes Beisammensein ist in der Erinnerung offenbar nicht auszuschöpfen) über die Wiener Fremde gefreut, späterhin mag sie ja durch die allgemeinen Verhältnisse trübe geworden sein, aber freut Sie auch die Fremde als solche?«

Welch ein Unterschied zu den ersten Briefen an Felice! Da ließ Kafka es sich nicht nehmen, mit seinem Röntgenauge das »vereinzelte, halbstumme Beisammensein« in der Erinnerung auszuschöpfen, stolz auf sein fotografisches Gedächtnis. Ein Blick, der allerdings Menschen literarisch zu Tode verurteilen konnte. Hier aber zeigt sich ein Kafka, der sich vor nichts mehr fürchtet, als diese Frau zu verletzen, »welche gegen allen meinen Willen grobe Hand hätte ich, wenn das geschehen sollte«, der gerührt ist und vor allem beschämt von der Arbeit, die sie an seinem Werk leistet, der ihr alles gönnt, sogar sich selbst, aber vor allem gute Luft, denn Milena ist ebenfalls an der Lunge erkrankt, wenn auch nicht so schwer. Kafka widmet sich ihrer Krankheit mit ausführlicher Zärtlichkeit und erläutert ihr, wie er denkt, daß er erkrankt ist: »Es war so, daß das Gehirn die ihm aufgelegten Sorgen und Schmerzen nicht mehr ertragen konnte. Es sagte: ›ich gebe es auf; ist hier aber noch jemand, dem an der Erhaltung des Ganzen etwas liegt, dann möge er mir etwas von meiner Last abnehmen und es wird noch ein Weilchen gehn.‹ Da meldete sich die Lunge, viel zu verlieren hatte sie ja wohl nicht. Diese Verhandlungen zwischen Gehirn und Lunge, die ohne mein Wissen vor sich giengen, mögen schrecklich gewesen sein.«

»Zunächst aber jedenfalls sich in einen Garten legen und aus der Krankheit, besonders wenn es keine eigentliche ist, soviel Süßigkeit ziehn, als nur möglich. Es ist viel Süßigkeit darin.«

Kafka liegt mit seiner Tuberkulose zu dieser Zeit hauptsächlich im Garten der Pension Ottoburg. Milena legt er brieflich neben sich. Er muß sich ausruhen. Erst im Herbst ist sein letzter Versuch, eine Ehe mit Julie Wohryzek einzugehen, gescheitert, die Wunde ist noch nicht verheilt. Nur ein Jahr nach der endgültigen Trennung von Felice hatte er die etwa dreißigjährige Julie, Tochter eines tschechisch-jüdischen Schusters und Gemeindedieners in der Pension Stüdl, in Schelesen bei Liboch, kennengelernt. Kaum ein halbes Jahr später erfolgte die Verlobung, die Hochzeit sollte Anfang November 1919 stattfinden, auch eine Wohnung war schon gefunden. Über Julie Wohryzek weiß man ansonsten recht wenig. Von Kafka selbst gibt es nur ein etwas längeres Porträt, geschrieben an Max, kurz nachdem er Julie kennengelernt hatte: »Das Jüdische ist ein junges Mädchen, hoffentlich nur wenig krank. Eine gewöhnliche und eine erstaunliche Erscheinung. Nicht Jüdin und nicht Nicht-Jüdin, nicht Deutsche und nicht Nicht-Deutsche, verliebt in das Kino, in Operetten und Lustspiele, in Puder und Schleier, Besitzerin einer unerschöpflichen und unaufhaltbaren Menge der frechsten Jargonausdrücke, im ganzen sehr unwissend, mehr lustig als traurig – so etwa ist sie. Will man ihre Volkszugehörigkeit genau umschreiben, muß man sagen, daß sie zum Volk der Komptoiristinnen gehört. Und dabei ist sie im Herzen tapfer, ehrlich, selbstvergessend, – so große Eigenschaften in einem Geschöpf, das körperlich gewiß nicht ohne Schönheit, aber so nichtig ist, wie etwa die Mücke, die gegen mein Lampenlicht fliegt. Darin und in anderem ähnlich dem Frl. Bloch, an das Du Dich vielleicht in Abneigung erinnerst …« Kafkas Vater war gegen die Heirat mit einem Mädchen aus einfachsten Verhältnissen. Gegen sein Veto kommt Franz auch dieses Mal nicht an. Die Verlobung wird »aufrechterhalten«, ist aber ohne Aussicht auf Ehe. Kafkas Gesundheitszustand hat sich seit dem vorangegangenen Dezember so verschlechtert, daß er im Januar 1920 wieder dienstunfähig geschrieben worden ist. Nach dem »Brief an den Vater«, der indirekten Reaktion auf die gescheiterte Ehe im November, und den »Er-Aphorismen« im Januar hat er nichts mehr geschrieben. Sein Zustand bereitet ihm mittlerweile ernsthafte Sorgen, zwischen den Zeilen des ersten Briefes an Milena steht groß das Thema Sterblichkeit: »Ich lebe hier recht gut, mehr Sorgfalt könnte der sterbliche Leib kaum ertragen, der Balkon meines Zimmers ist in einen Garten eingesenkt, umwachsen, überwachsen von blühenden Sträuchern (merkwürdig ist die Vegetation hier, bei einem Wetter, bei dem in Prag fast die Pfützen gefrieren, öffnen sich vor meinem Balkon langsam die Blüten) dabei voll der Sonne ausgesetzt (oder allerdings dem tief bewölkten Himmel, wie seit fast einer Woche schon), Eidechsen und Vögel, ungleiche Paare, besuchen mich …« Zwar erinnert die Beschreibung des überwachsenen, eingesenkten Balkons noch immer an ein Grab, aber es regen sich durch die neue Vegetation Milena bereits neue Blüten …

Kann Milena Kafka, der in Meran seinen Körper pflegen muß, das Leben für eine Weile leichter machen? Kann sie ein

»Vogel« sein für die »Eidechse«, kann sich das ungleichste der »ungleiche[n] Paare« »besuchen«? Kafka atmet durch. Der erste Brief beantwortet diese Frage positiv: »Sie schrieben letzthin einmal vom Nicht-atmen-können, Bild und Sinn sind darin sehr nah und beides mag hier ein wenig leichter werden.«

In den Briefen aus der Anfangszeit mit Milena treffen wir einen Kafka, der, man wagt es kaum auszusprechen, sich in der Lage dazu fühlt, eine Frau zu »behüten«! »Daß man Sie aber ein wenig behüten muß, muß doch jeder einsehn, der Sie lieb hat, da muß doch alles andere schweigen.« Und während er früher, von Eifersucht geplagt, Felice maßregelt und sie dazu abkommandiert, nicht mehr nachts zu schreiben, statt dessen so viel zu schlafen, daß ihr Schlaf sein ständiges Schlafdefizit aufwiegt, heißt es nun, erinnernd an alle vorangegangenen Prozesse, mit kämpferischer Zärtlichkeit: »Nein, eines noch heute: Wenn Sie auch nur eine Minute Ihres Schlafes für Übersetzungsarbeit verwenden, so ist es so, wie wenn Sie mich verfluchen würden. Denn wenn es einmal zu einem Gericht kommt, wird man sich nicht in weitere Untersuchungen einlassen, sondern einfach feststellen: er hat sie um den Schlaf gebracht. Damit bin ich gerichtet und mit Recht. Ich kämpfe also für mich, wenn ich Sie bitte, das nicht mehr zu tun.«

Kafka ist bereit zu kämpfen. Um sich, um Milena, um sein Leben und sein Seelenheil. Die »Briefe an Milena« sind randvoll mit um Ehrlichkeit und schonungslose Offenheit bemühten Erklärungen über sich selbst und sein Werk, die sie durch ihr Interesse von ihm einfordert.

»Dagegen freue ich mich durch paar Bemerkungen über den Heizer, die Sie wünschen, wirklich ein kleines Opfer bringen zu können, es wird der Vorgeschmack jener Höllenstrafe sein, die darin besteht daß man sein Leben nochmals mit dem Blick der Erkenntnis durchnehmen muß, wobei das Schlimmste nicht die Durchsicht der offenbaren Untaten ist sondern jener Taten die man einstmals für gut gehalten hat.«

Auch Milena beginnt, Kafka »gern« zu haben. Und in ihren Worten wird aus »Franz Kafka« dann auch schnell »Frank«

(der »Freie«), eine Umtaufe hin zur Liebe, zur Freiheit. Sie denkt darüber nach, mit Kafka zu leben. Bald schon fragt sie nach, wie das denn mit seinen Beziehungen aussähe. Und Kafka, noch mit Julie Wohryzek verlobt, gibt dieser Beziehung nun keine Hoffnung mehr. »Ich war zweimal (wenn man will, dreimal, nämlich zweimal mit dem gleichen Mädchen) verlobt, also dreimal nur durch paar Tage von der Ehe getrennt. Das erste ist ganz vorüber (es gibt da schon eine neue Ehe und auch einen kleinen Jungen, wie ich höre), das zweite lebt noch, aber ohne Aussicht auf Ehe, lebt also eigentlich nicht oder lebt vielmehr ein selbständiges Leben auf Kosten der Menschen. Im Ganzen habe ich hier und anderswo gefunden, daß die Männer vielleicht mehr leiden oder wenn man es so ansehn will, hier weniger Widerstandskraft haben, daß aber die Frauen immer ohne Schuld leiden und zwar nicht so, daß sie etwa ›nicht dafür können‹ sondern im eigentlichsten Sinn, der allerdings wieder vielleicht in das ›nicht dafür können‹ mündet.«

Milena schüttelt das ab. Mit ihr wird es anders werden, denn »die Frauen, die mit ihm zusammengekommen sind, waren gewöhnliche Frauen und haben nicht anders zu leben gewußt als eben Frauen. Ich glaube eher, daß wir alle, die ganze Welt und alle Menschen krank sind und er der einzig Gesunde und richtig Auffassende und richtig Fühlende und der einzige reine Mensch. Ich weiß, daß er sich nicht gegen das *Leben* wehrt, sondern nur gegen *diese Art von Leben* da wehrt er sich.«

Sie hat dieselbe Einstellung zur Ehe wie Kafka. So schreibt sie in ihrem von Kafka vielgerühmten Essay »Der Teufel am Herd«: »Zwei Menschen können nur einen einzigen vernünftigen Grund dafür haben, einander zu heiraten, und zwar den, daß es ihnen unmöglich ist, einander nicht zu heiraten. Daß sie einfach ohne einander nicht leben können. Ohne alle Romantik, Sentimentalität, Tragik: das gibt es.« O ja, Milena ist sehr anders als andere Frauen: »Sie ... mutete manchmal wie eine Aristokratin aus dem sechzehnten oder siebzehnten Jahrhundert an ...: leidenschaftlich, kühn, kalt und klug in ihren Entschlüssen, aber bedenkenlos in der Wahl ihrer Mittel, wenn es sich um eine Forderung der Leidenschaft handelte – und um eine solche handelte es sich in ihrer Jugend wohl fast immer. Als Freund war sie unerschöpflich, unerschöpflich an Güte, unerschöpflich an Hilfsmitteln, von denen es oft rätselhaft blieb, woher sie kamen, unerschöpflich aber auch in ihren Ansprüchen an Freunde ... und als Geliebte ... Damals verschwendete sie alles in einem unglaublichen Maße: ihr Leben, Geld, Gefühle – die Gefühle, die sie hatte, und die, die ihr entgegengebracht wurden und die sie als ihr unbedingtes Eigentum betrachtete, mit dem sie frei schalten durfte«, schreibt Willy Haas.

Es ändert sich vieles mit Milena, aber nicht alles hat sich gebessert. Ende Juni will Kafka seinen Kuraufenthalt in Meran beenden. Milena bekniet ihn, sie auf der Rückreise nach Prag in Wien zu besuchen. Kafkas Briefe wechseln pausenlos zwischen »ich komme« und »ich komme nicht« hin und her. Doch dann gibt er sich einen letzten Ruck. Er wird sich der Situation stellen. Zur Belohnung erwartet ihn ein Wunder. »Ob Du nach meinem Mittwoch-Donnerstag Briefen mich noch sehen willst, kann ich nicht berechnen, meine Beziehung zu Dir kenne ich (Du gehörst zu mir, selbst wenn ich Dich nie mehr sehen würde), ich kenne sie, soweit sie nicht in das unübersichtliche Gebiet der Angst gehören, Deine Beziehung zu mir kenne ich aber gar nicht, sie gehört ganz der Angst an. Du kennst mich auch nicht, Milena, ich wiederhole das.

Für mich ist es ja etwas Ungeheuerliches was geschieht, meine Welt stürzt ein, meine Welt baut sich auf, sieh zu, wie du (dieses Du bin ich) dabei bestehst. Um das Stürzen klage ich nicht, sie war im Stürzen, über ihr Sich-Aufbauen klage ich, über meine schwachen Kräfte klage ich, über das Geborenwerden klage ich, über das Licht der Sonne klage ich.

Wie werden wir weiter leben? Wenn Du zu meinen Antwortbriefen ›Ja‹ sagst, darfst Du in Wien nicht weiter leben, das ist unmöglich.« Vom 29. Juni bi zum 4. Juli 1920 erleben die beiden vier unbeschwerte Tage in Wien. Kafka, vielleicht nur in Milenas Worten, angstfrei: »Ich habe seine Angst eher gekannt, als ich ihn gekannt habe. Ich habe mich gegen sie gepanzert, indem ich sie begriffen habe. In den vier Tagen, in denen Frank neben mir war, hat er sie verloren. Wir haben über sie gelacht ... Es war nicht die geringste Anstrengung nötig, alles war einfach und klar, ich habe ihn über die Hügel hinter Wien geschleppt, ich bin vorausgelaufen, da er langsam gegangen ist, er ist hinter mir hergestampft, und wenn ich die Augen schließe, sehe ich noch sein weißes Hemd und den abgebrannten Hals und wie er sich anstrengt. Er ist den ganzen Tag gelaufen, hinauf, hinunter, er ist in der Sonne gegangen, nicht ein einziges Mal hat er gehustet, er hat schrecklich viel gegessen und wie ein Dudelsack geschlafen, er war einfach gesund, und seine Krankheit war uns in diesen Tagen etwas wie eine kleine Erkältung.«

Milenas Liebe und Fürsorge wird sofort grenzenlos. An Max Brod schreibt sie im Juli im Tonfall einer guten Freundin: »Ich habe noch eine große Bitte an Sie, Herr Doktor. Sie wissen ja, daß ich nie von Frank erfahren kann, wie es ihm geht, daß er immer eigentlich ›ausgezeichnet‹ daran ist, der liebe Mensch, und daß er sozusagen übergesund und überruhig ist und so weiter, ich möchte Sie bitten, wirklich bitten, *bitten* – wenn Sie sehen, wenn Sie spüren, daß er leidet, daß er meinetwegen körperlich leidet, bitte schreiben Sie mir sofort davon, ich sage ihm nicht, daß ich es von Ihnen weiß, und ich werde ein bißchen ruhiger, wenn Sie es mir versprechen. Wie ich ihm dann helfen werde, weiß ich nicht, aber *daß* ich helfen werde, weiß ich ganz genau. Frank sagt, man muß Sie ›lieben, auf Sie stolz sein, Sie bewundern‹, nun tue ich das alles und danke Ihnen vielmals schon voraus – schon dafür, daß ich mich auf Sie verlassen kann.«

Auch bei Kafka wirken die vier mit Milena verbrachten Tage nach. Zurück in Prag, löst er die Verlobung mit Julie Wohryzek. Er nimmt seine Arbeit in der Arbeiter-Unfall-Versicherungs-Anstalt wieder auf und übersiedelt im Juli in die Wohnung seiner ältesten Schwester Elli. Die Ergebnisse der ärztlichen Untersuchungen zeigen leider, daß der Kuraufenthalt in Meran ohne positives Ergebnis war. Milena schreibt an Max Brod: »Ich war wirklich sehr erschrocken, ich wußte es nicht, daß Franzens Krankheit so ernst ist, hier war er wirklich wie gesund, husten habe ich ihn überhaupt nicht gehört, er war frisch und froh und schlief gut.«

Kafka ist trotzdem guten Mutes: »Und trotz allem glaube ich manchmal: wenn man durch Glück umkommen kann, dann muß es mir geschehen. Und kann ein zum Sterben Bestimmter durch Glück am Leben bleiben, dann werde ich am Leben bleiben.« Das erste Mal erscheint das Glück in Form einer Frau. Dafür lohnt es sich, neuen Lebensmut zu entwickeln. Zum vierundzwanzigsten Geburtstag am 10. August schickt Kafka Milena Bücher.

Auf das Drängen Milenas hin treffen sie sich noch einmal, sechs Wochen nach der ersten Zeit in Wien, am 14. August in Gmünd an der Grenze zu Österreich. Wie schon die Begegnung mit Felice an einer Grenze, entspricht auch dieses Treffen einer Grenzsituation. Zu deutlich werden die unterschiedlichen Lebensentwürfe von Milena und Franz.

Gleich nach der Begegnung in Gmünd fährt Milena mit ihrem Mann nach St. Gilgen am Wolfgangsee. Doch der Briefwechsel zwischen Kafka und ihr wird mit unverminderter Intensität auch im Herbst und Winter 1920 weitergeführt. Milena übersetzt nun trotz der zeitweise mehrfach täglich hin- und hergehenden Korrespondenz eine Erzählung Kafkas nach der anderen. So erscheinen »Unglücklichsein«, Stücke aus »Betrachtung« und »Ein Bericht für eine Akademie« in verschiedenen Zeitschriften.

Auch mit Milena war die Rede davon, nach Palästina zu fahren, und Kafka bemerkt 1923 im November mit selbstironischem Lächeln: »Ich wollte ja im Oktober nach Palästina, wir sprachen ja davon, es wäre natürlich nie dazu gekommen, es war eine Phantasie, wie sie jemand hat, der überzeugt ist, daß er sein Bett nie verlassen wird. Wenn ich mein Bett nie verlassen werde, warum soll ich dann nicht zumindest nach Palästina fahren.«

Die Verständigung zwischen den beiden wird im Herbst komplizierter. Milena ist verliebt, will aber ihren Mann nicht verlassen, der im übrigen von ihrer Affäre mit Kafka weiß. Wieder gibt es einen Zuschauer. Kafka quält sich. »Manchmal, nicht im Traum, habe ich diese Vorstellung: Dein Gesicht ist von Haaren zugedeckt, es gelingt mir das Haar zu teilen und rechts und links wegzuschieben, Dein Gesicht erscheint, ich fahre an der Stirn und den Schläfen hin und halte nun Dein Gesicht zwischen den Händen.« Ein Gesicht anstelle der Schreibfeder! Es ist das erste Mal, daß Kafka eine Frau in einer solchen körperlichen Nähe imaginiert. Auch Milena sucht verzweifelt den Ausweg, wo es keine Freiheit gibt. Sie schreibt an Max Brod: »Die Geschichte meiner Ehe und meiner Liebe zu meinem Mann ist sehr kompliciert, um sie hier erzählen zu können. Nur ist sie so, daß ich jetzt nicht fort kann, ich kann vielleicht überhaupt nicht, ich – nein, Worte sind nur dumm. Aber ich suche immerfort Ausweg für mich selbst, immerfort Lösung, immerfort das Gute und Richtige. Max, bitte, seien Sie überzeugt, daß ich Frank nicht leiden lasse, bitte, glauben Sie es mir, daß es mir wichtiger ist als alles andere auf der Welt.« Kafka will Milena in seiner Nähe und findet doch tausend Gründe, sie endgültig zu verlassen. Prag, November 1920: »Du sagst Milena daß Du es nicht verstehst. Such es zu verstehn, indem Du es Krankheit nennst. Es ist eine der vielen Krankheitserscheinungen, welche die Psychoanalyse aufgedeckt zu haben glaubt. Ich nenne es nicht Krankheit und sehe in dem terapeutischen Teil der Psychoanalyse einen hilflosen Irrtum. Alle diese angeblichen Krankheiten, so traurig sie auch aussehen, sind Glaubenstatsachen, Verankerungen des in Not befindlichen Menschen in irgendwelchem mütterlichen Boden; so findet ja auch die Psychoanalyse als Urgrund der Religionen auch nichts anderes als was ihrer Meinung nach die ›Krankheiten‹ des Einzelnen begründet, allerdings fehlt heute hier bei uns meist die religiöse Gemeinschaft, die Sekten sind zahllos und auf Einzelpersonen beschränkt, aber vielleicht zeigt es sich so nur dem von der Gegenwart befangenen Blick.«

Will er damit sagen, daß er von Milena besessen ist? Milena aber kontert : »Nur ist Psychiatrie eine entsetzliche Sache, wenn sie mißbraucht ist, anormal kann alles sein und jedes Wort ist eine neue Waffe für den Quäler.«

Schließlich findet er zurück zu den Spaziergängen in Wien und versucht Milena seine Misere anhand eines Vergleichs klarzumachen: »Es ist etwa so, wie wenn jemand vor jedem einzelnen Spaziergang nicht nur sich waschen, kämmen u.s.w. müßte – schon das ist ja mühselig genug – sondern auch noch, da ihm vor jedem Spaziergang alles Notwendige immer wieder fehlt, auch noch das Kleid nähn, die Stiefel zusammenschustern, den Hut fabricieren, den Stock zurechtschneiden u.s.w. ... Und am Ende stößt er noch in der Eisengasse auf einen Volkshaufen, welcher auf Juden Jagd macht.«

Daß er hier sein Judentum gegen die Christin Milena ins Feld führt – das einzige Mal, daß sein Ton so belehrend wird, wie so oft in den Briefen an Felice –, mußte Milena tief verletzen, schließlich war sie selbst mit einem Juden verheiratet.

Aber Milena ist nicht dumm. Sie übersetzt Kafka und hat ihn Wort für Wort längst durchschaut. An Max schreibt sie: »Sie sagen, wie es komme, daß sich Frank vor der Liebe fürchtet und vor dem Leben nicht fürchtet? Aber ich denke, daß es anders ist. Für ihn ist das Leben etwas gänzlich anderes als für alle andern Menschen, vor allem sind für ihn das Geld, die Börse, die Devisenzentrale, eine Schreibmaschine völlig mystische Dinge (und sie sind es ja in der Tat, nur für uns andere nicht), sie sind für ihn die seltsamsten Rätsel, zu denen er durchaus nicht so steht wie wir –. Ist denn etwa seine Beamtenarbeit eine gewöhnliche Ausführung eines Dienstes? Für ihn ist das Amt – auch sein eigenes – etwas so Rätselhaftes, so Bewundernswertes wie für ein kleines Kind eine Lokomotive. Die einfachste Sache der Welt versteht er nicht. Waren Sie einmal mit ihm in einem Postamt? ... Seine Beengtheit dem Geld gegenüber ist fast die gleiche wie der Frau gegenüber. Seine Angst vor dem Amt ebenso. Ich habe ihm einmal telegraphiert, telephoniert, geschrieben, ihn bei Gott angefleht, er möge für einen Tag zu mir kommen. Es war mir damals sehr notwendig. Ich habe ihn auf Tod und Leben verflucht. Er hat nächtelang nicht geschlafen, sich gequält, Briefe voll Selbstvernichtung geschrieben, ist aber nicht gekommen. Warum? Er hat nicht um Urlaub ersuchen können. Er hat doch dem Direktor, demselben Direktor, den er aus tiefster Seele bewundert (ernstlich!), weil er so schnell Maschine schreibt, – er hat ihm doch nicht sagen können, daß er zu mir fährt. Und etwas anderes sagen – wieder ein entsetzter Brief – wie denn? Lügen? Dem Direktor eine Lüge sagen? Unmöglich. Wenn Sie ihn fragen, warum er seine erste Braut geliebt hat, antwortet er: ›Sie war so geschäftstüchtig‹, und sein Gesicht beginnt vor Ehrerbietung zu strahlen.« In der Tat. Milena Jesenská ist eine kongeniale, von Kafka oftmals abgesegnete Übersetzerin, nicht nur seines Werks, auch seiner Person. Kafka kann sich gegen sie kaum zur Wehr setzen. Als er begreift, daß selbst das Argument »Judentum« nicht zählt, versucht er es mit immer schlichteren, hilfloseren Sätzen: »Ich gehöre eben in die stillste Stille, so ist es für mich richtig.« Die Qual wird immer größer: »Und diese Briefe sind doch nur Qual, kommen aus Qual, unheilbarer, machen nur Qual, unheilbare, was soll das – und es steigert sich noch – in diesem Winter? Still sein, ist das einzige Mittel zu leben, hier und dort. Mit Trauer, gut, was tut das? Das macht den Schlaf kindlicher und tiefer. Aber Qual, das heißt einen Pflug durch den Schlaf – und durch den Tag – führen, das ist nicht zu ertragen.«

Die Briefe Milenas sind für Franz wie Folter. Und so kann man auch das ungewöhnlich brutale Prügler-Kapitel im »Proceß« unter einem neuen Blickwinkel betrachten. »Es deutet doch auf eine Geschmacksähnlichkeit hin, daß Du gerade diese Stelle übersetzt hast. Ja, das Foltern ist mir äußerst wichtig, ich beschäftige mich mit nichts anderem als mit Gefoltert-werden und Foltern. Warum? Aus einem ähnlichen Grund wie Perkins und ähnlich unüberlegt, mechanisch und traditionsgemäß; nämlich um aus dem verdammten Mund das verdammte Wort zu erfahren. Die Dummheit die darin liegt (Erkenntnis der

Dummheit hilft nichts) habe ich einmal so ausgedrückt: ›Das Tier entwindet dem Herrn die Peitsche und peitscht sich selbst, um Herr zu werden, und weiß nicht, daß das nur eine Phantasie ist, erzeugt durch einen neuen Knoten im Peitschenriemen des Herrn.‹« Wäre Kafka statt K. in der Prügler-Szene des »Processes« anwesend gewesen, er hätte sich wohl ausgezogen und foltern lassen – um das nächste Wort aus seinem Mund zu erhalten.

Im Dezember beginnt Kafka eine Kur in Matla in der Hohen Tatra. Der Briefwechsel wird abgebrochen. Doch im Oktober 1921 übergibt Kafka Milena seine Tagebücher. Als er ihr im März 1922 wieder schreibt, ist es schon nicht mehr das vertraute »Du«, sondern »Sie«. Der Ton des Briefes ist patzig: »Entschuldigen müßte ich mein Nichtschreiben eigentlich nicht, Sie wissen ja, wie ich Briefe hasse. Alles Unglück meines Lebens – womit ich nicht klagen, sondern eine allgemein belehrende Feststellung machen will – kommt, wenn man will, von Briefen oder von der Möglichkeit des Briefeschreibens her. Menschen haben mich kaum jemals betrogen, aber Briefe immer undzwar auch hier nicht fremde, sondern meine eigenen.«

Er liebt sie immer noch.

Das vielleicht größte Geschenk macht er Milena mit einem Brief über ihren Mut, der auch vergessen lassen will, daß er sie einmal implizit bezichtigt hat, nichts vom Judentum zu verstehen: »Liebe Frau Milena, ich habe den ›Teufel‹ gelesen, er ist bewunderungswürdig, zuerst nicht einmal als Lehre, nicht einmal als Entdeckung, aber als Dastehn eines unbegreiflich mutigen Menschen und um die Unbegreiflichkeit noch zu steigern eines Menschen der wie der Schlußsatz zeigt, noch von andern Dingen weiß als von Mut und der dennoch mutig ist. Ich sage ungern diesen Vergleich, aber er drängt sich zusehr auf: das was man hier liest, ist selbst wie eine Ehe oder wie das Kind [ca. drei Worte unleserlich] einer Ehe zwischen einem Judentum, das knapp vor der Selbstzerstörung ist und in diesem Augenblick ergriffen wird von der Hand eines – jetzt nicht mehr genau sichtbaren, von der Ehe irdisch getrübten, aber früher irdisch überhaupt unmöglichen, für Menschenaugen zu großen – also von der starken Hand eines Engels, der um jenes Judentum nicht zugrundegehen zu lassen, allzu sehr liebt er es, sich mit ihm vermählt. … Und jetzt, endlich, lieber Himmel, stößt der Engel das Judentum zurück und befreit sich.«

Das mußte so einmal gesagt werden. Und hiermit hat Kafka Milena, die sich nicht befreien konnte und die nicht mit ihm auswanderte, nicht nur mit sich vermählt, sondern auch endlich freigegeben. Als er sie dieses Mal, im Januar oder Februar 1923, bittet, ihm nicht mehr zu schreiben, kann er das mit den denkbar schlichtesten Worten, weil er sicher ist, daß sie ihn versteht: »Bitte nicht mehr schreiben.« Milena schreibt hellsichtig an Max Brod über Kafkas Unfähigkeit, in ein »schützendes Asyl« der Meinungen oder Lebenshaltungen zu fliehen: »Aber Frank kann nicht leben. Frank hat nicht die Fähigkeit zu leben. Frank wird nie gesund werden. Frank wird bald sterben. … Er ist wie ein Nackter unter Angekleideten.« Es klingt wie eine Replik auf Kafkas Gedichtzeile »und die Menschen gehn in Kleidern«.

In einem verlorengegangenen Brief, den Milena gegenüber Max zitiert, heißt es: »Nicht schreiben und verhindern, daß wir zusammenkommen, nur diese Bitte erfülle mir im stillen, sie allein kann mir irgendein Weiterleben ermöglichen, alles andere zerstört weiter.«

Milena ist in Panik: »Ich weiß, wer Frank ist; ich weiß, was geschehen ist, und ich weiß nicht, was geschehen ist, ich bin an den Grenzen des Wahnsinns; ich habe mich bemüht, richtig zu handeln, zu leben, zu fühlen, dem Gewissen gemäß, aber irgendwo *ist* Schuld. Darüber will ich hören. Freilich weiß ich nicht, ob Sie mich verstehen können. Ich will wissen, ob es mit mir so steht, daß auch unter mir Frank leidet und gelitten hat wie unter jeder andern Frau, so daß seine Krankheit ärger wurde, so daß er auch vor mir in seine Angst fliehen mußte und so daß auch ich jetzt verschwinden muß, ob ich schuld daran bin oder ob es eine Konsequenz seines eigenen Wesens ist.«

Milena hat den Punkt getroffen, an dem es nicht mehr weitergeht. Für sie nicht – aber für Kafka auch nicht. Kurze Zeit später versucht sie Max zu beruhigen: »Ich kann wieder denken. Es ist mir dadurch nicht etwa besser geworden. Daß ich Frank nicht schreiben werde – ist doch absolut selbstverständlich.«

Milena hat zu gut gewußt, was auf sie zugekommen wäre, hätte sie den Schritt an die Seite Kafkas gewagt. »Aber ich war mit beiden Füßen unendlich fest mit dieser Erde hier zusammengewachsen, ich war nicht imstande, meinen Mann zu verlassen und vielleicht war ich zu sehr Weib, um die Kraft zu haben, mich diesem Leben zu unterwerfen, von dem ich wußte, daß es strengste Askese bedeuten würde, auf Lebenszeit. In mir aber ist eine unbezwingbare Sehnsucht, ja eine rasende Sehnsucht nach einem ganz anderen Leben, als ich es führe und als ich es wohl je führen werde, nach einem Leben mit einem Kinde, nach einem Leben, das der Erde sehr nah wäre. Und das hat also wohl in mir über alles andere gesiegt, über die Liebe, über die Liebe zum Flug, über die Bewunderung und nochmals die Liebe. Mag man übrigens darüber was immer sagen, so kommt doch nur eine Lüge heraus.« Sie wollte ein eigenes Leben führen, nicht das Leben von Dora Diamant.

Im November 1923 teilt Kafka Milena mit, daß er in der Müritz in einer Ferienkolonie eines Berliner Jüdischen Volksheimes (in dem Felice gearbeitet hatte) mit vielen Ostjuden zusammengekommen und nach Berlin übergesiedelt sei. Höflich umschreibt er die Situation, daß er mit Dora Diamant in Berlin lebt: »Allein in Berlin zu leben war mir freilich unmöglich, in jeder Hinsicht, und nicht nur in Berlin auch anderswo allein zu leben. Auch dafür fand sich in Müritz eine in ihrer Art unwahrscheinliche Hilfe.« Von Berlin erzählt er begeistert: »... ich lebe fast auf dem Land, in einer kleinen Villa mit Garten, es scheint mir, daß ich noch niemals eine so schöne Wohnung hatte, ich werde sie gewiß auch bald verlieren, sie ist zu schön für mich ...«

Bei Milenas Besuchen in Prag werden sie sich noch einige Male begegnen. Ihre Spuren im »Schloß« sind wie die von

Felice im »Proceß« unübersehbar. Nach Kafkas Tod erfüllt Milena seinen Wunsch, die ihr überlassenen Tagebücher und Manuskripte (darunter auch »Der Verschollene«) an Max Brod weiterzureichen. Kafkas Briefe bewahrt sie bis 1939 selbst auf. Wie schon zuvor in ihren Artikeln beschreibt sie in ihrem Nachruf noch einmal Kafka in großer Eindringlichkeit: »Er war scheu, ängstlich, sanft und gut, doch die Bücher, die er schrieb, sind grausam und schmerzhaft. Er sah die Welt voll unsichtbarer Dämonen, die den schutzlosen Menschen zerreißen und vernichten. Er war zu hellsichtig, zu weise, um leben zu können, zu schwach, um zu kämpfen, schwach wie es edle, schöne Menschen sind, die sich nicht darauf verstehen, den Kampf mit ihrer Angst vor Unverständnis, Ungüte, intellektueller Lüge aufzunehmen, da sie im voraus um ihre Hilflosigkeit wissen und im Unterliegen den Sieger beschämen. Er kannte die Menschen, wie sie nur ein Mensch von großer nervöser Sensibilität kennen kann, einer, der einsam ist und fast prophetisch den andern an einem einzigen Aufblitzen der Augen erkennt. Er kannte die Welt auf eine ungewöhnliche und tiefe Art, selbst war er eine ungewöhnliche und tiefe Welt. Er schrieb die bedeutendsten Bücher der jungen deutschen Literatur; das Ringen der heutigen Generation der ganzen Welt ist in ihnen, wenn auch ohne tendenziöse Worte.«

Milena läßt sich erst nach sieben Jahren Ehe von Ernst Polak scheiden – ein Ereignis, an dem sie beinahe zerbricht – und kehrt 1925 nach Prag zurück. Bald gehört sie dort zur Literaturszene und leitet die Frauenseite der »Národní listy«. In Prag gewinnt sie ihr altes Selbstbewußtsein zurück. 1926 heiratet sie den Architekten Jaromir Krejcar. Als sie zwei Jahre darauf ein Kind erwartet, erkrankt sie an einer Gelenkentzündung. Ihre Tochter Honza kommt gesund zur Welt, doch Milenas Knie bleibt gelähmt. Nur mit Morphium hält sie die Schmerzen aus. Aber sie schreibt weiter, bringt ihre Arbeiten zum Druck, aus reiner Notwehr und dem unbedingten Willen zu leben: »Es ist mir manchmal, als müßte ich mein Gehirn in den Handflächen zusammenpressen, damit es nicht zerspringt.«

Die Ehe zerbricht an dieser schwierigen Situation. Bis 1936 ist Milena eng mit der kommunistischen Partei verbunden, für die sie auch publizistisch tätig wird. Danach wird sie Redakteurin und publiziert zahlreiche politische Reportagen. Nach der Besetzung der Tschechoslowakei durch das Nazi-Regime betätigt sich Milena als Fluchthelferin. Im November 1939 wird sie von der Gestapo festgenommen und 1940 in das Konzentrationslager Ravensbrück deportiert. Hier lernt sie die Schriftstellerin Margarete Buber-Neumann kennen. Unter unmenschlichen Bedingungen entsteht eine tiefe Freundschaft zwischen den beiden Frauen. Später wird Margarete Buber-Neumann in ihrem Buch »Milena – Kafkas Freundin« ihr ein literarisches Denkmal setzen. Milena Jesenská stirbt am 17. Mai 1944 in Ravensbrück an den Folgen einer »Nierenoperation«. Sie wurde siebenundvierzig Jahre alt.

## »Das Schloß«. Ein Schauerroman

28. Januar 1922. Die Gipfel der gegenüberliegenden Berge des Riesengebirges sind kaum zu sehen. Kafka friert, als er nach seiner Gymnastik das Fenster schließt. Ziemlich einsam ist es hier in Spindelmühle, und wieder hat er keine Post. Schon seit Tagen schneit es. Vielleicht führte dies zu Verzögerungen. Franz fühlte sich einsam wie ein herrenloser Hund. Natürlich war der endgültige Abschied von der Arbeiter-Unfall-Versicherungs-Anstalt genau das richtige gewesen, auch der Abschied von und die Bitte an Milena, nicht mehr zu schreiben. Leichter zu ertragen war die Einsamkeit durch diese Erkenntnis jedoch nicht. Das Nichts, der horror vacui, kam schon wieder so nahe. Franz formuliert im Kopf eine Karte an Max, eine Einladung. Vielleicht könnte man »bergsteigen, rodeln«, den Winter genießen. Und: »schreiben und besonders durch das letztere das Ende, das wartende Ende, ein friedliches Ende herbeirufen, beschleunigen, oder willst Du das nicht?« Das Leben und Sterben, wie er es im »Brief an den Vater« nennt, leichter machen. Das ist alles, was er zu dieser Zeit noch vom Leben will. Und nur durch das Schreiben, den mehr magischen als therapeutischen Aspekt seines Schreibens, kann er sein Leben beschwören, herbeirufen, beschleunigen, befrieden. Gestern hat er es – nach so langer Zeit – wieder gewagt, etwas Größeres zu beginnen. Franz blickt hinauf zu den wolkenverhangenen Gipfeln. »Merkwürdiger, geheimnisvoller, vielleicht gefährlicher, vielleicht erlösender Trost des Schreibens: das Hinausspringen aus der Totschlägerreihe Tat – Beobachtung – Tat – Beobachtung, indem eine höhere Art der Beobachtung geschaffen wird, eine höhere, keine schärfere, und je höher sie ist, je unerreichbarer von der ›Reihe‹ aus, desto unabhängiger wird

sie, desto mehr eigenen Gesetzen der Bewegung folgend, desto unberechenbarer, freudiger, steigender ihr Weg.« Er muß dem Weg folgen. Schreiben ist nur ein Parforceritt in einen dunklen Tunnel. Das hatte er beim »Urteil« das erste Mal erfahren. Auch bei den Erzählungen aus dem »Landarzt« hatte es noch geklappt. Leidlich. Und jetzt also doch noch einmal der Versuch, einen Roman zu schreiben. Würde, mit den geringen Kräften, die die Krankheit noch übrig ließ, gelingen, was vorher in all den guten Zeiten nicht möglich gewesen war? Kafka blickt blinzelnd zu den nebelverhangenen Bergspitzen empor. Viel Zeit war nicht mehr.

Mit dem Amerikaroman »Der Verschollene« war Kafka der Mode gefolgt. Mit dem Gerichtsroman »Der Proceß« hatte er ebenfalls ein noch junges Genre gewählt, Gerichtsreportagen waren nicht erst seit Egon Erwin Kisch en vogue. Diese beiden Wege hatten sich als nicht begehbar erwiesen. Kafka mußte tiefer in sich dringen, um die »Dämonen«, die nun seine täglichen Begleiter geworden waren, noch bannen zu können.

»Es war spätabends, als K. ankam. Das Dorf lag in tiefem Schnee. Vom Schloßberg war nichts zu sehn, Nebel und Finsternis umgaben ihn, auch nicht der schwächste Lichtschein deutete das große Schloß an. Lange stand K. auf der Holzbrücke, die von der Landstraße zum Dorf führte, und blickte in die scheinbare Leere empor.« Die archaische nächtliche Winterlandschaft, eine kahle, durch den Schnee fast konturlose Ungegend. Nebelschwaden und Finsternis, ein sagenumwobenes Schloß mit einem darunter sich duckenden kleinen Dorf. Nun fehlen eigentlich nur noch die Wölfe, und wir würden uns im Sessel zurücklehnen und den Abend mit einem schönen neuen Schauerroman genießen. Was erwartet uns wohl im Schloß? Dunkle, verwinkelte Gänge, Verliese und rasselnde Gespenster auf hohen Treppen? Eine böse Hexe oder ein finsterer Tyrann? Vampire oder ein verrückter, dekadenter König, der gerne Jungfrauen zum Abendessen verspeist? Teil eins: Ankunft des Helden K., der, müde von einer langen Wanderung, im Dorf ankommt. Die Blende geht auf, und wir sehen ein altes, wie eine Rauchspur in den Schnee gewischtes Wirtshaus. Der Wirt hat keinen Gast mehr erwartet, niemand erwartet in diesem Dorf Besuch (und wir schauen uns unwillkürlich um und suchen den Knoblauch, der an Türen und Fensteröffnungen hängt ...). K. bittet um ein Nachtlager, der mürrische Wirt und die abweisenden Bauern machen den Ort nicht gerade gemütlich. Doch K. bleibt nichts anderes übrig, es ist das einzige Gasthaus weit und breit, und der Strohsack wird es auch leidlich tun. (Wir kennen das schon: Kafkas Helden suchen immer erst mal nach einem Bett.) Mitten in der Nacht wird K. unsanft aus dem Schlaf gerissen: »Dieses Dorf ist Besitz des Schlosses, wer hier wohnt oder übernachtet, wohnt oder übernachtet gewissermaßen im Schloß. Niemand darf das ohne gräfliche Erlaubnis. Sie aber haben eine solche Erlaubnis nicht oder haben sie wenigstens nicht vorgezeigt.« (Nein, könnte K. jetzt sagen, aber wollen sie vielleicht meine Radfahrerlegitimation oder meine Geburtsurkunde sehen?) Noch ein Prozeß? Dieses Mal läßt sich der Held nicht so leicht ins Bockshorn jagen und um seinen verdienten Nachtschlaf bringen. Er stellt sich lieber dumm. »›In welches Dorf habe ich mich verirrt? Ist denn hier ein Schloß?‹ – ›Allerdings‹, sagte der junge Mann langsam, während hier und dort einer den Kopf über K. schüttelte, ›das Schloß des Herrn Grafen Westwest.‹« Wie bitte? Was ist denn das für ein Name? So heißt doch kein furchteinflößender Graf in einem Schauerroman! Das muß ein Traum sein. »›Genug der Komödie‹, sagte K. auffallend leise, legte sich nieder und zog die Decke über sich, ›Sie gehn junger Mann, ein wenig zu weit, und ich werde morgen noch auf Ihr Benehmen zurückkommen.‹« Schluß, Ende der Geschichte. Zumindest wäre es das Ende des »Processes« gewesen, wo K. die Anerkennung der Verhaftung und des Urteils zum Schaden gereichte und die Geschichte überhaupt erst in Gang gesetzt hat. Das ganze Theater ist als Komödie entlarvt, wir können beruhigt weiterschlafen. Können wir natürlich nicht. Denn irgendeine bessere Antwort als »hab ich mich etwa verirrt?« müssen wir den Bauern um uns herum doch noch geben. »›Sonst aber lassen Sie es sich gesagt sein, daß ich der Landvermesser bin, den der Graf hat kommen lassen.‹« Leider falsch gewettet. So archaisch diese Landschaft, so am Ende der Welt gelegen das Dorf ist, es gibt ein umfangreiches nagelneues, ständig summendes Telefonnetz. Da wird gleich mal im Schloß angerufen, um zu hören, wie es denn mit dem Herrn Landvermesser stehe. Sonderbarerweise akzeptiert aber das Schloß K.s Behauptung, er sei ein Landvermesser. »K. horchte auf. Das Schloß hatte ihn also zum Landvermesser ernannt. Das war einerseits ungünstig für ihn, denn es zeigte, daß man im Schloß alles Nötige über ihn wußte, die Kräfteverhältnisse abgewogen hatte und den Kampf lächelnd aufnahm. Es war aber andererseits auch günstig, denn es bewies seiner Meinung nach, daß man ihn unterschätzte und daß er mehr Freiheit haben würde, als er hätte von vornherein hoffen dürfen. Und wenn man glaubte, durch diese geistig gewiß überlegene Anerkennung seiner Landvermesserschaft ihn dauernd in Schrekken halten zu können, so täuschte man sich; es überschauerte ihn leicht, das war aber alles.« Westwest, Telefonnetze: Vorbei ist der Schauerroman des 19. Jahrhunderts. Wir aber sitzen schon aufrecht im Sessel und wissen: Wir sind bei Kafka, und der Horror des 20. Jahrhunderts hat gerade erst begonnen! Er besteht nicht unbedingt darin, die Menschen »dauernd in Schrecken« zu halten, wie es die Götter in archaischen Gemeinschaften bevorzugten, ein kleiner »Schauer« genügt schon, um das ganze so sicher scheinende und gegen alle Eventualitäten hochversicherte Gebäude der modernen Welt zum Einstürzen bringen zu können. Der moderne Horror? Er besteht aus endloser Machtentfaltung durch Bürokratie, unüberprüfbaren Vorgängen und vielleicht auch aus dem, was bei Kafka »leere Transzendenz« genannt wird und meint, daß jegliche Sinnsuche vergeblich ist, weil hinter einem Tor zum Gesetz nur wieder ein weiteres Tor zu finden wäre. »Nirgends noch hatte K. Amt und Leben so verflochten gesehen wie hier, so verflochten, daß es manchmal scheinen konnte, Amt und Leben hätten ihre Plätze gewechselt.« Obwohl K. durchaus bereit ist, das Kräftemessen aufzunehmen, ist es schwer, einen Anfang zu finden, denn der Horror des 20. Jahrhunderts besteht auch darin, daß man nie weiß, was genau es eigentlich zu bekämpfen gilt. Obwohl das Ganze immer den Mutmaßungen entspricht, liegen der Teufel oder das Grauen doch im Detail. »Im ganzen entsprach das Schloß, wie es sich hier von der Ferne zeigte, K.s Erwartungen. Es war weder eine alte Ritterburg noch ein neuer Prunkbau, sondern eine ausgedehnte Anlage, die aus wenigen zweistöckigen, aber aus vielen eng aneinander stehenden niedrigen Bauten bestand; hätte man nicht gewußt, daß es ein Schloß ist, hätte man es für ein Städtchen halten können. Nur einen Turm sah K., ob er zu einem Wohngebäude oder zu einer Kirche gehörte, war nicht zu erkennen.« Und tatsächlich ist »Das Schloß« beim Näherkommen auch nur ein Städtchen, aus »Bauernhäusern« zusammengebaut. Die Silhouette des Schlosses verändert sich mit jedem Blick. K. ist so ständig dabei, seine Ansichten des Schlosses zu revidieren. Eine wirkliche Beschreibung des Schlosses ist jedoch nie möglich, die ständigen Versuche K.s führen schließlich zum Wahnsinn. Der Turm, von dem es eben noch hieß, daß man nicht erkennen könne, ob er zu einem »Wohngebäude« oder einer »Kirche« gehöre, wird jetzt herangezoomt, ohne daß sich jedoch mit der Nähe der Erkenntniswert der Beschreibung erhöhen würde. Das Bild läßt sich einfach nicht »scharf stellen«, löst sich wie bei den Impressionisten auf in Licht und gebrochene Statik. Dadurch wirkt es auf krankhafte Weise verzerrt – eine Architektur des Horrors, wie sie vor Kafka noch nie in Literatur gebannt worden ist. »Der Turm … war ein einförmiger Rundbau, zum Teil gnädig von Efeu bedeckt, mit kleinen Fenstern, die jetzt in der Sonne aufstrahlten – etwas Irrsinniges hatte das«. Am Morgen des ersten Tages macht sich K. auf den Weg zum Schloß. Doch er kommt dort nicht an, denn die Gegend ist verflucht. »So ging er wieder vorwärts, aber es war ein langer Weg. Die Straße nämlich, die Hauptstraße des Dorfes, führte nicht zum Schloßberg, sie führte nur nahe heran, dann aber, wie absichtlich, bog sie ab, und wenn sie sich auch vom

Schloß nicht entfernte, so kam sie ihm doch auch nicht näher.« Auch die Landschaft selbst ist in ihrer Labyrinthhaftigkeit reiner Horror. Wenn man sich nicht entfernt, aber auch nicht näher kommt, dann – tritt man auf der Stelle. Und das bedeutet den gleichzeitigen Horror von Alter, Irrsinn und Hoffnungslosigkeit, wie Kafka es in seinem Tagebuch schreibt: »Erstarrt im Mittelpunkt des imaginären Kreises von beginnenden Radien, es ist kein Platz mehr für einen neuen Versuch, kein Platz heißt Alter, Nervenschwäche, und kein Versuch mehr bedeutet Ende.« Das Wetter erscheint zunächst so billig schaurig wie in einem Gruselfilm: »Ein böses, böses Wetter ... Eine intrigante Natur, scheinbar so sinnlos arbeitend wie der Wind, nach fernen fremden Aufträgen, in die man nie Einsicht bekam.« Aber Moment mal. In einem normalen Schauerroman wird mit dem Wetter die gruselige Atmosphäre hergestellt. Ein paar an den Himmel gezauberte Wolken kündigen Unheil an, und der schaurige Mord muß natürlich bei Gewitter stattfinden. Menschen sind durch die Natur beeinflußbar, heißt das, und mehr noch: Menschen sind Natur und ihr unterworfen. Was aber soll es heißen, wenn selbst die Natur »intrigant« ist, ihr also sehr spezifische menschliche Eigenschaften untergeschoben werden? Intrigant ist die Natur, weil sie nur »scheinbar sinnlos« arbeitet, in Wahrheit aber beauftragt ist. Von wem? Das haben wir schon im Proceß nicht erfahren. Und es ist ziemlich ungewiß, daß uns diese Frage in der Umgebung dieses Horrorschlosses beantwortet werden wird, schließlich handelt es sich um »Aufträge, in die man nie Einsicht bekam«.

Bleiben wir also erst mal im Dorf. Wie es sich für einen Horrorroman gehört, sind die Leute im Dorf schweigsam, scheu und mürrisch. Ihre Köpfe wirken wie durch körperliche Mißhandlung geformt: »der Schädel sah aus, als sei er oben platt geschlagen worden, und die Gesichtszüge hatten sich im Schmerz des Geschlagenwerdens gebildet«. Aus platten Schädeln und geschlagenen Seelen kann kein wie auch immer gearteter Widerstand geformt werden, heißt das – und ist eine klare Absage an den Marxismus. Revolution? Wenigstens ein paar neue Ideen? Keine Chance. Ein Fremder stört nur, in einer Gegend, in der es »keinen Verkehr« gibt. Immerhin hat es sich herumgesprochen, daß K. zum Schloß gehört. Daher steht er unter einem besonderen Schutz. Und siehe da, mit diesem feudalistischen »Schutzbrief« der Macht ausgestattet, scheint alles glatt zu gehen. »Das Schloß« schickt einen Boten und beschenkt K. sogar mit Artur und Jeremias, zwei Gehilfen. Um den Schein zu wahren, muß K. sie allerdings als seine »alten« Gehilfen akzeptieren, auf die er angeblich gewartet hat. »›Wer seid ihr‹, fragte er und sah von einem zum andern. ›Euere Gehilfen‹, antworteten sie. ›Es sind die Gehilfen‹, bestätigte leise der Wirt. ›Wie?‹ fragte K. ›Ihr seid meine alten Gehilfen, die ich nachkommen ließ, die ich erwarte?‹ Sie bejahten es.« Wenn diese Identitätssuche aber nicht nur ein Spiel ist, dessen Ausgang K. selbst bestimmen kann? Der Horror liegt hier in der Frage danach, ob K. sich nicht noch auf ganz andere Weise »verirrt« hat. Das heißt: Entweder weiß ich, wer meine »alten Gehilfen« sind, oder es sind »neue Gehilfen«, die ich noch nicht kenne. Oder sind es vielleicht die alten Gehilfen, die sich verkleidet haben oder verwandelt wurden? Vielleicht sind es ja auch Delamarche und Robinson aus dem »Verschollenen«? Immerhin teilen Jeremias und Artur die gleichen Vorlieben für ihr Nachtlager mit den beiden Strolchen: »sie hatten sich in einer Ecke auf dem Boden auf zwei alten Frauenröcken eingerichtet ...« Und irgendwie sehen die beiden auch nicht nach Gehilfen aus, sondern nach »Wächtern« – handelt es sich also vielleicht um Franz und Wilhelm aus dem Proceß? Die »offene Erinnerung« ist eine Horrorvorstellung, die wohl nur an Alzheimer Erkrankte in ihrer vollen Tragweite erfassen können.

Durch den hübsch livrierten Boten Barnabas erfährt K., wer sein Vorgesetzter sein wird. In einem förmlichen Schreiben erklärt ihm »Klamm«, ein mittelgroßer, dicker, schwerfälliger Herr mit glattem Gesicht, herabfallenden Wangen und schwarzem Schnurrbart, der ein hoher Schloßbeamter ist, daß er »in herrschaftliche Dienste« aufgenommen sei. Obwohl es schon

Nacht ist, will K. unbedingt noch mit Barnabas ins Schloß gehen, er brennt darauf, mit den Schloßsekretären zu sprechen. Denn K., wie es sich für einen Genreroman gehört, ist ein Auserwählter, ein Held, ein wagemutiger Abenteurer, der die Gefahr nicht scheut, in der man umkommen kann. Schon als Kind hat er die größten Hindernisse genommen, gegen den Widerstand der Verhältnisse, gegen Sitte, Anstand, Kirche und Schule. Darin ist K. »beheimatet«, und dies ist die heimliche Urszene des undurchdringlich erscheinenden »Schlosses«, Geburt- und Sterbeszene des Helden zugleich. »Immer wieder tauchte die Heimat auf ... Auch dort stand auf dem Hauptplatz eine Kirche, zum Teil war sie von einem alten Friedhof und dieser von einer hohen Mauer umgeben. Nur sehr wenige Jungen hatten diese Mauer schon erklettert, auch K. war es noch nicht gelungen. Nicht Neugier trieb sie dazu, der Friedhof hatte vor ihnen kein Geheimnis mehr ... nur die glatte, hohe Mauer wollten sie bezwingen. An einem Vormittag – der stille, leere Platz war von Licht überflutet, wann hatte K. ihn je früher oder später so gesehn? – gelang es ihm überraschend leicht; an einer Stelle, wo er schon oft abgewiesen worden war, erkletterte er, eine kleine Fahne zwischen den Zähnen, die Mauer im ersten Anlauf. Noch rieselte Gerölle unter ihm ab, schon war er oben. Er rammte die Fahne ein, der Wind spannte das Tuch, er blickte hinunter und in die Runde, auch über die Schulter hinweg, auf die in die Erde versinkenden Kreuze; niemand war jetzt und hier größer als er. Zufällig kam dann der Lehrer vorüber, trieb K. mit einem ärgerlichen Blick hinab. Beim Absprung verletzte sich K. am Knie, nur mit Mühe kam er nach Hause, aber auf der Mauer war er doch gewesen.« Das Kind ist in seinem Welterkennungs- und Welteroberungsdrang größer als alles andere. Erst durch die »Schule« wird es von seinem alles überschauenden Ausblick vertrieben. Die hieraus folgende erste Verletzung macht auch den späteren Helden verwundbar, selbst wenn er das zunächst nicht wahrhaben will. Während die Bauern im Dorf in Angst vor dem Schloß und seiner Herrschaft leben, ist der ungebundene Held über letzte, das Schicksal von Menschen entscheidende Dinge höchstens amüsiert. »›Es unterhält mich nur dadurch‹, sagte K., ›daß ich einen Einblick in das lächerliche Gewirre bekomme, welches unter Umständen über die Existenz eines Menschen entscheidet.‹« K. durchschaut das »Gewirre« nicht, und noch viel schlimmer – er hält es zunächst nicht für nötig, sich überhaupt damit zu beschäftigen. Statt dessen verläßt er sich auf erste, oberflächliche Eindrücke, um seinen Weg zum Zentrum der Macht zu finden. Der schick livrierte Bote Barnabas scheint zunächst eine gute Partie für K. zu sein. Aufgrund eines Mißverständnisses führt Barnabas K. allerdings nicht ins Schloß, sondern vertrauensvoll in seine Familie. »Ein Mißverständnis war es also gewesen, ein gemeines, niedriges Mißverständnis, und K. hatte sich ihm ganz hingegeben. Hatte sich bezaubern lassen von des Barnabas enger, seidenglänzender Jacke, die dieser jetzt aufknöpfte und unter der ein grobes, grauschmutziges, viel geflicktes Hemd erschien über der mächtigen, kantigen Brust eines Knechts. Und alles ringsum entsprach dem nicht nur, überbot es noch, der alte, gichtische Vater, der mehr mit Hilfe der tastenden Hände als der sich langsam schiebenden, steifen Beine vorwärts kam, die Mutter mit auf der Brust gefalteten Händen, die wegen ihrer Fülle auch nur die winzigsten Schritte machen konnte. Beide, Vater und Mutter, gingen schon, seitdem K. eingetreten war, aus ihrer Ecke auf ihn zu und hatten ihn noch lange nicht erreicht. Die Schwestern, Blondinen, einander und dem Barnabas ähnlich, aber mit härteren Zügen als Barnabas, große, starke Mägde, umstanden die Ankömmlinge und erwarteten von K. irgendein Begrüßungswort. Er konnte aber nichts sagen; er hatte geglaubt, hier im Dorf habe jeder für ihn Bedeutung, und es war wohl auch so, nur gerade diese Leute hier bekümmerten ihn gar nicht.« Natürlich irrt sich K. – diese Familie wird sein weiteres Schicksal bestimmen. Nur daß sie auf der anderen Seite des Machtpols des Schlosses liegt. Bald wird sich auch noch herausstellen, daß diese Familie im ganzen Dorf verfemt ist. Die ältere Tochter, Amalia, hat das Sakrileg begangen, sich den Schloßbediensteten zu verweigern. Fast alle anderen Frauen stellen sich im Verlauf des Romans als sexuell mit dem Schloß verstrickt heraus. K., gefühlskalt und ohne jede Bindung, jedoch kann in dieser Prostitution nur einen Bezug zur Macht erkennen, nicht die darin liegende Grausamkeit und Tragik. Da gibt es zum Beispiel das kleine blonde, ausnehmend zarte Schankmädchen Frieda, das K. im »Herrenhof«, einem anderen Gasthaus, das den Bediensteten des Schlosses vorbehalten ist, kennenlernt. Frieda ist Klamms Geliebte und wird dadurch zu einem begehrenswerten Objekt für K. »›Dann sind Sie‹, sagte K. lächelnd, um nicht allzuviel Ernst zwischen ihnen aufkommen zu lassen, ›für mich eine respektable Person.‹« Hier scheint sich ein neuer Weg zum Schloß aufzutun (man weiß nie, was Frauenhände im stillen alles bewirken können, hieß es im Proceß), und wieder läuft alles glatt für K. Genregesetz im Schauerroman: Der Held begegnet der Heldin, und schon die nächste Szene ist eine Liebesszene. Weil die erste Begegnung zwischen Frieda und K. unter einem Schreibpult so schön ist (und mit der Betonung der »Fremdheit« ein Motiv aus den »Briefen an Milena« aufnimmt und so vielleicht eine Begegnung zwischen Kafka und Milena Jesenská beschreibt), hier die Szene in voller Länge: »›Mein Liebling! Mein süßer Liebling!‹ flüsterte sie, aber rührte K. gar nicht an, wie ohnmächtig vor Liebe lag sie auf dem Rücken und breitete die Arme aus, die Zeit war wohl unendlich vor ihrer glücklichen Liebe, sie seufzte mehr als sie sang irgendein kleines Lied. Dann schrak sie auf, da K. still in Gedanken blieb; und fing an, wie ein Kind ihn zu zerren: ›Komm, hier unten erstickt man ja!‹ Sie umfaßten einander, der kleine Körper brannte in K.s Händen, sie rollten in einer Besinnungslosigkeit, aus der sich K. fortwährend, aber vergeblich zu retten suchte, paar Schritte weit, schlugen dumpf an Klamms Tür und lagen dann in den kleinen Pfützen Biers und dem sonstigen Unrat, von dem der Boden bedeckt war. Dort vergiengen Stunden, Stunden gemeinsamen Atems, gemeinsamen Herzschlags, Stunden, in denen K. immerfort das Gefühl hatte, er verirre sich oder er sei so weit in der Fremde, wie vor ihm noch kein Mensch ...« Faszinierend. K. ist ein mittelloser Fremder, der von irgendwoher kommt und sich mit dubiosen Erklärungen über Wasser hält, und trotzdem hat er nach nur wenigen Tagen die Geliebte seines Vorgesetzten an seiner Seite, die nun sogar ihre Stelle aufgibt, um K. in eine ungewissen Zukunft zu folgen (ein Liebesdienst, den Kafka von Felice Bauer nicht verlangen wollte und den Georg Bendemann von seiner Frieda Brandenfeld niemals verlangt hätte. Dieses Motiv ist neu. Sollte es noch die Antwort sein auf das Verhalten Felices und Julies? Oder stand hier schon Kafkas an Milena Jesenská entwickeltes neues Frauenbild Pate?). »›Nun können wir gehn‹, sagte Frieda; es war selbstverständlich, daß sie das Wirtshaus ›Zur Brücke‹ meinte, in das sie gehen sollten.« Blutrote Schrift auf schwarzem Grund: Morgen des vierten Tages. Die Blende geht auf, und wir sehen ein trautes Familienidyll im Schulhaus. K. im Bett, Frieda auf einem Lager am Boden, die beiden Gehilfen auf ihren Frauenröcken, auch die Wirtin des Gasthauses hat sich im Zimmer eingefunden und strickt an einem überdimensional großen Strumpf. »Dann kann ich Ihnen also, Frau Wirtin, sagen, daß ich es für das beste halten würde, wenn Frieda und ich heiraten, und zwar sehr bald«, sagt K. und reibt sich die Hände. Da die Wirtin, die eine Art Mutterrolle bei Frieda vertritt, zustimmt, scheint auch dieser glücklichen Fügung nichts im Weg zu stehen. Was eine Karriere. Erst vier Tage vor Ort, und schon einen Job, ein warmes Dach überm Kopf, Familienanschluß und eine neue Braut. Nicht schlecht. Fehlt eigentlich nur noch die letztendliche Klärung, das Gespräch mit Klamm. Und da sind auf einmal alle gegen K. und versuchen, ihn von seinem Plan abzubringen. Dabei kann sich K. überhaupt nicht vorstellen, was daran so schwierig sein soll: »Das lag einerseits daran, daß hinsichtlich der Behandlung seiner Angelegenheiten offenbar ein für allemal ein bestimmter, äußerlich ihm sehr günstiger Grundsatz ausgegeben war, und andererseits lag es an der bewunderungswürdigen Einheitlichkeit des Dienstes, die man besonders dort, wo sie scheinbar nicht vorhanden war, als eine besonders vollkommene ahnte.« Was will K. denn überhaupt von Klamm? Ist es nicht nur der Wille, ausgezeichnet zu werden, ein Ehrgeiz, dahin zu gelangen, wo er nicht hin soll? Nach ganz oben? Moment mal. War der Held nicht gekommen, um ordentlich in das Schloß hineinzufahren? K., sei wachsam – »denn er war der Angreifer«! Er, der über, vor, neben den Leuten steht, die vom Schloß ergriffen worden sind und sich unter seine Herrschaft ducken wie die Bauerhäuser sich unter den Turm, auf ihm, dem unverletzlichen Wanderer, liegen doch alle Hoffnungen. Doch kaum läßt sich K. auf die Umstände ein, wird seine Lage bereits komplizierter – und hier ist endgültig Schluß mit den Gesetzen des Genres. Sein unmittelbarer Vorgesetzter, der Gemeindevorsteher, muß ihm eine unangenehme Wahrheit beibringen. Im Bett liegend, sucht der Gemeindevorsteher verzweifelt nach den Akten: »Sie sind als Landvermesser aufgenommen, wie Sie sagen, aber, leider, wir brauchen keinen Landvermesser. Es wäre nicht die geringste Arbeit für ihn da.« Welches Land sollte K. schon auch vermessen! Das Dorf hat längst Telefon. Die ganze moderne Welt ist vermessen und in gut zu verwaltende, Aktenschränke füllende Papierordner eingeteilt. Bei dieser ersten wirklichen Begegnung mit dem Schloß stellt sich auch heraus, daß K. nicht nur nicht wirklich als Landvermesser aufgenommen worden ist, sondern nur »in herrschaftliche Dienste« und das auch nur vielleicht. Etwas fassungslos stottert K. dem Gemeindevorsteher etwas von seiner »langen Reise« vor, der »Unmöglichkeit jetzt wieder eine andere entsprechende Arbeit zu Hause zu finden«, den »begründeten Hoffnungen« und schließlich seiner »Braut, die eine Hiesige ist«. »›Ach, Frieda‹, sagte der Vorsteher ohne jede Überraschung. ›Ich weiß. Aber Frieda würde Ihnen überallhin folgen.‹« Der um seine schönen Zukunftsaussichten betrogene Held nimmt den Kampf offen auf: »ich will keine Gnadengeschenke vom Schloß, sondern mein Recht.« Was dieses Recht ist, erklärt er kurze Zeit später der Wirtin, nachdem diese ihm gestanden hat, auch eine ehemalige Geliebte von Klamm gewesen zu sein: »... aber was ich von ihm will, ist schwer zu sagen. Zunächst will ich ihn in der Nähe sehn, dann will ich seine Stimme hören, dann will ich von ihm wissen, wie er sich zu unserer Heirat verhält. Worum ich ihn dann vielleicht noch bitten werde, hängt vom Verlauf der Unterredung ab. Es kann manches zur Sprache kommen, aber das wichtigste ist doch für mich, daß ich ihm gegenüberstehe.« Wir fügen hinzu: von Angesicht zu Angesicht – genau das war es, was Franz im eigenen Leben von seinem Vater erhofft hätte. Wie die Mutter in der »Verwandlung« und Kafkas eigene Mutter wollen die Frauen (Klamms Frauen) das jedoch offensichtlich mit all ihrem Einfluß verhindern. »›Gut‹, sagte die Wirtin und drückte ihr Gesicht in die Kissen, als sage sie etwas Schamloses. ›Wenn ich durch meine Verbindungen es erreiche, daß Ihre Bitte um eine Unterredung zu Klamm geleitet wird, versprechen Sie mir, bis zum Herabkommen der Antwort nichts auf eigene Faust zu unternehmen?‹ – ›Das kann ich nicht versprechen‹, sagte K.« Am Nachmittag erhält K. Besuch vom Lehrer, der ihm die Entscheidung des Gemeindevorstehers mitteilt: »Die Entscheidung selbst, welche Sache der gräflichen Behörden ist, kann er freilich nicht beschleunigen. Wohl aber will er in seinem Wirkungskreis eine vorläufige, wahrhaftig generöse Entscheidung treffen, es liegt nur an Ihnen, sie anzunehmen: Er bietet Ihnen vorläufig die Stelle eines Schuldieners an.« K. lehnt hochmütig ab. Er ist gekommen, um zu kämpfen, nicht um zu dienen. Dann erfährt er von Frieda, daß er von der Wirtin hinausgeworfen werden soll. Innerhalb von einer Stunde seinen Job und sein Dach überm Kopf zu verlieren ist dann doch zuviel. Und vielleicht ergeben sich hierdurch ja auch ganz neue Perspektiven. »›Im Notfall‹, rief schließlich Frieda, schon an K.s Hals, ›wandern wir aus, was hält uns hier im Dorf? Vorläufig aber, nicht wahr, Liebster, nehmen wir das Angebot an. Ich habe den Lehrer zurückgebracht, du sagst ihm „angenommen“, nichts weiter, und wir übersiedeln in die Schule.‹« Früh bricht die vierte Nacht herein, und K. macht sich auf den Weg in den »Herrenhof«, wo er Klamm vermutet, den er jetzt um so dringender zur Rede stellen will. Statt dessen trifft er auf die Nachfolgerin Friedas, die kindliche, rothaarige Pepi, die ihm halb schlafend im Bett immerhin mitteilt, daß Klamms Schlitten schon auf dem Hof stehe. K. trifft nicht auf Klamm in dieser Nacht, aber er versteckt sich in seinem Schlitten und betrinkt sich an dessen Cognac, der ihm das Gefühl gibt, das er sich von der Aussprache mit Klamm erhofft hatte: »der Geruch war so süß, so schmeichelnd, so wie man von jemand, den man sehr lieb hat, Lob und gute Worte hört und gar nicht genau weiß, worum es sich handelt, und es gar nicht wissen will und nur glücklich ist in dem Bewußtsein, daß er es ist, der so spricht. ›Sollte das Kognak sein?‹ fragte sich K. zweifelnd und kostete aus Neugier.« In diesem volltrunkenen Zustand wird K. vom Dorfsekretär Klamms ertappt. Dieser will mit ihm ein Verhör abhalten, was K. aber strikt ablehnt. Auf dem Heimweg trifft er wieder auf seinen Boten, Barnabas, der ihm einen Brief von Klamm überbringt, der dem Faß den Boden ausschlägt: »Dem Landvermesser im Brückenhof! Die Landvermesserarbeiten, die Sie bisher ausgeführt haben, finden meine Anerkennung. Auch die Arbeiten der Gehilfen sind lobenswert; Sie wissen sie gut zur Arbeit anzuhalten. Lassen Sie nicht nach in Ihrem Eifer! Führen Sie die Arbeiten zu einem guten Ende! Eine Unterbrechung würde mich erbittern. Im übrigen seien Sie getrost, die Entlohnungsfrage wird nächstens entschieden werden. Ich behalte Sie im Auge.« Der Horror, der von diesem Brief ausgeht, ist von tragischer Komik. Nichts ist für den Menschen wichtiger als Anerkennung seines Selbsts, seines guten Willens und seiner Arbeit. Die im Brief gespendete Anerkennung ist jedoch hohl, schließlich hat K. ja noch überhaupt nicht (zumindest nicht bewußt) gearbeitet. Der Brief enthält zudem die Drohung, daß K. überwacht werden wird. »Ich behalte Sie im Auge.« Diese Form der unwissenden Anerkennung erinnert an den Umgang mit Angestellten in Diktaturen. K. ist nach Erhalt des Briefes völlig verwirrt und ersucht Barnabas, Klamm um ein Gespräch zu bitten.

Frieda hat indes in einem der Schulzimmer ein gemütliches

Nachtlager hergerichtet, und so legen sie und K. sich wie ein altes Ehepaar zum Schlafen, »glücklich über die Wärme und Stille«. Doch mitten in der Nacht wacht K. auf und findet statt Frieda einen der Gehilfen neben sich! Frieda ist aufgestanden, um, wie sie sagt, eine schwarze Katze zu suchen. Lügt sie, oder existiert die »schwarze Katze«, das Paradetier des kindischen Aberglaubens, tatsächlich? Die Antwort auf diese Frage ist unwichtig; denn wenn man selbst dem nächsten Menschen, dem Menschen, an den man sich gebunden hat, nicht trauen kann, hat der Horror das Leben gänzlich in Beschlag genommen. Der nächste Morgen steigt herauf und damit der erste Tag, an dem sich K. als Schuldiener bewähren muß. Mit dem Eintreffen der Schulkinder und der hübschen, aber ein wenig steifen Lehrerin bricht in der Schule ein heilloses Chaos aus. Als dann auch noch aufgedeckt wird, daß K. den Schuppen aufgebrochen hat, um Brennholz für die Nacht zu haben, wird ihm sofort gekündigt. K. aber stemmt sich gegen dieses Urteil – und bekommt für diesmal eine – vorläufige – Gnadenfrist: »Es beeinflußte dies wohl auch die letzten Worte, die der Lehrer in der Tür an K. richtete: ›Das Fräulein verläßt mit den Kindern notgedrungen dieses Zimmer, weil Sie renitenterweise meiner Kündigung nicht folgen und weil niemand von ihr, einem jungen Mädchen, verlangen kann, daß sie inmitten Ihrer schmutzigen Familienwirtschaft Unterricht erteilt. Sie bleiben also allein und können sich, ungestört durch den Widerwillen anständiger Zuschauer, hier breit machen wie Sie wollen. Aber es wird nicht lange dauern, dafür bürge ich.‹« Ist dies der Anfang der Revolution? K., einmal in der Laune, sich zu wehren, entläßt gleich auch noch die Gehilfen, die hinter seinem Rücken intrigieren und versuchen, sich an Frieda heranzumachen. Doch der Schein trügt. Die Freiheit des Kampfes zerstört auch gewollte Bindungen. Fünf Tage sind erst vergangen, und schon fällt ein kritischer Blick K.s auf Frieda: »Es war immer die Frische und Entschlossenheit gewesen, welche ihren nichtigen Körper verschönt hatte; nun war diese Schönheit dahin. Wenige Tage des Zusammenlebens mit K. hatten genügt, das zu erreichen ... Aber auch K. hatte nicht mehr die Entschlossenheit, zu erklären, worin sich durch die Verbindung mit Frieda alles zum Guten für ihn gewendet hatte.« Frieda bittet K. wiederholt, mit ihr auszuwandern, nach Südfrankreich oder nach Spanien – irgendwohin, wo es so warm ist wie der Arm, den K. nicht mehr um sie legt.

Wie oft hatte Franz Milena darum gebeten, mit ihm fortzugehen, auszuwandern, nach Palästina zu gehen, irgendwohin. »Wenn Du zu meinen Antwortbriefen ›Ja‹ sagst, darfst Du in Wien nicht weiterleben, das ist unmöglich.« Was wollte Milena da in Wien im Café »Herrenhof« an der Seite ihres ewig untreuen Mannes, mundtot gemacht, während er sich mit Franz Werfel, Otto Pick und Egon Erwin Kisch den Mund über das literarische Tagesgeschäft fusselig redete? Ewig klamm war dieser Ernst Polak, in jeder Hinsicht kalt und naßforsch, dazu nie imstande, auch nur ein wenig Geld für Milena zu erarbeiten. Kafka lächelte bitter – mit Milena hätte er es sich vorstellen können, noch einmal ganz von vorne anzufangen, die Welt neu aufzubauen, seßhaft zu werden, eine Familie zu gründen, die seinen Ansprüchen an Wahrhaftigkeit genügt hätte. Aber wie wäre diese Ehe wohl weitergegangen? Die wilde Ehe von Frieda und K. bröckelt. Frieda ist außer sich vor Zorn: »›Du hast keine Zärtlichkeit, ja nicht einmal Zeit mehr für mich, du überläßt mich den Gehilfen, Eifersucht kennst du nicht, mein einziger Wert für dich ist, daß ich Klamms Geliebte war, in deiner Unwissenheit strengst du dich an, mich Klamm nicht vergessen zu lassen ...« Dann aber folgt die Selbstanklage der Frau, die den Helden des Genreromans seßhaft machen wollte: »Und wie es sich dann auch wirklich so gestaltete, daß ich, so sehr ich mich anstrengte, dir nicht half, sondern dich hinderte. Durch mich wurde die Wirtin deine Feindin, eine mächtige Feindin, die du noch immer unterschätzt; meinetwegen, für die du solche Sorgen hattest, mußtest du um deine Stelle kämpfen, warst im Nachteil gegenüber dem Gemeindevorsteher, mußtest dich dem Lehrer unterwerfen, warst den Gehilfen ausgeliefert, das Schlimmste aber: um meinetwillen hattest du dich vielleicht gegen Klamm vergangen. Daß du jetzt immerfort zu Klamm gelangen wolltest, war ja nur das ohnmächtige Streben, ihn irgendwie zu versöhnen.« Und wieder warnt Frieda ihn vor der Familie des Barnabas und versucht, ihn von seinem geplanten Besuch abzuhalten. Ungeduldig neue Nachrichten erwartend, eilt K. dennoch gegen Abend zur Familie des Barnabas. Er trifft dort auf die zwei Schwestern, auf Amalia, die im Bett liegt, und auf Olga, die ihm die Familiengeschichte erzählen wird. Die Wirtin wurde von Klamm nicht mehr gerufen, Frieda hat sich dem Ruf Klamms widersetzt, als sie mit K. davonging, aber Amalia hat sich ihm von vornherein entzogen. Die Eltern haben ihr Vermögen auf Bittgängen ins Schloß verbraucht und sind darüber alt geworden und innerlich zerbrochen. Olga gibt sich regelmäßig den Schloßknechten hin, um das Verhalten ihrer Schwester zu sühnen. Barnabas verdingt sich unberufen als Bote, um dem Schloß auf seine Weise zu dienen. Nur Amalia kämpft auf einsamem Posten um ihre Ehre, die die Existenz der gesamten Familie vernichtet hat, und pflegt aufopfernd die todgeweihten Eltern. »›Wenn man aber das alles zusammenhält, was bleibt dann für ein Unterschied zwischen Frieda und Amalia? Einzig der, daß Frieda tat, was Amalia verweigert hat‹«, sagt Olga, die tragische Geschichte ihrer Familie zusammenfassend. K. aber hat hier wieder eine andere, egozentrischere, unmoralischere Haltung: »›Mag sein‹, sagte K., ›für mich aber ist der Hauptunterschied der, daß Frieda meine Braut ist ...‹« Und was ist aus K.s Brief an Klamm geworden, wenn Barnabas gar kein richtiger Bote ist? »›Der Brief?‹ sagte Olga. ›Nun, nach einiger Zeit, wenn ich Barnabas genug gedrängt habe, es können Tage und Wochen inzwischen vergangen sein, nimmt er doch den Brief und geht, ihn zuzustellen.‹« Frieda ist mittlerweile zum »Herrenhof« zurückgekehrt, weil sie die Schande, die K. mit dem freiwilligen Besuch bei der verfemten Familie des Barnabas auf sie und sich geladen hat, nicht verzeihen kann. »Nun war es also doch geschehn, was vorauszusehen, aber nicht zu verhindern gewesen war. Frieda hatte ihn verlassen.« K. wird zu einem

Verhör ebenfalls in den »Herrenhof« beordert, und dieses Mal lehnt er nicht ab. »›Ah der Herr Landvermesser!‹ sagte [Momus], ›der welcher sich so ungern verhören läßt, drängt sich zum Verhör. Bei mir wäre es damals einfacher gewesen. Nun freilich, es ist schwer, die richtigen Verhöre auszuwählen.‹« (Josef K. im »Proceß« hatte den Fehler begangen, die Verhöre des Gerichtes abzulehnen. Liegt in dem »weiseren« Verhalten K.s im »Schloß« eine Hoffnung auf ein gutes Ende?) Hoffnung blitzt auch kurzzeitig auf, als K. Frieda zur Rede stellt. »Frieda sah ihn erstaunt an und fuhr ihm dann sanft mit der einen Hand, die sie frei hatte, über Stirn und Wange. Es war, als habe sie sein Aussehn vergessen und wollte es sich so wieder ins Bewußtsein zurückrufen, auch ihre Augen hatten den verschleierten Ausdruck des mühsam Sich-Erinnerns ... ›Das ist alles sehr gut eingerichtet‹, sagte K., ›nur hast du einmal meinetwegen den Ausschank verlassen; und nun, da wir kurz vor der Hochzeit sind, kehrst du wieder in ihn zurück?‹ – ›Es wird keine Hochzeit geben‹, sagte Frieda. ›Weil ich untreu war?‹ fragte K.; Frieda nickte. ›Nun siehe, Frieda‹, sagte K., ›über diese angebliche Untreue haben wir schon öfters gesprochen, und immer hast du schließlich einsehn müssen, daß es ein ungerechter Verdacht war. Seitdem aber hat sich auf meiner Seite nichts geändert, alles ist so unschuldig geblieben, wie es war und wie es nicht anders werden kann. Also muß sich etwas auf deiner Seite geändert haben, durch fremde Einflüsterungen oder etwas anderes. Unrecht tust du mir auf jeden Fall ...‹« Doch aus dem Blickwinkel Friedas ist K.s Umgang mit der verfemten Familie des Barnabas Untreue genug. »›Wie du dich auch zu den Mädchen verhalten magst, ist ja nicht das Wichtigste; daß du in diese Familie überhaupt gehst und zurückkommst, den Geruch ihrer Stube in den Kleidern, ist schon eine unerträgliche Schande für mich. Und du läufst aus der Schule fort, ohne etwas zu sagen, und bleibst gar bei ihnen die halbe Nacht.‹« Tatsächlich aber ist Frieda nun mit einem der Gehilfen, Jeremias, zusammen. Am Ende seiner Kräfte, fällt K. in das Zimmer eines Schloßsekretärs. Dieser ist sehr überrascht, aber das soll sich positiv für K. auswirken. »›Wie verhält es sich denn mit der Landvermesserei?‹ – ›Ich mache keine solche Arbeit, ich werde nicht als Landvermesser beschäftigt‹, sagte K., er war wenig mit seinen Gedanken bei der Sache, eigentlich brannte er nur darauf, daß Bürgel einschlafe ...« Während der Sekretär, Bürgel, K. noch erklärt, daß jede Bitte, die in so einer ungewöhnlichen Situation geäußert werde, erhört werde, fällt er in einen tiefen, koma-artigen Schlaf. »K. schlief, es war zwar kein eigentlicher Schlaf, er hörte Bürgels Worte vielleicht besser als während des früheren todmüden Wachens, Wort für Wort schlug an sein Ohr, aber das lästige Bewußtsein war geschwunden, er fühlte sich frei, nicht Bürgel hielt ihn mehr, nur er tastete noch manchmal nach Bürgel hin, er war noch nicht in der Tiefe des Schlafes, aber eingetaucht in ihn war er. Niemand sollte ihm das mehr rauben. Und es war ihm, als sei ihm damit ein großer Sieg gelungen, und schon war auch eine Gesellschaft da, dies zu feiern, und er oder auch jemand anders hob das Champagnerglas zu Ehren dieses Sieges. Und damit alle wissen sollten, worum es sich handle, wurde der Kampf und der Sieg noch einmal wiederholt oder vielleicht gar nicht wiederholt, sondern fand erst jetzt statt und war schon früher gefeiert worden, und es wurde nicht abgelassen, ihn zu feiern, weil der Ausgang glücklicherweise gewiß war.« In dem nun folgenden Traum K.s wird der eigentliche Kampf mit dem Schloß stattfinden. Das, was K. für den Kampf gehalten hat, war die Siegesfeier – auch die Zeit im »Schloß« verläuft labyrinthisch und gehorcht ihren eigenen Gesetzen. Die Kampfszene selbst erinnert an die Züge auf einem Schachbrett: »Ein Sekretär, nackt, sehr ähnlich der Statue eines griechischen Gottes, wurde von K. im Kampf bedrängt. Es war sehr komisch, und K. lächelte darüber sanft im Schlaf, wie der Sekretär aus seiner stolzen Haltung durch K.s Vorstöße immer aufgeschreckt wurde und etwa den hochgestreckten Arm und die geballte Faust schnell dazu verwenden mußte, um seine Blößen zu decken, und doch damit noch immer zu langsam war. Der Kampf dauerte nicht lange; Schritt für Schritt, und es waren sehr große Schritte, rückte K. vor. Was es überhaupt ein Kampf? Es gab kein ernstliches Hindernis, nur hier und da das Piepsen des Sekretärs. Dieser griechische Gott piepste wie ein Mädchen, das gekitzelt wird. Und schließlich war er fort, K. war allein in einem großen Raum, kampfbereit drehte er sich herum und suchte den Gegner; es war aber niemand mehr da, auch die Gesellschaft hatte sich verlaufen, nur das Champagnerglas lag zerbrochen auf der Erde, K. zertrat es völlig. Die Scherben aber stachen, zusammenzuckend erwachte er doch wieder, ihm war übel wie einem kleinen Kind, wenn es geweckt wird. Trotzdem streifte ihn beim Anblick der entblößten Brust Bürgels vom Traum her der Gedanke: Hier hast du ja deinen griechischen Gott! Reiß ihn doch aus den Federn.« Das Kind K. hat im Traum gegenüber den Sekretären gesiegt, mögen die als Phallussymbole noch so sehr die Fäuste ballen und die Arme strecken – das Kind ist noch unschuldig, es kennt die Scham noch nicht, deswegen ist es schneller als die erwachsenen Männer, die ihre »Blößen« verzweifelt bedeckt zu halten versuchen. Der hier angetretene Gott ist jedoch nicht der patriarchalische Vatergott der monotheistischen Religionen, sondern ein griechischer Gott, der im Verlauf des Kampfes seine erschreckende Männlichkeit verliert und sich in ein hermaphroditisches Wesen verwandelt, das »piepst« wie ein Mädchen. (Der in diesem Bild enthaltene Ringkampf erinnert nebenbei an die erste »Sex«-Szene mit Klara Pollunder im »Verschollenen«.) Im Moment des wirklichen Sieges, dort, wo K. den Kampf aufgenommen hat, sich nicht abhalten läßt und sich nicht verirrt hat, ist K. wiederum allein, denn an seiner Stelle hat die »Gesellschaft« sich »verlaufen«. Leider aber bleibt es bei diesem geträumten Sieg. K. kann sich nicht dazu aufraffen, den Sekretär aus den »Federn« zu reißen. Und das wäre seine wirkliche »Arbeit« gewesen, wie es auch Bürgel bemerkt: »Nun, gehen Sie doch, Sie scheinen sich ja aus dem Schlaf gar nicht herausarbeiten zu können.« Im Wachzustand hat Klamm gesiegt. Der Sekretär Erlanger teilt K. unwiderruflich mit, daß er Frieda an Klamm abgeben muß, aus dem einzigen Grund, damit dieser in seinen gewohnten Abläufen nicht gehindert wird. Doch noch ist vielleicht nicht alles verloren. Am nächsten Tag lädt ihn Pepi ein, bei ihr zu wohnen, bis der Winter vorbei ist. »›Frieda hat dich verlassen, weder nach meiner Erklärung noch nach deiner hast du Hoffnung, daß sie zu dir zurückkommt und selbst wenn sie kommen sollte, irgendwo muß du die Zwischenzeit verbringen, es ist kalt, und du hast weder Arbeit noch Bett, komm zu uns, meine Freundinnen werden dir gefallen, wir werden es dir behaglich machen.‹« Doch K. lehnt das ab. Seßhaftigkeit und Behaglichkeit waren ja von vornherein nur dazu gedacht, ihm den Weg zur Macht zu ebnen. Und schließlich konnte er die Mächtigen mit seinem Verhalten zumindest ein wenig kitzeln. Jedenfalls empört sich die Wirtin über K.s ungebührliches Verhalten gegenüber den schlafenden Sekretären: »Was für ein Mensch muß das sein, der das nicht respektiert? Nun, es muß ein Mensch wie K. sein. Einer, der sich über alles, über das Gesetz sowie über die allergewöhnlichste menschliche Rücksichtnahme, mit dieser stumpfen Gleichgültigkeit und Verschlafenheit hinwegsetzt, dem nichts daran liegt, daß er die Aktenverteilung fast unmöglich macht und den Ruf des Hauses schädigt, und der das noch nie Geschehene zustande bringt, daß sich die zur Verzweiflung gebrachten Herren selbst zu wehren anfangen, nach einer für gewöhnliche Menschen unausdenkbaren Selbstüberwindung zur Glocke greifen und Hilfe herbeirufen, um den auf andere Weise nicht zu erschütternden K. zu vertreiben!« K. versucht nicht, sich zu verteidigen, sondern nimmt die Vorwürfe ernst und versucht sie ausschließlich damit zu entschuldigen, daß er neu sei und ihn die Verhöre überdies sehr ermüdet hätten. Kurz vor Abbruch des Romans wird K. von der Wirtin verhört, es ist das letzte seiner Verhöre. Was er denn nun wirklich sei, will sie von ihm wissen, und als er ihr antwortet »Landvermesser«, bekommt er daraufhin zu hören: »›Du sagst nicht die Wahrheit. Warum sagst du denn nicht die Wahrheit?‹« Er schaut sie an, durchschaut sie und sagt: »›Auch du sagst sie nicht.‹« In der Welt des Schlosses gibt es keine Wahrheit, die gesamte Sinnsuche ist vergebens. Und das ist vielleicht der größte Horror, den das Schloß und mit ihm das 20. Jahrhundert zu bieten haben. Ist nun K. ein Schurke oder doch ein Held? Am Ende des 9. Kapitels sollte ursprünglich ein »Protokoll« stehen. Kafka hat es gestrichen, es ist also ein wenig unredlich, es zu zitieren, aber wir schauen trotzdem einmal heimlich ins Drehbuch. Im Protokoll heißt es deutlich, vielleicht zu deutlich: »Des Landvermessers K. Schuld zu beweisen, ist nicht leicht. Man kann nämlich auf seine Schliche nur kommen, wenn man sich, so peinlich das auch ist, ganz in seinen Gedankengang hineinzwingt. Hiebei muß man sich nicht beirren lassen, wenn man auf diesem Weg zu einer von außen her unglaublichen Schlechtigkeit gelangt, im Gegenteil, wenn man so weit gekommen ist, dann ist man gewiß nicht irregegangen, dann erst ist man am richtigen Ort. Nehmen wir z.B. Friedas Fall. Es ist klar, daß der Landvermesser Frieda nicht liebt und nicht aus Liebe sie heiraten wird, er weiß recht wohl, daß sie ein unansehnliches, tyrannisches Mädchen überdies mit übler Vergangenheit ist, er behandelt sie auch demgemäß und treibt sich herum ohne sich um sie zu kümmern. Das ist der Tatbestand. Er könnte nun in verschiedener Weise gedeutet werden so daß K. als ein schwacher, oder ein dummer oder ein edelmütiger oder ein lumpiger Mensch erschiene. Das alles trifft aber nicht zu. Zur Wahrheit gelangt man erst, wenn man genau in seinen Spuren, die wir von der Ankunft angefangen, hier aufgezeigt haben, bis zur Verbindung mit Frieda geht. Hat man dann die haarsträubende Wahrheit gefunden, muß man sich freilich auch noch gewöhnen, sie zu glauben, aber es bleibt nichts anderes übrig. Nur aus Berechnung schmutzigster Art hat K. sich an Frieda herangemacht und wird nicht von ihr lassen, solange er noch irgendwelche Hoffnung hat, daß seine Rechnung stimmt …«

K., der einsame Held, bis zur Irrsinnigkeit übermüdet von Verhören und undurchschaubaren Verbindungen, korrumpiert durch die Macht und verlassen von den Menschen, deren Nähe er gesucht hat, wählt in der überlieferten Fassung die Freiheit, die bedeutet, nichts zu verlieren zu haben. Im Kapitel »Warten auf Klamm« bleibt K. am Ende allein auf dem Hof zurück, in einer dunklen, nicht mehr vom elektrischen Licht der Aufklärung beschienenen Welt. Als »nun auch alles elektrische Licht verlöschte – wem hätte es leuchten sollen? – und nur noch oben der Spalt in der Holzgalerie hell blieb und den irrenden Blick ein wenig festhielt, da schien es K., als habe man nun alle Verbindung mit ihm abgebrochen und als sei er nun freilich freier als jemals und könne hier auf dem ihm sonst verbotenen Ort warten, solange er wolle, und habe sich diese Freiheit erkämpft wie kaum ein anderer es könnte, und niemand dürfe ihn anrühren oder vertreiben, ja kaum ansprechen; aber – diese Überzeugung war zumindest ebenso stark – als gäbe es gleichzeitig nichts Sinnloseres, nichts Verzweifelteres als diese Freiheit, dieses Warten, diese Unverletzlichkeit.«

Darüber, wie der Schloßroman tatsächlich geendet hätte, können wir nur spekulieren. Max Brod überliefert das von Kafka geplante Ende so: »Ein Abschlußkapitel hat Kafka nicht geschrieben. Doch hat er es mir einmal auf meine Frage, wie der Roman enden würde, erzählt. Der angebliche Landvermesser erhält wenigstens teilweise Genugtuung. Er läßt in seinem Kampfe nicht nach, stirbt aber vor Entkräftung. Um sein Sterbebett versammelt sich die Gemeinde, und vom Schloß langt eben die Entscheidung herab, daß zwar ein Rechtsanspruch K.s, im Dorfe zu wohnen, nicht bestand – daß man ihm aber doch mit Rücksicht auf gewisse Nebenumstände gestatte, hier zu leben und zu arbeiten.« »Mit Rücksicht auf gewisse Nebenumstände« – das klingt in der Tat nach einem Happy-End ganz in Kafkas Sinne. Und doch – vielleicht hatte das »Schloß«, als einziger der geplanten Romane, ein positives Ende haben sollen. So wie Kafka vielleicht im innersten nie aufgehört hat, an eine lebbare Liebe mit Milena Jesenská zu glauben. Ihre Liebe war eine Erfahrung, die ihm die Kraft gab, die nächste Frau – Dora Diamant – nicht nur zu lieben, sondern auch mit ihr zusammen zu leben. Auch das ist dem »Schloß« eingeschrieben.

# Kafka und das Geheimnis der Bluse

Besonders aufregend ist es, den Moment mitzuerleben, an dem ein Motiv in das Werk eines Autors gelangt oder aber ein schon bestehendes Motiv radikal verändert wird. Vor allem, wenn es ohne offensichtlichen Grund geschieht, wie bei Kafka im Fall der Bluse. In den frühen Texten zieht Kafka seine Frauenfiguren immer komplett und sogar ausnehmend hübsch an. So in »Der Fahrgast«, wo ein unsicherer junger Trambahnfahrer Halt findet in der Beschreibung eines Mädchens, das sich neben ihn stellt: »Sie erscheint mir so deutlich, als ob ich sie betastet hätte. Sie ist schwarz gekleidet, die Rockfalten bewegen sich fast nicht, die Bluse ist knapp und hat einen Kragen aus weißer kleinmaschiger Spitze ...« Frauenkleider werden in gewissem Sinne sogar mit Gesichtern und Charakteren gleichgesetzt, wie etwa in dem Text »Kleider«: »Oft wenn ich Kleider mit vielfachen Falten, Rüschen und Behängen sehe, die über schönen Körpern schön sich legen, dann denke ich, daß sie nicht lange so erhalten bleiben, sondern Falten bekommen, nicht mehr geradezuglätten, Staub bekommen, der, dick in der Verzierung, nicht mehr zu entfernen ist, und daß niemand so traurig und lächerlich sich wird machen wollen, täglich das gleiche kostbare Kleid früh anzulegen und abends auszuziehen.« Und mehr als deutlich ist es hier, daß der Text sich nicht zuletzt auch selbst meint – er besteht aus vielfachen Falten, Rüschen und Behängen, die über die Welt gelegt werden sollen.

Wirft der Vater im »Urteil« dem Sohn noch vor, daß er bei seiner Verlobten nur auf Sex aus ist: »›Weil sie die Röcke gehoben hat‹, fing der Vater zu flöten an, ›weil sie die Röcke so gehoben hat, die widerliche Gans‹, und er hob, um das darzustellen, sein Hemd so hoch, daß man auf seinem Oberschenkel die

Narbe aus seinen Kriegsjahren sah, ›weil sie die Röcke so und so und so gehoben hat, hast du dich an sie herangemacht, und damit du an ihr ohne Störung dich befriedigen kannst, hast du unser Mutter Andenken geschändet ...‹«, so finden sich »Frauenröcke« im »Verschollenen« und im »Schloß« nur noch als denkbar harmloser Schlafplatz sexuell kontaktloser Männer. Statt dessen sind es nun die »Blusen«, die im Zentrum der Aufmerksamkeit stehen. Im ersten Porträt von Felice Bauer heißt es »Freier Hals. Überworfene Bluse.« Das Zimmer von Fräulein Bürstner im »Proceß« ist leer, aber stellvertretend für sie existiert ein einziges Kleidungsstück: »An der Klinke des offenen Fensters hieng eine weiße Bluse.«

Schließlich wift der Vater im »Brief an den Vater« Franz vor, er habe das adrette Fräulein Julie Wohryzek nur aus Oberflächlichkeit heiraten wollen: »Sie hat wahrscheinlich irgendeine ausgesuchte Bluse angezogen, wie das die Prager Jüdinnen verstehen, und daraufhin hast Du Dich natürlich entschlossen, sie zu heiraten.«

Was ist geschehen? Hat Kafka seine erotischen Vorlieben geändert?

Erscheint ihm die Betonung der Bluse als dezenter – und damit auch ansprechender? Weil sie die Frau nicht gleich komplett vereinnahmt, als pars pro toto aber ihren Charakter definiert? Oder weil das Wort »Kleider« ungenau ist und im gleichen Sinne auch Männerkleidung meinen kann, so wie die beiden Wächter im »Proceß« auch »Reisekleider« tragen?

Auf jeden Fall ist die Bluse streng mit den Verlobten Kafkas verknüpft, aus welchem Grund auch immer. Denn genau in dem Moment, als K. beschließt, endgültig im »Schloß« zu bleiben, stehen wieder Kleider – die »seidenartig knisternden Abendkleider« der Wirtin – im Vordergrund: »K. aber, die Gelegenheit ergreifend, und nun völlig, fast bis zur Gleichgültigkeit davon überzeugt, daß er bleiben werde, sagte: ›Ich sehe nicht dich an, nur dein Kleid.‹ – ›Warum mein Kleid?‹ fragte die Wirtin erregt. K. zuckte die Achseln.« Die Antwort steht wie immer bei Kafka offen zwischen den Zeilen. Die Wirtin erregt es, daß K. nicht sie – also das »rein Menschliche« an ihr – ansieht, sondern ihre Bekleidung. K. zuckt die Achseln, eine vieldeutige Geste, die Ratlosigkeit, Abwehr oder auch Resignation bedeuten kann. Die schöne Wirtin Welt erregt es, wenn ihre äußerliche Hülle betrachtet wird. Kafka, der Schriftsteller, beugt sich dieser Oberflächlichkeit und schreibt ihr Kleider aus Texten. Doch die Kleiderfrage beweist sich im »Schloß« geradezu als Gretchenfrage. Wie hältst du es mit der Mode? fragt die Wirtin in einem langen, traumhaften Gespräch mit K.:

»Die Wirtin sah ihn an, mit einem Blick, als träume sie. Durch den Blick wurde K. auch länger festgehalten, als er wollte … ›Du hattest gestern, glaube ich, die Keckheit, etwas über mein Kleid zu sagen.‹ K. konnte sich nicht erinnern … Was hätte er auch über der Frau Wirtin Kleider haben sagen können? Daß sie so schön seien, wie er noch nie welche gesehn habe. … ›Laß diese Bemerkungen!‹ sagte die Wirtin schnell. ›Ich will von dir kein Wort mehr über die Kleider hören. Du hast dich nicht um meine Kleider zu kümmern. Das verbiete ich dir ein für allemal.‹ … Hierbei war es, als überliefe sie ein Kälteschauer … Und als K. sich schweigend … umwenden wollte, fragte sie: ›Woher hast du denn dein Wissen von den Kleidern?‹ K. zuckte die Achseln, er habe kein Wissen. …. ›Hast du nicht einmal Schneiderei gelernt?‹ fragte die Wirtin. ›Nein, niemals‹, sagte K. … K. war schon im Flur, … als die Wirtin ihm nachrief: ›Ich bekomme morgen ein neues Kleid, vielleicht lasse ich dich holen.‹«

Diese Frau ist keine »Wirtin«, die ihren Gästen den »Trank des Lebens« ausschenkt. Ihr Wissen um Kleider, um »Texturen« verbindet sie mit der Vorstellung von Urgöttinnen, die den Faden des Lebens abmessen, zuteilen und abschneiden. Und das Verhör mit dem Schriftsteller – also eigentlich demjenigen, der im bildlichen Sinne das »Schneiderhandwerk«, den Umgang mit Stoffen gelernt haben sollte – wird das letzte Verhör K.s sein. Vielleicht endet es mit dem Tod. Vielleicht aber auch mit einer »Heimführung« durch die »Herrenhof«-Wirtin. In diesem Sinne wäre es die Erfüllung von K.s Träumen, zurück zu der Friedhofsmauer, die als Geburtsbarriere zwischen ihm und dem erhofften Ziel stand. Kafka aber ist im »Schloß« mit seiner »Metaphysik der Kleidung« einmal mehr über sich hinausgewachsen. Von den ersten, in Falten zersägten Kleidern über die mysteriösen Blusen und Reisekleider zu den bis ins feinste Detail ausgearbeiteten und hochgradig mit Bedeutung aufgeladenen Kleidern und Diskussionen über Kleider im Schloß. Kafka hatte sein Handwerk tatsächlich von der Pike auf gelernt.

# »Ein Hungerkünstler«. Ein Hunger nach Kunst

Nicht ahnend, wie nahe Kafka schon seinem Ende ist, schickt der Verlag im Mai die Probeabzüge zu dem Band »Ein Hungerkünstler«. Kafka nimmt die Blätter mit zitternden Fingern aus den Händen Robert Klopstocks entgegen, dem jungen Arzt, der ihn bis zu seinem Tod begleitet und pflegt und dem er sein Vertrauen schenkt, weil dieser nicht zuletzt auch literarisch gebildet ist – »sehr strebend, klug, auch sehr literarisch ... menschenbedürftig in der Art eines geborenen Arztes, antizionistisch, Jesus und Dostojewski sind seine Führer«. Bei der Durchsicht der Korrekturen bricht Franz zusammen. Die Sonne scheint ins Zimmer, Vögel singen, Dora hält seine Hand, doch die Schmerzen sind überwältigend. Franz kann nichts mehr essen, kaum noch trinken. »Kafkas körperlicher Zustand zu dieser Zeit und die ganze Situation, daß er selbst im wahren Sinne des Wortes verhungerte, war wirklich gespenstisch. Als er die Korrektur beendete, was eine ungeheure, nicht nur seelische Anstrengung, sondern eine Art erschütternder geistiger Wiederbegegnung für ihn sein mußte, rollten ihm lange die Tränen herunter. Es war das erste Mal, daß ich eine Äußerung von Bewegung dieser Art in Kafka miterlebte«, schrieb Robert Klopstock später über diesen Augenblick.

Kafka war der magerste Mensch, den er selbst kannte. Bisher haben wir in den Geschichten Kafkas allerdings wenig vom Hungern gehört. Dafür um so mehr vom Essen. Georg Bendemann aus dem »Urteil« nimmt sein tägliches Mittagsmahl gleichzeitig und nicht »gemeinsam« mit dem Vater ein – ein erstes Indiz für die Lieblosigkeit ihres Umganges. Gregor Samsa aus der »Verwandlung« kann keine frischen Speisen mehr vertragen, verschlingt erst gierig »alten Käse« und verliert darauf bald gänzlich den Appetit. Die einzige »Nahrung«, die er noch verträgt, ist das Geigenspiel der Schwester. Bei Karl Roßmann im »Verschollenen« geht es nicht zuletzt buchstäblich »um die Wurst«, Familienbilder und europäisches Essen sind die letzten Reliquien, die er vergeblich zu hüten versucht. Karls Appetit wird mehrfach ausgiebig diskutiert, ist Zielscheibe des Spotts und dient zu seiner Charakterisierung als lebensuntüchtiger »Eigenbrötler«.

Josef K. schließlich bemerkt empört, es sei noch nie vorgekommen, daß ihm nicht sein Frühstück aufs Zimmer gebracht wurde, und muß statt dessen mit einem Apfel vorlieb nehmen – Startpunkt des »Prozesses«.

Im »Brief an den Vater« wird in einer der boshaftesten und widerlichsten Szenen das Verhalten des Vaters am Abendbrottisch geschildert. Brot soll unbedingt gerade geschnitten werden – doch das dazu von Herrmann Kafka verwendete Messer trieft von Sauce. »Da ich als Kind hauptsächlich beim Essen mit Dir beisammen war, war Dein Unterricht zum großen Teil Unterricht im richtigen Benehmen bei Tisch. Was auf den Tisch kam, mußte aufgegessen, über die Güte des Essens durfte nicht gesprochen werden – Du aber fandest das Essen oft ungenießbar; nanntest es ›das Fressen‹; das ›Vieh‹ (die Köchin) hatte es verdorben.« Kein Wunder, daß Kafka bei solchen Ausdrücken des Vaters auf die Idee verfiel, Menschen mit Tieren zu vergleichen! Schlimmer war es aber, daß Essen mit Zwang zu tun hatte und mit dem Verbot zu reden einherging: »Weil Du entsprechend Deinem kräftigen Hunger und Deiner besonderen Vorliebe alles schnell, heiß und in großen Bissen gegessen hast, mußte sich das Kind beeilen, düstere Stille war bei Tisch, unterbrochen von Ermahnungen: ›zuerst iß, dann sprich‹ oder ›schneller, schneller, schneller‹ oder ›siehst Du, ich habe schon längst aufgegessen‹.«

In Kafkas Leben dreht sich viel ums Essen oder Nichtessen. Felice Bauer fällt Franz unter anderem am Eßtisch der Familie Brod auf, weil ihr nach eigenen Aussagen Menschen unangenehm sind, die an nichts anderes denken können als an Essen.

Später schreibt er enttäuscht, sie habe ihn betrogen, indem sie doch nur eines wolle: »stumpf gegen alles stumme Bitten das Mittelmaß, die behagliche Wohnung ..., reichliches Essen, Schlaf von 11 Uhr abends an usw.« Der Verrat der Frau liegt in der Gutbürgerlichkeit des Essen-, Schlafen-, Liebenwollens.

Kafkas eigene Einstellung zum Essen war zeitlebens, vorsichtig gesagt, kompliziert. Zwar lebte er über längere Zeiten hinweg vegetarisch – was seinen Vater zu der Bezeichnung »Nußknacker« veranlaßte. Gegenüber Felice schreibt er selbstironisch: »Monatelang mußte mein Vater während meines Nachtessens die Zeitung vors Gesicht halten, ehe er sich daran gewöhnte.« Manchmal aß Kafka aber auch mit Wonne und nur wenig schlechtem Gewissen Unmengen von Fleisch; dann wieder »fletscherte« er sein Essen, das heißt, er zerkleinerte es, bevor er es herunterschluckte, mit einer sorgfältigen Kaumethode zu Brei. Im Büro hielt er sich an Brötchen und Joghurt.

Kafkas Verhältnis zu dicken Menschen hingegen zeigte sich mitunter in rührender Verehrung. So bescheinigte er dem fülligen Franz Werfel die Fähigkeit, Dinge zu Ende zu schreiben, da nur in »diesen starkwandigen Gefäßen« alles wirklich »gar gekocht« werden könne.

Als ihm Grete Bloch von einem Zahnarztbesuch Felices berichtet, gesteht Kafka, wie sehr es ihn vor den Plomben Felices graust. Diese Wahrnehmung zeigt die kritische Distanz, in der Kafka sogar gegenüber der Frau steht, die er zu lieben meint. Eine ästhetizistische Distanz, die er mit den Figuren seiner Werke teilt. Daher hat man auch oft versucht, den »Hungerkünstler« mit Kafka zu identifizieren. Tatsächlich schreibt Kafka, sein ganzer Organismus sei nur auf das Schreiben ausgerichtet, seine einzige Nahrung. Schon 1911 steht es so in seinem Notizheft: »In mir kann ganz gut die Concentration auf das Schreiben hin erkannt werden. Als es meinem Organismus klar geworden war, daß das Schreiben die ergiebigste Richtung meines Wesens sei, drängte sich alles hin und ließ meine Fähigkeiten leer stehen, die sich auf die Freuden des Geschlechtes, des Essens, des Trinkens, des philosophischen Nachdenkens, der Musik zuallererst richteten. Ich magerte nach allen diesen Seiten ab. Das war notwendig, weil meine Kräfte in ihrer Gesamtheit so gering waren, daß sie nur gesammelt dem Zweck des Schreibens halbwegs dienen konnten.«

Die Magerkeit bezieht sich also nicht nur auf den physischen Körper, auch der psychische und der geistige Körper sind davon betroffen. Nur so konnte Kafka die »Concentration« aufbringen.

Bühne auf. Auf einem Jahrmarktplatz sitzt ein Hungerkünstler in seinem Käfig, begafft von der Menge. Er hockt sein ganzes »Wanderleben« lang in einem Zirkuskäfig, nur umgeben von Stroh und einer Uhr, und hungert gegen die Zeit. Am Anfang, unter der Aufsicht von Wächtern und einem Impresario, nur jeweils vierzig Tage am Stück. Das ging lange Zeit gut, war ein einträgliches Geschäft, nun aber haben sich die Zeiten geändert. Hören wir uns die Lobpreisung des »Goldenen Zeitalters« der Hungerkünstler an, in dem es sich noch lohnte, Vorführungen »in eigener Regie« zu veranstalten. »Es waren andere Zeiten.« Zeiten, in denen das Interesse so groß war, daß zu seiner Beschreibung eine halbe Seite Prosa nötig ist. Die ganze Stadt »beschäftigte« sich mit dem Auftritt, man wollte den Hungerkünstler »täglich sehen«, man saß »ganze Tage« vor seinem Käfig. Auch nachts fanden »Besichtigungen« statt, besonders die Kinder sind empfänglich gewesen, sie »staunten« ihn an, von ihnen läßt sich der Hungerkünstler sogar »befühlen«. Von »beschäftigen« aus Modegründen bis zum staunenden »Befühlen« reichte die Palette an Reaktionen auf die »Hungerkunst«, die darin besteht, unter schärfster Bewachung nicht zu essen, nicht zu schlafen, sich höchstens mit ein wenig Wasser die Lippen zu befeuchten.

»In den letzten Jahrzehnten ist das Interesse an Hungerkünstlern sehr zurückgegangen.« Statt des Hungers magert also zunächst das Interesse ab – eine Gleichsetzung, die für die Deutung der Geschichte wichtig sein wird. Denn schon sind wir dem Text auf den Leim gegangen, der mit dieser Aufzählung ja auch nur wieder Reklame für den Hungerkünstler machen, das erlahmende Interesse wieder aufheizen wollte: »Vierzig Tage etwa konnte man erfahrungsgemäß durch allmählich sich steigernde Reklame das Interesse einer Stadt immer mehr aufstacheln, dann aber versagte das Publikum ...« Denn das wichtigste am Hungern ist, von seiten des Publikums aus, die unglaublich erscheinende Anzahl von vierzig vollen »Fastentagen«. Der Effekt des Hungerns besteht in der Überprüfung der sich täglich ändernden Zahl auf einem kleinen Schild, das die Hungertage anzeigt. Der Käfig mit der Uhr ist ein Raum, in dem die einzig sichtbare Bewegung die Zeit ist.

Alle Zuschauer gehen davon aus, daß der Hungerkünstler ein Schwindler ist, weil es ihnen selbst unmöglich wäre, ihren Hunger so lange zu bekämpfen. Das Publikum reagiert auf seine Verdächtigungen auf zwei Arten: Die einen wollen mit dem Künstler gemeinsame Sache machen und sind bewußt unaufmerksam, um es ihm zu ermöglichen, heimlich Nahrung zu sich zu nehmen. Je ehrlicher der Hungerkünstler versucht, diese Zuschauer von der Redlichkeit seiner Kunst zu überzeugen, desto mehr wird er in ihrer Achtung als Betrüger steigen, der wie ein Magier über besonders große »Geschicklichkeit« verfügt. Die anderen allerdings beäugen ihn besonders intensiv, um herauszufinden, wie er sie betrügt. Dieser Teil des Publikums ist dem Hungerkünstler noch der liebere, weil er sich auf ihn wirklich konzentriert.

In Wahrheit gibt es natürlich gar kein Publikum, das die Hungerkunst überprüfen könnte, denn niemand kann vierzig Tage lang vor dem Käfig sitzen, auch die Bewacher müssen sich abwechseln. »... niemand also konnte aus eigener Anschauung wissen, ob wirklich ununterbrochen, fehlerlos gehungert worden war; nur der Hungerkünstler selbst konnte das wissen, nur er also gleichzeitig der von seinem Hungern vollkommen befriedigte Zuschauer sein.« Und so weiß auch nur der Hungerkünstler um das Geheimnis seiner Kunst: »Er allein nämlich wußte, auch kein Eingeweihter sonst wußte das, wie leicht das Hungern war. Es war die leichteste Sache von der Welt.« Das Hungern macht nicht nur – körperlich – leichter, es ist gleichzeitig die »leichteste Sache von der Welt«. Während

Welthaftigkeit Schwere verlangt, gibt es für wenige »Eingeweihte« (wie vielleicht den Erzähler der Geschichte) durch die Askese des kunstvoll hungernden Körpers eine gänzlich andere Verbindung zu ihr.

Um so frustrierender für den Hungerkünstler, daß er gezwungen ist, nach jeweils vierzig Tagen (so lange fastete im übrigen auch Jesus in der Wüste) aufzuhören; gerade, wenn es noch nicht einmal am schönsten ist: »Er hätte es noch lange, unbeschränkt lange ausgehalten; warum gerade jetzt aufhören, wo er im besten, ja noch nicht einmal im besten Hungern war? Warum wollte man ihn des Ruhmes berauben, weiter zu hungern, nicht nur der größte Hungerkünstler aller Zeiten zu werden, der er ja wahrscheinlich schon war, aber auch noch sich selbst zu übertreffen bis ins Unbegreifliche, denn für seine Fähigkeit zu hungern fühlte er keine Grenzen.« Der Grund für seine Berufswahl steht hier zwischen den Zeilen. Es ist nicht in erster Linie Ruhmsucht, die den Hungerkünstler antreibt, der mit unverhohlenem und gleichgültigem Selbstbewußtsein von sich sagen kann, daß er ja vermutlich schon der beste Hungerkünstler sei, obwohl ihn der Titel der Geschichte noch vorsichtig »Ein Hungerkünstler« nennt. Es ist etwas ganz anderes. Der Hungerkünstler will alle Beschränkungen aufheben, im Hungern und für das Hungern fühlt er in sich keine Grenzen. Er verliert seinen Körper im Hungern, wird »unbegreiflich«, entschwindet in Sphären der Körperlosigkeit.

Zurückgeholt aus dieser Grenzenlosigkeit wird er stets durch ein sorgfältig geplantes Ritual: »Dann also am vierzigsten Tage wurde die Tür des mit Blumen umkränzten Käfigs geöffnet, eine begeisterte Zuschauerschaft erfüllte das Amphitheater, eine Militärkapelle spielte, zwei Ärzte betraten den Käfig, um die nötigen Messungen am Hungerkünstler vorzunehmen, durch ein Megaphon wurden die Resultate dem Saale verkündet, und schließlich kamen zwei junge Damen, glücklich darüber, daß gerade sie ausgelost worden waren, und wollten den Hungerkünstler aus dem Käfig ein paar Stufen hinabführen, wo auf einem kleinen Tischchen eine sorgfältig ausgewählte Krankenmahlzeit serviert war. Und in diesem Augenblick wehrte sich der Hungerkünstler immer.«

Es ist nur ein Augenblick nach jeder »Hungerperiode«, nach »vierzig Tagen«, aber in diesem wehrt er sich »immer« – ein Märtyrer gegen seine Bedeutungslosigkeit im ewigen Kreislauf der Zeit. Die Damen, die ihn in die »wirklichen Verhältnisse« hinabführen wollen, erscheinen ihm »grausam«, das Publikum ungerecht in seiner Ungeduld.

Wir kennen das schon aus dem Ende des »Verschollenen«: »Ein großer Zirkus mit seiner Unzahl von einander immer wieder ausgleichenden und ergänzenden Menschen und Tieren und Apparaten kann jeden und zu jeder Zeit gebrauchen ...«

Der Hungerkünstler aber ist ja ein »Künstler«, und er hungert, anders als der jugendliche Karl Roßmann, schon sein ganzes Leben. »›Weil ich hungern muß, ich kann nicht anders‹, sagte der Hungerkünstler. ›Da sieh mal einer‹, sagte der Aufseher, ›warum kannst du denn nicht anders?‹ – ›Weil ich‹, sagte der Hungerkünstler, hob das Köpfchen ein wenig und sprach mit wie zum Kuß gespitzten Lippen gerade in das Ohr des Aufsehers hinein, damit nichts verloren ginge, ›weil ich nicht die Speise finden konnte, die mir schmeckt. Hätte ich sie gefunden, glaube mir, ich hätte kein Aufsehen gemacht und mich vollgegessen wie du und alle.‹«

Es lohnt sich, hier genau zu lesen. Auf die Frage des Aufsehers sagt der Hungerkünstler zunächst »weil ich«. Und das ist die reine Wahrheit. Weil er, dem nichts verlorengehen darf, auf sich selbst beharrt, kann er nicht sein wie »du und alle«.

Da sich der Hungerkünstler nicht mehr überwinden kann, sein Hungern aufzugeben, gibt er sich lieber selbst auf. An seine Stelle wird ein junger Panther in den Käfig gesperrt. Anders aber als der Panther bei Rilke, dessen »Blick vom Vorübergehn der Stäbe« so müde wird, »daß er nichts mehr hält«, fühlt sich das Raubtier in diesem Käfig offensichtlich wohl: »In den Käfig aber gab man einen jungen Panther. Es war eine selbst dem stumpfsten Sinn fühlbare Erholung, in dem so lange öden Käfig dieses wilde Tier sich herumwerfen zu sehen.

Ihm fehlte nichts. Die Nahrung, die ihm schmeckte, brachten ihm ohne langes Nachdenken die Wächter; nicht einmal die Freiheit schien er zu vermissen; dieser edle, mit allem Nötigen bis knapp zum Zerreißen ausgestattete Körper schien auch die Freiheit mit sich herumzutragen; irgendwo im Gebiß schien sie zu stecken; und die Freude am Leben kam mit derart starker Glut aus seinem Rachen, daß es für die Zuschauer nicht leicht war, ihr standzuhalten. Aber sie überwanden sich, umdrängten den Käfig und wollten sich gar nicht fortrühren.« Die Zuschauer müssen sich überwinden, und sie tun es. Das ist der kolossale Unterschied zwischen dem Hungerkünstler und seinem Publikum. Der animalische, mit allem Nötigen ausgestattete Körper trägt (oder scheint zumindest zu tragen) auch die Freiheit mit sich. Nicht im Verschwinden des Körpers liegt somit die Freiheit – darin besteht der Denkfehler des Hungerkünstlers –, sondern nur im Körper selbst ist sie zu finden. Dies ist die Ordnung der Welt, die der Hungerkünstler mit seiner Verweigerungshaltung gestört hat. »Nun macht aber Ordnung«, ruft daher der Aufseher aus, als es darangeht, den Hungerkünstler zu begraben. In »eigener Regie« ging dem Dirigenten seiner selbst der Takt verloren.

Als Kafka bei der Korrektur des »Hungerkünstlers« in Tränen ausbrach, könnte es passiert sein, daß er bemerkte, daß er sich nicht in der Position des »allwissenden Erzählers«, des Eingeweihten befunden hatte, sondern von vornherein darauf aus gewesen war, die Position des Hungerkünstlers einzunehmen. »Ein Hungerkünstler« erschien erstmals 1922 im Oktoberheft der Zeitschrift »Die neue Rundschau«. Kafka hatte den Text für einen Band mit Erzählungen vorgesehen, in den er außerdem »Erstes Leid«, »Eine kleine Frau« und »Josefine, die Sängerin oder Das Volk der Mäuse« aufnahm. Doch die Veröffentlichung des Buches sollte Kafka nicht mehr erleben. Die Drucklegung verzögerte sich, der Hunger war stärker geworden als der Körper. »Versuche, jemandem die Hungerkunst zu erklären.«

# »Josefine, die Sängerin oder Das Volk der Mäuse«

»Lieber Felix, der erste große Fehler von Zürau: eine Mäusenacht, ein schreckliches Erlebnis. Ich selbst bin ja unangetastet und mein Haar ist nicht weißer als gestern, aber es war doch das Grauen der Welt. Schon früher hatte ich es hie und da (ich muß jeden Augenblick das Schreiben unterbrechen, Du wirst den Grund noch erfahren) hie und da in der Nacht zart knabbern gehört, einmal war ich sogar zitternd aufgestanden und habe nachgesehn, es hörte dann gleich auf – diesmal aber war es ein Aufruhr. Was für ein schreckliches stummes lärmendes Volk das ist. Um 2 Uhr wurde ich durch ein Rascheln bei meinem Bett geweckt und von da an hörte es nicht auf bis zum Morgen. Auf die Kohlenkiste hinauf, von der Kohlenkiste hinunter, die Diagonale des Zimmers abgelaufen, Kreise gezogen, am Holz genagt, im Ruhen leise gepfiffen und dabei immer das Gefühl der Stille, der heimlichen Arbeit eines gedrückten proletarischen Volkes, dem die Nacht gehört.«

Mit Grauen denkt Kafka in diesem Brief an seinen Freund Felix Weltsch also an Mäuse – und schreibt doch noch kurz vor seinem Tod an der Geschichte »Josefine, die Sängerin oder Das Volk der Mäuse«. Noch während seines letzten Sanatoriumsaufenthaltes, während er durch die Kehlkopftuberkulose – pietätlos (aber keine wahre Trauer ohne Pietätlosigkeit) gesagt – selber auf dem letzten Loch pfiff, entschied Kafka: »Die Geschichte bekommt einen neuen Titel. ›Josefine, die Sängerin oder – Das Volk der Mäuse‹. Solche Oder-Titel sind zwar nicht sehr hübsch, aber hier hat es vielleicht besonderen Sinn. Es hat etwas von einer Waage.«

Wir hören Waage und denken natürlich gleich an Justitia. Was soll hier gegeneinander abgewogen werden? Sollen – in

Form der Sängerin und in Form des Volkes – etwa die Ansprüche von Künstler und Gesellschaft gegeneinander abgewogen werden? Soll für uns Leser gar eine Alternative aufgemacht werden – wir, das Volk, oder die Sängerin?

Doch schon im ersten Satz heißt es beruhigend: »Unsere Sängerin heißt Josefine.« Daran gibt es wohl nichts zu rütteln. Weiter gehen die Preisungen, eine ganze Manuskriptseite lang – über Josefines Liebe zur Musik, die Schönheit ihres Gesanges, ihre Wirkung: »Wer sie nicht gehört hat, kennt nicht die Macht des Gesanges.« Musik! Freude! Gesang! – Wo man singt, dort laß dich ruhig nieder, böse Mäuse haben keine Lieder!

Dann aber wechselt der Erzähler – pardon, die Erzählerin, schließlich handelt es sich ja um eine Maus – plötzlich den Tonfall, und wir merken, daß sie nicht unbedingt auf der Seite Josefines steht: »Ist es denn überhaupt Gesang?« Denn »im vertrauten Kreis gestehen wir einander offen, daß Josefines Gesang als Gesang nichts Außerordentliches darstellt«. Schließlich, so die gelehrte Maus, habe man zwar nur diese eine Sängerin, man könnte meinen, da verbiete sich eine Bewertung von selbst, aber immerhin haben sich alte Sagen und Lieder und überhaupt die Tradition erhalten. Und dieser Gesang, nun, der ist eben doch anders als jene. Um schließlich hübsch dialektisch für die weitere Interpretation zum Punkt zu kommen: »Ist es nicht vielleicht doch nur ein Pfeifen?« Im Pfeifen sind alle Mäuse wahre Experten, es ist schließlich die »charakteristische Lebensäußerung«. Und so kann die Erzählmaus auch gleich mal bissig nachschieben: »Alle pfeifen wir, aber freilich denkt niemand daran, das als Kunst auszugeben …«

Schon gar nicht ein solches Pfeifen, das höchstens durch »Zartheit oder Schwäche« ein wenig auffällt, so daß man boshaft sagen kann, daß »ihre Kraft für dieses übliche Pfeifen nicht einmal ganz hin[reicht]«, ja, es ist eigentlich genau das gleiche, trotz aller Routine immer noch »schüchterne« Pfeifen, das die Wirkung ausmacht. Aber spricht man Josefine, die Sängerin, beiläufig darauf an, ob es sich bei ihrem Gesang nicht doch vielleicht um Pfeifen handeln könnte, zieht man sich nur ihre Verachtung und ihren Haß zu. Schließlich singt Josefine nicht nur zum Spaß vor tauben Ohren, nein, sie fühlt sich zum Singen veranlaßt, wenn Not am Gesang ist, das Volk in »aufgeregten Zeiten« lebt, wenn Feinde es bedrohen, und sie hofft, durch den Gesang Gefahr von ihrem Volk abhalten zu können.

Was ist das überhaupt für ein Volk, das »über alles die freilich harmlose Schlauheit liebt, das kindliche Wispern, den freilich unschuldigen, nur die Lippen bewegenden Tratsch« und das nach Aussagen der Erzählmaus unfähig zur echten Hingabe ist. Es ist das Volk, gegen das Josefine als hingebungsvolle Sängerin kämpft. In Wahrheit kann sie jedoch nur eine Verbindung zum Volk herstellen, weil sie nicht wirklich herausragend ist. Wohl auch deshalb kommt ihr Publikum, sie zu hören. Ihre Darbietungen schaffen kleine begehrte Freiräume im Alltag und in Gefahren. »Hier in den dürftigen Pausen zwischen den Kämpfen träumt das Volk, es ist, als lösten sich dem Einzelnen die Glieder, als dürfte sich der Ruhelose einmal nach seiner Lust im großen warmen Bett des Volkes dehnen und strecken.«

Ach, dieses vermaledeite Volk! Das Volk sorgt für Josefine »in der Art eines Vaters«, und es hört über Josefines Beweggründe hinweg »wie ein Erwachsener in Gedanken über das Plaudern eines Kindes hinweghört«. Gegenüber Abweichungen zeigt sich allerdings »das Volk in seiner kalten richterlichen Haltung«, die den absoluten Gehorsam gegenüber den bestehenden Regeln einfordert.

Nur die Jugend wird stark von Josefines Gesang angezogen. So bleibt »das Rätsel ihrer großen Wirkung« bestehen. Dieses führt die Erzählmaus zu der paradoxen Feststellung: »was sie hier pfeift, ist kein Pfeifen.« Das eigentliche Wesen des Pfeifens ist, eben weil es jeder tut, die Konstitution einer Gemeinsamkeit, das Pfeifen ist also eines der Dinge, die das Volk begründen. Durch das inszenierte Pfeifen Josefines wird gezeigt, daß all diejenigen, die tagaus, tagein unbewußt pfeifen, ein Teil des Volkes sind. Das Pfeifen aber ist in den Konzerten Josefines »freigemacht von den Fesseln des täglichen Lebens und befreit auch uns für eine kurze Weile«. Diese »Befreiung ist zugleich die Wiedergewinnung eines versunkenen Glücks«, der Kindheit.

Soweit wäre alles in Ordnung, Brot und Spiele, der Künstler trägt zur Entspannung des Volkes bei. Ein für beide Seiten angenehmes Arrangement, sagt Kafka augenzwinkernd, würde Josefine nicht unverschämterweise darum kämpfen, vom Arbeiten befreit zu werden: »Schon seit langer Zeit, vielleicht schon seit Beginn ihrer Künstlerlaufbahn, kämpft Josefine darum, daß sie mit Rücksicht auf ihren Gesang von jeder Arbeit befreit werde«.

Das alte Dilemma von Erwerbsarbeit und Erfüllung, von Berufung und Beruf. Warum stört nun gerade diese Forderung das Gleichgewicht zwischen Künstlerin und Volk? Mag es auch den Anschein gehabt haben, »daß Josefine fast außerhalb des Gesetzes steht«, so muß sie es mit dieser Forderung doch übertreten haben.

Sobald ihre Kunst als solche anerkannt würde, wäre das sogleich das Eingeständnis, daß der Gesang etwas enthält, das weder greifbar noch kontrollierbar ist. Damit geriete auch Josefine außer Kontrolle. Sie würde das ungeschriebene Gesetz der Gleichheit innerhalb des Volks überschreiten, und genau das ist es, was das Volk nicht zulassen kann. Josefine, ganz naive Künstlerin, droht damit, ihre Koloraturen zu kürzen, von denen jedoch die Erzählmaus noch nie etwas gehört haben will und deren Kürzung im weiteren Verlauf der Geschichte auch sonst offensichtlich niemand bemerkt. Die hohlen Drohungen der Sängerin verpuffen angesichts der Unmöglichkeit, ihre Kunst nicht mit aller Hingabe ihres zarten Stimmchens auszuüben – das Problem besteht eben darin, daß Künstler ja nicht anders können, als ihre Kunst zu betreiben. Sie füllen die Waagschale immer mit ihrer ganzen Existenz. Aber ist diese nicht immer zu leicht, im Angesicht der Tausenden, die ein Volk bilden?

»Mit Josefine aber muß es abwärts gehn. Bald wird die Zeit kommen, wo ihr letzter Pfiff ertönt und verstummt«, hämisch und trotzig zugleich konstatiert die Erzählerin Josefines Ende. »Josefine aber, erlöst von der irdischen Plage, die aber ihrer

Meinung nach Auserwählten bereitet ist, wird fröhlich sich verlieren in der zahllosen Menge der Helden unseres Volkes, und bald, da wir keine Geschichte treiben, in gesteigerter Erlösung vergessen sein wie alle ihre Brüder.«

Auch ein Gedenken an Helden kann es bei einer zahllosen Menge nicht geben, eine Geschichtsschreibung ist in dieser Situation gar nicht möglich. Das Volk begreift sich auch darin, daß es sich selbst vergißt. Die Flüchtigkeit einer Wirkung, einer Stimme, sie ist uneinholbar verloren, wird untergehen in der Geschichtslosigkeit.

Für Josefine aber, die Künstlerin, mag ihre Erlösung von den irdischen Plagen immerhin eine größere, tiefere, stimmigere sein, da sie nicht nur von der Plage ihrer täglichen Arbeit, sondern im Vergessenwerden auch von der »Ignoranz« ihres Volkes – von uns – befreit wird.

Alles das soll vergessen werden. Denn die Thematik »Künstler und Gesellschaft«, schlimmer noch »Künstler und Volk«, befindet sich auf einer Waage, für die ein Schriftsteller wie Kafka kurz vor seinem Tode nur befinden kann: auf beiden Seiten zu leicht.

Am Abend, als er das letzte Blatt der Geschichte fertiggestellt hatte, sagte Kafka zu Robert Klopstock: »Ich glaube, ich habe zur rechten Zeit mit der Untersuchung des tierischen Piepsens begonnen. Ich habe soeben eine Geschichte darüber fertiggestellt.« Noch am selben Abend fühlt er ein »komisches Brennen« im Hals, besonders beim Genuß von Fruchtsäften. Die Angst steigt in ihm auf, daß auch sein Kehlkopf mit angegriffen sein könnte. Die Uhr, die wie ein Spiegel ist, geht nur noch wenige Tage vor …

Von den letzten Korrekturen und ihrer Wirkung erfahren wir nur noch aus den Gesprächsblättern. Es ist Ende Mai, und Kafka will die Josefine-Geschichte unbedingt verkaufen, um eine Behandlung, die »entsetzliches Geld« kosten wird, bezahlen zu können. »Jetzt will ich es lesen. Es wird mich zu sehr aufregen, vielleicht, ich muß es doch von neuem erleben.« Vielleicht war dieses Erlebnis sein Tod.

# Ausnahmslos. Franz Kafkas letzte Spiele

Wie kann das sein? Nach drei mißglückten Verlobungen, nach Felice und Julie, nach der hochkomplizierten, letztendlich verhinderten amour fou mit Milena, immer gefesselt an seinen Stuhl in der Versicherungsanstalt und gebunden durch die »Klauen« Prags, braucht es jetzt nur wenige Wochen, und Kafka ist mit einer Frau auf und davon! Neunzehn Jahre alt ist Dora Diamant, als er ihr bei einem Aufenthalt an der Ostsee begegnet. Aber sie, die Tochter strenggläubiger polnischer Juden, nach Kafka natürlich, hilfsbereit und auf wohltuende Weise naiv, hat bereits vollbracht, was der doppelt so alte Franz nicht vermochte: in die Fremde gehen und ein eigenes Leben aufbauen. Jetzt zieht sie ihn mit, und die beiden gehen nach Berlin. Sie mieten eine Wohnung in Steglitz an – und in den ersten Monaten scheint Kafka sehr fröhlich zu sein. Endlich hat er, gegen alle Widerstände, den Wegzug von Prag durchgesetzt, unvermutet besitzt er einen eigenen »Hausstand«. Er fühlt sich wie der junge Karl Roßmann, schreibt mit dem Stolz des Ausgewanderten an die Bekannten. Vor Felix Weltsch schwärmt er über die neue Umgebung: »... meine Gasse ist etwa die letzte halb städtische, hinter ihr löst sich das Land in Gärten und Villen auf, üppige Gärten. An lauen Abenden ist ein so starker Duft, wie ich ihn von anderswoher kaum kenne. Dann ist da noch der große Botanische Garten, eine Viertelstunde von mir, und der Wald, wo ich allerdings noch nicht war, keine volle halbe Stunde. Die Einfassung des kleinen Auswanderers ist also schön.« Fast ungläubig zählt Kafka hier all die angenehmen Seiten seiner Umgebung auf – und so, als müsse er sich unendlich überwinden, kommt er schließlich zu dem Schluß: » hier ist [es] also schön«. Endlich einmal gehört der Idylle der Schlußpunkt. Und viel braucht Kafka wirklich nicht zu seinem Glück: »Oft dachte ich schon daran, daß es die beste Lebensweise für mich wäre, mit Schreibzeug und Lampe im innersten Raume eines ausgedehnten, abgesperrten Kellers zu sein. Das Essen brächte man mir, stellte es immer weit von meinem Raum entfernt hinter der äußersten Tür des Kellers nieder. Der Weg um das Essen, im Schlafrock, durch alle Kellergewölbe hindurch wäre mein einziger Spaziergang. Dann kehrte ich zu meinem Tisch zurück, würde langsam und mit Bedacht essen und wieder gleich zu schreiben anfangen. Was ich dann schreiben würde. Aus welchen Tiefen ich es hervorreißen würde. Ohne Anstrengung! Denn äußerste Koncentration kennt keine Anstrengung.«

Die Adressatin dieser Worte Kafkas, Felice, war nach dem mehrmonatigem Briefverkehr 1913 schon so einiges von ihrem »Kellerbewohner« gewohnt. Daher dürfte es die Jungverlobte auch nicht weiter in ihren eigenen Träumen einer schön und gediegen eingerichteten, gutbürgerlichen Wohnung gestört haben. Schließlich hätte die ja auch einen Keller haben können. Immerhin lebte Franz nicht in einem ästhetischen Elfenbeinturm, wie so viele andere der jungen Dichter, die die erfolgreiche Büroangestellte nach der langen Arbeit las.

Für Kafka aber verwirklichte sich der Traum von der »Koncentration ohne Anstrengung« erst am Ende seines Lebens, jenseits von aller Bürgerlichkeit, als er mit Dora in der lausig kalten Wohnung im Berliner Vorort Steglitz haust. Doch selbst hier, in dem ersten eigenen Hausstand, kann sich Kafka nicht bis zuletzt sicher fühlen. »Ich habe den Bau eingerichtet und er scheint wohlgelungen«, heißt es in dem Fragment »Der Bau«. Sicher kann sich das den Bau erschaffende Tier nie sein, deswegen »scheint« der Bau ja auch nur wohlgelungen. Denn jeder Bau muß einen Eingang haben, und »dort an jener Stelle im dunklen Moos bin ich sterblich und in meinen Träumen schnuppert dort oft eine lüsterne Schnauze unaufhörlich herum«.

Auch müssen verschiedene Sicherheitsrisiken gegeneinander abgewogen werden, für das Tier im Bau eine endlose Rechnung. Baut es seine Wege lieber weiträumig, so daß es schnell fliehen kann, oder so eng, daß größere Feinde nicht hindurch können? Soll es viele Wege bauen oder lieber nur einige? »Und es gibt nicht nur die äußeren Feinde, die mich bedrohen. Es gibt auch solche im Innern der Erde. Ich habe sie noch nie gesehen, aber die Sagen erzählen von ihnen und ich glaube fest an sie.« Und wo lagert man am besten seine Vorräte? Auf viele kleine Haufen verteilt oder aber auf einem Hauptplatz, der unter großen Mühen extra dafür angefertigt wurde? »Für eine solche Arbeit aber habe ich nur die Stirn. Mit der Stirn also bin ich tausend- und tausendmal tage- und nächtelang gegen die Erde angerannt, war glücklich, wenn ich sie mir blutig schlug, denn dies war ein Beweis der beginnenden Festigkeit der Wand …«

Schon nach sechs Wochen hat Kafka wieder umziehen müssen. Er war in eine verfängliche Situation geraten, zumindest wurde seine illegitime Beziehung mit Dora von außen so gesehen. Zudem wurde in Berlin im Winter 1923/24 durch die Inflation die Pension wertlos, die Kafka von der Arbeiter-Unfall-Versicherungs-Anstalt bekam. Die Miete war hoch, und die Vermieterin haßte das unverheiratete jüdische Paar. Kafka schrieb über sie – aus Rache – die Geschichte »Eine kleine Frau«. Im Februar 1924 fand das Paar zwei Zimmer bei der Witwe des Dichters Karl Busse. Es war nicht das Berlin, von dem Kafka in Prag geträumt hatte, als er an Max Brod schrieb: »Die Wannseevilla, Max! Und mir bitte ein stilles Dachzimmer (weit vom Musikzimmer), aus dem ich mich gar nicht fortrühren will; man wird gar nicht merken, daß ich dort bin.« Doch auch die Stille des eigenen Haushalts tut ihm wohl. Allerdings geht es ihm gesundheitlich bald immer schlechter. Konnte Kafka Brod bei einem seiner ersten Besuche noch sagen: »Ich bin den Dämonen entwischt, diese Übersiedlung nach Berlin war großartig, jetzt suchen sie mich, finden mich aber nicht, wenigstens vorläufig nicht«, so muß er, wenige Wochen nach dem Umzug, in seinem letzten Brief an Milena mitteilen: »… die alten Leiden haben mich auch hier aufgefunden, angefallen und ein wenig niedergeworfen.« Die Tuberkulose schreitet in den folgenden Monaten rasch fort, besonders begünstigt durch die unzureichende Ernährung Kafkas. Im Januar 1924 heißt es in einem Brief an Max Brod: »Wäre das Wesen nur nicht so hinfällig, man könnte ja die Erscheinung fast aufzeichnen: links stützt ihn etwa Dora; rechts etwa jener Mann; den Nacken könnte ihm z.B. irgendein ›Gekritzel‹ steifen, wenn jetzt nur noch der Boden unter ihm gefestigt wäre, der Abgrund vor ihm zugeschüttet, die Geier um seinen Kopf verjagt, der Sturm über ihm besänftigt, wenn das alles geschehen würde, nun, dann ginge es ja ein wenig.« Aber es geht nicht, das »Wesen« wird immer weniger, die »Erscheinung« immer durchscheinender, das »Aufzeichnen« immer mühevoller. Anfang März 1924 verschlimmert sich sein Zustand so stark, daß Kafkas Onkel Siegfried, der Landarzt, und Max Brod nach Berlin kommen und ihn nach Prag bringen. Die Tuberkulose hat nun auch seinen Kehlkopf ergriffen, eine Heilung ist ausgeschlossen. Anfang April wird Kafka in das Sanatorium »Wiener Wald« gebracht, von dort in die Universitätsklinik nach Wien, Ende April in das Sanatorium »Dr. Hoffmann« in Kierling bei Klosterneuburg.

Dora Diamant und der mittlerweile befreundete Arzt Robert Klopstock pflegen ihn aufopferungsvoll. Am 3. Juni 1924, einen Monat vor seinem einundvierzigsten Geburtstag, stirbt Franz Kafka. Beigesetzt wird er in Prag.

Das Leben Franz Kafkas scheint kaum richtig angefangen zu haben, es war kaum »imstande«, da ist es auch schon zu Ende. Verglüht wie ein Komet, dabei bis zuletzt unter schärfster Selbstbeobachtung. Einen Tag vor seinem Tod schreibt Kafka noch an seine Eltern, die ihn besuchen kommen wollen. Der Tod scheint Kafka, trotz aller Übung, überrascht zu haben: »Das alles wirkt zusammen, daß ich trotz meiner wunderbaren Helfer, trotz guter Luft und Kost, fast täglichen Luftbades noch immer nicht recht erholt bin, ja im Ganzen nicht einmal so imstande, wie etwa letzthin in Prag. Rechnet Ihr noch hinzu, daß ich nur flüsternd sprechen darf und auch dies nicht zu oft, Ihr werdet gern auch den Besuch verschieben. Alles ist in den besten Anfängen – letzthin konstatierte ein Professor eine wesentliche Besserung des Kehlkopfes und wenn ich auch gerade diesem sehr liebenswürdigen und uneigennützigen Mann – er kommt wöchentlich einmal mit eigenem Automobil heraus und verlangt dafür fast nichts, so waren mir seine Worte doch ein großer Trost – alles ist wie gesagt in den besten Anfängen, aber noch die besten Anfänge sind nichts; wenn man dem Besuch – und gar einem Besuch, wie Ihr es wäret – nicht große unleugbare, mit Laienaugen meßbare Fortschritte zeigen kann, soll man es lieber bleiben lassen. Sollen wir es nicht also vorläufig bleiben lassen, meine lieben Eltern?«

Verschieben, es erst mal bleibenlassen, bis alles wieder recht ist, Trost nur in liebenswürdigen und uneigennützigen Worten – bis zu seinem Ende blieb Kafka »vorläufig«. Vorläufig allerdings mit den besten Anfängen: ein Selbsturteil nicht nur gegenüber der Familie, sondern auch gegenüber seinem eigenen Werk. Denn genau an diesem Punkt hat Kafka jedesmal zu schreiben aufgehört, wenn »nicht große unleugbare, mit Laienaugen meßbare Fortschritte« zu zeigen waren. Er selbst hatte ein Fernrohr im Blick.

Ob Kafka Angst gehabt hat vor dem Sterben? Ich hoffe nicht. Und mich beruhigt, was er 1914 Max Brod, in einem der tiefen, innigen Gespräche, die Kafka zufolge niemals stattgefunden haben, preisgab: »Auf dem Nachhauseweg sagte ich Max, daß ich auf dem Sterbebett, vorausgesetzt daß die Schmerzen nicht zu groß sind, sehr zufrieden sein werde. Ich vergaß hinzuzufügen und habe es später mit Absicht unterlassen, daß das Beste, was ich geschrieben habe, in dieser Fähigkeit, zufrieden sterben zu können, seinen Grund hat. An allen diesen guten und stark überzeugenden Stellen handelt es sich immer darum, daß jemand stirbt, daß es ihm sehr schwer wird, daß darin für ihn ein Unrecht und wenigstens eine Härte liegt und daß das für den Leser, wenigstens meiner Meinung nach, rührend wird. Für mich aber, der ich glaube, auf dem Sterbebett zufrieden sein zu können, sind solche Schilderungen im geheimen ein Spiel, ich freue mich ja in dem Sterbenden zu sterben, nütze daher mit Berechnung die auf den Tod gesammelte Aufmerksamkeit des Lesers aus, bin bei viel klarerem

Verstande als er, von dem ich annehme, daß er auf dem Sterbebett klagen wird, und meine Klage ist daher möglichst vollkommen, bricht auch nicht etwa plötzlich ab wie wirkliche Klage, sondern verläuft schön und rein.«

Kafkas Formenideal war die Bachsche Fuge. Und natürlich mußte seine Klage auch nicht einfach »abbrechen«. Daher hatte er sich – advokatorische Kniffe bis zum letzten Atemzug – auch ein ganz besonderes Rätsel für seinen Freund Max überlegt.

Juni 1924. Franz war gerade beerdigt worden. Max schlich um sein Grab wie ein Hund, der sein Herrchen verloren hat. Nichts und niemand konnte ihn trösten. Aber hinter der Trauer wartete schon eine andere, vitalere Regung. Hatte Franz seinen vielfach geäußerten Wunsch wahr gemacht und sein gesamtes Werk vernichtet? Max stockte der Atem bei dieser Vorstellung, als er die Tür zu Kafkas Zimmer öffnete. Wenn die Welt die drei Romanfragmente Kafkas nicht zu Gesicht bekommen würde, dann hätte Franz umsonst gelebt. Wozu schrieb man denn sonst, wenn nicht, um unsterblich zu werden. Auch Franz hatte das so gesehen, mochte er sich zieren, wie er wollte. Das konnte man ja sehen, wie der Freund jede Rezension verschlang. Aber wo konnte er alle seine Werke aufbewahrt haben? Im Schreibtisch, ungeschützt und für alle Augen zugänglich? Max zog langsam eine Schublade nach der anderen heraus. Hatte er nicht Milena Jesenská seine Tagebücher anvertraut? Was sollte damit geschehen? Schließlich waren auch die Tagebücher hochwertige Literatur. Aber was war das? Zwei kleine, unscheinbare Zettel, mit seinem Namen drauf, einer, der ältere, mit Tinte, der neuere mit Bleistift …

Was aus Kafkas Werk wurde, wissen wir. Kaum ein Fakt aus dem Leben Kafkas ist so bekannt wie die Tatsache, daß er die meisten seiner Texte nach seinem Tod vernichtet sehen wollte. Kafka beauftragte Max Brod zwischen 1921 und 1922 mehrfach, seine Zeichnungen, unvollendeten Manuskripte und Briefe zu verbrennen. So auch in seinem letzten Testament vom 29. November 1922: »Von allem was ich geschrieben habe gelten nur die Bücher: Urteil, Heizer, Verwandlung, Strafkolonie, Landarzt und die Erzählung: Hungerkünstler. ... Dagegen ist alles, was sonst an Geschriebenem von mir vorliegt (in Zeitschriften Gedrucktes, im Manuskript oder in Briefen) ausnahmslos soweit es erreichbar oder durch Bitten von den Adressaten zu erhalten ist (die meisten Adressaten kennst Du ja, in der Hauptsache handelt es sich um Frau Felice M, Frau Julie geb. Wohryzek und Frau Milena Pollak, vergiß besonders nicht paar Hefte, die Frau Pollak hat) – alles dieses ist ausnahmslos am liebsten ungelesen (doch wehre ich Dir nicht hineinzuschauen, am liebsten wäre es mir allerdings wenn Du es nicht tust, jedenfalls aber darf niemand anderer hineinschauen) – alles dieses ist ausnahmslos zu verbrennen und dies möglichst bald zu tun bitte ich Dich.«

Weithin akzeptiert ist heute, daß Max Brod sich nicht an diese Bitte hielt. Er machte eine Ausnahme, genau da, wo Kafka die drei wichtigsten Briefpartnerinnen seines Lebens aufzählt und wie in einem magischen Ritual sein »ausnahmslos« dreimal wiederholt. »Mein Testament wird ganz einfach sein – die Bitte an Dich Alles zu verbrennen«, soll Kafka zu Brod gesagt haben. So einfach ist es aber nicht gewesen, ganz abgesehen davon, daß Brod schon damals Kafka geantwortet haben will, er solle bei diesem Unterfangen nicht auf ihn rechnen. Kafkas Testament für Brod birgt ein Paradoxon: Brod mußte den Brief als an sich adressiert aufnehmen, öffnen und lesen. Schon damit ist Kafkas Bitte hinfällig. Ausnahmslos ungelesen soll also alles verbrannt werden. Allerdings wehrt Kafka Brod nicht »hineinzuschauen«. Was soll das heißen? Darf er es nun lesen oder nicht? Und was bedeutet »wenn möglich«? Max las. Die beiden Testamente waren nebenbei die ersten Werke Kafkas, die Max einen Monat nach dessen Tod im Juni 1924 in der »Weltbühne« veröffentlichte. Brod hielt sich dabei an die Anweisungen: Er forderte von den Genannten die Werke Kafkas ein. Dora und Milena schickten sie ohne weiteren Kommentar, Robert Klopstock mußte energisch dazu aufgefordert werden. Walter Benjamin sagte dazu in genauem Doppelsinn, Brods

Handlung sei »Treue gegen Kafka gewesen«. Daß Kafka dies voraussah, scheint auch ein Brief von 1921 zu zeigen, in dem es – über einen ähnlichen Fall, den Nachruf auf einen verstorbenen Freund – lautet: »Es ist kein eigentlicher Nachruf, es ist eine Hochzeit zwischen euch beiden ... Und dieses Lebendige steigert sich noch dadurch, daß nur Du davon berichtest, der überlebende Starke und dies so zart tust, daß Du den Toten nicht übertönst sondern er mitsprechen und sich hörbar machen kann mit seiner tonlosen Stimme und sogar die Hand Dir auf den Mund legen kann, um Deine Stimme, wo es in seinem Sinne nötig ist zu dämpfen. Wunderbar ist das. Und trotzdem ist, wenn man will ... doch wieder nur der Lebende der Sprecher in all seiner Riesenhaftigkeit ... und am unmittelbarsten ergreifen mich Stellen, die wahrscheinlich für Dich unwesentlich sind etwa wie diese: ›War nun ich verrückt oder war er es?‹ Hier steht der Mann, der Treue, der Unveränderliche, das immer offene Auge, die nie versiegende Quelle, der Mann, der – ich drücke es paradox aus, meine es aber geradewegs – das Begreifliche nicht begreifen kann.«

Gleich zu Beginn des Testaments hinterläßt Kafka auch eine Quintessenz seines schriftstellerischen Schaffens: »Lieber Max, vielleicht stehe ich diesmal doch nicht mehr auf, das Kommen der Lungenentzündung ist nach dem Monat Lungenfieber genug wahrscheinlich und nicht einmal daß ich es niederschreibe wird sie abwehren, trotzdem es eine gewisse Macht hat.« Das Schreiben erscheint hier das letzte Mal als »gewisse Macht«, ein Abwehrzauber gegen die drohende tödliche Krankheit, die ihn jagenden »Dämonen« aus dem Brief an Welsch. Das, was wir sind, enthüllt sich in unserem Schreiben, heißt das, und unser Schreiben spiegelt unser Dasein und enthüllt uns, ohne Gnade und immer einen Schritt voraus. Das Schreiben kann es höchstens sichtbar machen, das ist die einzige Macht, die es besitzt. »Was ich gespielt habe, wird wirklich geschehen. Ich habe mich durch das Schreiben nicht losgekauft. Mein Leben lang bin ich gestorben und nun werde ich wirklich sterben.«

## Ein imaginäres Protokoll der letzten Tage mit Symptomen der Kehlkopftuberkulose

»Es ist unleugbar ein gewisses Glück, ruhig schreiben zu dürfen: Ersticken ist unausdenkbar fürchterlich.« Im KEHLKOPF Gefühl wie von STAUB, Gehen bessert, ENTZÜNDUNG; SCHLEIM in den Luftwegen, Rachen ist wund beim Einatmen, beim Husten, beim Schlucken, beim Zusammenziehen, beim SPRECHEN, Federgefühl, FREMDKÖRPERGEFÜHL, WEINEN verschlechtert, SCHARREN, Schrappen, VORLESEN verschlechtert, ZUSAMMENSCHNÜREN beim Sprechen, SAMTGEFÜHL. Durch TROCKENHEIT Verlust der STIMME, abends belegt oder brechend, heiser. AUSWURF EITRIG GELB GERUCH; milchig übelriechend. Tagsüber REIZUNG der Luftwege, STIMME bellend, hohl, rauh, tief oder tonlos. SCHMERZ in Trachea brennend. Beim SINGEN stechend, scharf, wie roh in den Luftwegen. Greift sich beim Husten an den Kehlkopf. Geschmack bitter, salzig. Nachts im warmen Zimmer Krupp. Gefühl wie ein Pflock im Kehlkopf. Reden beschleunigt Hustenanfall, ATEMNOT, spastisch. SCHNAPPEN nach Luft. AUSWURF blutgestreift dunkel. Geschmack faulig. Nachts anfallsweise HUSTEN, Mitternacht, kurz nach Mitternacht, zwei Uhr, wie KEUCHHUSTEN, Attacken folgen schnell aufeinander, bestehend aus Hustenstößen, Erregung und Erschöpfung verschlechtert Anfälle. Erstickender Husten morgens. STIMME hackend. Brief an die Eltern: »Die Schwierigkeiten der ersten Zeit hier um und in Wien kennt Ihr, sie haben mich etwas heruntergebracht; sie verhinderten ein schnelles Hinuntergehn des Fiebers, das an meiner weiteren Schwächung arbeitete; die Überraschung der Kehlkopfsache schwächte in der ersten Zeit mehr, als sachlich ihr zukam – erst jetzt arbeite ich mich mit der in der Ferne völlig unvorstellbaren Hilfe von Dora und Robert (was wäre ich ohne sie!) aus allen diesen Schwächungen hinaus.« Patient muß die Brust während des Hustens mit beiden Händen halten. KONVULSIONEN. Kurzes AUFLACHEN im Liegen, krampfhaft. Kitzelhusten. Korrekturen an »Josefine, die Sängerin«. »Ist es nicht vielleicht doch nur ein Pfeifen?« AUSWURF locker, GERUCH Übelkeit erregend. MORGENS periodisches AUFHUSTEN, Sputum wird durch A. entfernt; Auswurf schleimig hellrot, Geruch wie verbrannt, salzig, SCHLUCKEN SCHWIERIG; SCHMERZ, erstreckt sich zum Schulterblatt, beim Einatmen stechend, intensiv; Achselhöhle; Umgebung der Achselhöhlen; Druck bessert Achselhöhle; Umgebung der Achselhöhlen; Husten bei Berührung, Schmerz unter dem Schlüsselbein; erstreckt sich zum Schulterblatt, beim Einatmen. »Das Grausame des Todes liegt darin, daß er den wirklichen Schmerz des Endes bringt, aber nicht das Ende … Das Grausamste des Todes: ein [nur] scheinbares Ende verursacht einen wirklichen Schmerz … Die Klage am Sterbebett ist eigentlich die Klage darüber, daß hier nicht im wahren Sinne gestorben worden ist. Noch immer müssen wir uns mit diesem Sterben begnügen, noch immer spielen wir das Spiel.« BEKLEMMUNG beim Reden. STEIFHEIT. KATARRH der Lungen. SCHMERZ bei Berührung, besser beim Gehen im Freien. »Was hier pfeift, ist kein Pfeifen.« HITZE in der Brust, Einatmen verschlechtert. AUSWURF GRÄULICH GRÜNLICH SCHAUMIG SCHLEIMIG, GERUCH: sauer, HAUTAUSSCHLÄGE; WEHTUN, intensives, erstreckt sich vom Schlüsselbein zum Schulterblatt, beim EINATMEN wund, wie zerschlagen. »Mit Josefine muß es abwärts gehn. Bald wird die Zeit kommen, wo ihr letzter Pfiff ertönt und verstummt.« Spannung, Engegefühl; SCHMERZ ist reißend; NACHWANDERNDER Schmerz Lumbalregion; Wirbelsäule; vorderer, oberer, linker Darmbeinstachel stechend; Lumbalregion; erstreckt sich zum Penis. PULSIEREN ZUCKEN LÄHMUNG: »Josefine aber, erlöst von der irdischen Plage, die aber ihrer Meinung nach Auserwählten bereitet ist, wird fröhlich sich verlieren in der zahllosen Menge der Helden unseres Volkes, und bald, da wir keine Geschichte treiben, in gesteigerter Erlösung vergessen sein wie alle ihre Brüder.«

# Kafkas Grabsteintext

»Dienstag, Beginn des Monats Siwan 5684. Der obengenannte, prachtvolle, unvermählte Mann, unser Lehrer und Meister Anschel, seligen Angedenkens, ist der Sohn des hochverehrten R. Henoch Kafka, sein Licht möge leuchten. Der Name seiner Mutter ist Jettl. Seine Seele möge eingebunden sein im Bund des ewigen Lebens.«

Kafkas Beerdigung fand am 11. Juni 1924 statt, acht Tage nach seinem Tod in Kierling bei Wien. Das Familiengrab der Kafkas, in dem neben Franz auch seine Mutter und sein Vater bestattet sind, liegt auf dem Neuen jüdischen Friedhof im früheren Prag-Straschnitz.

# Wonach wir nicht gefragt haben, weil wir es so eilig hatten

Wir haben keinen einzigen Blick auf die wunderbaren Briefe Kafkas an seine Schwester Ottla geworfen, die ihn als liebevollen und fürsorglichen Bruder widerspiegeln. Wir haben Kafkas Zeichentalent nicht gewürdigt und nicht seine Reportagen und Kritiken. Wir haben sehr wenig über sein Arbeitsleben erfahren, über Kafka als Reisenden und Verhandelnden – und noch viel weniger über das, was er außer Schreiben in seiner Freizeit unternommen hat, wie Bootfahren, Spazierengehen, sich mit Freunden in Cafés oder Weinstuben treffen. Wir haben nicht über die Besuche Kafkas bei den Mädchen, die man in diesen Weinstuben treffen konnte, gesprochen. Wir haben nur einen Teil seiner Texte exemplarisch besprechen können, und wir wissen immer noch nicht, wer oder was »Odradek« ist, und werden es hier auch nicht erfahren, genausowenig was es mit den zwei springenden Bällen auf sich hat, die im Zimmer eines Junggesellen ihr Unwesen treiben, oder welche Ergebnisse die »Forschungen eines Hundes« gezeitigt haben. Wir wissen nicht, welche Botschaft uns der Kaiser geschickt hat und was die Kinder dort auf der Landstraße vorhaben. Wir haben nichts vom untoten Jäger Gracchus gehört, der auf einer Barke durch die Zeiten schwimmt und eines Tages im Ort Riva anlegt. Wir haben auch den »Kübelreiter« nicht getroffen, der der Kohlenhändlerin beweisen will, daß er kein einziges Stäubchen Kohle mehr besitzt – die Kohlenhändlerin aber sieht nur eine leere Straße vor sich. Wir haben nicht die »Elf Söhne« kennengelernt, die in Wahrheit elf Geschichten sind, und nicht versucht, die Söhne den jeweiligen Geschichten zuzuordnen. Wir haben Kafkas hochinteressantes Gottesbild, das viel mit dem Konstrukt eines abwesenden Gottes gemein hat, und überhaupt seine theologischen Talente, wie sie sich besonders in den Aphorismen offenbaren, nicht mit ins Bild gebracht. Wir haben wenig von Kafkas Leidenschaft für das Ostjüdische gehört und so gut wie gar nichts über seine Kenntnisse des jiddischen Theaters, die sich in so vielen Gesten seiner Gestalten wiederfinden lassen. Wir haben eilig in seinen Tagebüchern gelesen und so gut wie gar nicht in seinen Briefen an Freunde.

Die Fragen sind dabei immer hoffentlich immer größer geworden. Und was Kafka über den speziellen Wert von Mädchen sagt, kann auch für die Leser gelten, die sich das nächste Mal viel Zeit nehmen: »Was man ihnen sagt, geht nicht verloren, sie hören die ganze Frage an, ohne daß man sich beeilen müßte, und antworten, zwar scherzhaft, jedoch genau auf die gestellte Frage. Ja, sie fragen sogar selbst mit erhobenem Gesicht und ein kleines Gespräch ist ihnen nicht unerträglich.«

# Kleiner Kafka-Check am Ende

Was ist »kafkaesk«? – am besten sagen Sie: das von unbekannter Seite über uns gefällte Urteil noch vor der Anklage anzunehmen. Und dann im Verlauf des undurchschaubaren Prozesses als Scharfrichter darüber zu wachen, daß es auch korrekt ausgeführt wird.

Oder: die Unheimlichkeit der Moderne, die darin besteht, daß wir die größtmögliche Klarheit über Details erfahren, uns der Sinn des Ganzen aber völlig rätselhaft bleibt.

Oder: Zu uns, der erlösungsbedürftigen Menschheit, kommt die Erlösung immer eine Minute zu spät. Oder nie. Was dabei an Komik abfällt, ist unser Leben.

Was mit Sicherheit nicht kafkaesk ist: durchschaubare bürokratische Gewalt, sprechende Tiere, dunkle Labyrinthe und zerfließende Uhren, alles, was »irgendwie« unheimlich oder grotesk wirkt.

Was hat Kafka gegessen? – Kafka war eingefleischter Vegetarier, mit Hang zu luxuriösen exotischen Früchten als Abendbrot. Sein Vater nannte ihn abwertend »Nußknacker«. Auf einer Cocktailparty hätten Sie ihn vermutlich nicht getroffen.

War Kafka ein gläubiger Jude? – Ja, auch wenn er nicht praktizierte und keine Postkarten zum jüdischen Neujahrsfest an die Verwandten schrieb. Er selbst sah sich als typischen westlich-assimilierten Juden, hegte seit seiner Jugend aber eine große Begeisterung für das, in seinen Augen, ursprüngliche und vitale Ostjüdische, besonders das Theater. Diese Zerrissenheit wurde er zeit seines Lebens nicht mehr los.

Das erste aller gegebenen und gebrochenen Versprechen an seine Verlobte Felice Bauer war eine gemeinsame Reise nach Palästina – nicht nur deswegen nahm Kafka Hebräischstunden.

Bei Milena kehrt die Sehnsucht danach, nach Palästina zu fahren oder sogar auszuwandern, zurück. Am aufstrebenden Zionismus war Kafka interessiert; im Gegensatz zu seinem engagierten Freund Max Brod konnte er auf die Frage nach Zugehörigkeit dennoch nur eine Absage formulieren: »Ich ähnele mir ausschließlich selbst«.

Wer waren Kafkas Lieblingsautoren? – Kleist, Dickens, Dostojewski, Flaubert, Grillparzer, Tschechow. Kleist war ebenso ein sadomasochistischer, von Selbstmordgedanken gepeinigter Autor wie Kafka. Statt Heiratsanträge machte er den Frauen Todesanträge. Kafka fürchtete sich davor, Dickens nachzuahmen. Bei Dostojewski interessierte ihn besonders die Frage nach der Schuldhaftigkeit des Menschen. Grillparzer empfand zu seiner Verlobten bald keine Liebe mehr, ein ähnliches Schicksal, das Kafka tief bewegt hat. Zu dem Philosophen Sören Kierkegaard, der wie Kafka eine langjährige Verlobung auflöste und damit einen Skandal entfachte, empfand Kafka eine tiefe Geistesverwandtschaft.

Hätten Sie Franz Kafka gerne als Liebhaber gehabt? – Nein. Und selbst wenn: Sie können sicher sein, er hätte sich Ihnen, auf der Bettkante sitzend, sowieso madig gemacht.

Was ist das Beste, was Kafka je geschrieben hat? – Liebesbriefe. Das ist kein Widerspruch zur Frage zuvor.

Wo halten sich die Helden Kafkas am liebsten auf? – Im Bett.

Warum gibt es so viele Dienstmädchen? – Weil die auch gerne im Bett liegen.

Wie viele Arten von Urteilen gibt es bei Kafka? – Jede Menge. Die bewußten, die unbewußten, die Freisprüche, die aufgeschobenen Freisprüche usw. Eigentlich nur eines: das Todesurteil.

Warum ist man von Kafka immer so berührt? – Weil er beim Schreiben keine Rücksicht auf sich selbst genommen hat. Leser schätzen diese unkorrumpierte Ehrlichkeit. Die Figuren in Kafkas Werk sind, wie Martin Walser es auf den Punkt bringt: nicht »wahr«, nicht »wirklich«, nicht »menschlich« und nicht

»natürlich«. Sie sind allerdings »notwendig« für den Verlauf ihrer Geschichte. Außerdem ist beinahe jeder für guten Humor empfänglich.

Warum kommt man von Kafka nicht mehr los? – Weil kleine Käferbeinchen kleben.

War Kafka ein Genie? – Ja.

# Anhang

## Zeittafel

| | |
|---|---|
| 1883 | Franz Kafka kommt am 3. Juli als erstes Kind des Kaufmanns Herrmann Kafka und seiner Frau Julie, geb. Löwy, in Prag zur Welt. |
| 1889–1901 | Besuch der Volksschule am Fleischmarkt, ab 1893 des Altstädter Deutschen Gymnasiums. Im Sommer 1901 Abitur |
| 1901–1906 | Studium an der Deutschen Universität in Prag; zunächst Besuch von Veranstaltungen in Chemie, Germanistik und Kunstgeschichte, dann Wechsel zu Jura |
| 1902 | Im Oktober erste Begegnung mit Max Brod |
| 1904 | Beginn der Arbeit an der ersten Fassung von »Beschreibung eines Kampfes« |
| 1906 | Im Juni Promotion zum Doktor der Rechte |
| 1906–1907 | Rechtspraktikum am Landes- und am Strafgericht |
| 1907 | Arbeit an der ersten Fassung von »Hochzeitsvorbereitungen auf dem Lande« |
| 1907–1908 | Anstellung bei der Versicherungsgesellschaft Assicurazioni Generali in Prag |
| 1908 | Im März erste Veröffentlichung: In der Zweimonatsschrift »Hyperion« erscheinen kleine Prosastücke unter dem Titel »Betrachtung«; am 30. Juli Eintritt in die Arbeiter-Unfall-Versicherungs-Anstalt für das Königreich Böhmen in Prag |
| 1909 | Im Frühsommer Beginn der Eintragungen ins erste Heft; im September Reise mit Max und Otto Brod nach Norditalien; es entsteht der kurz darauf in der Prager Tageszeitung »Bohemia« publizierte Artikel »Die Aeroplane in Brescia«; im Herbst Arbeit an der zweiten Fassung von »Beschreibung eines Kampfes« |
| 1910 | Ende März erscheinen einige kürzere Prosatexte unter dem Titel »Betrachtungen« in der »Bohemia«; im Oktober Reise mit Max und Otto Brod nach Paris |
| 1911 | Im Sommer Reise mit Max Brod in die Schweiz, nach Norditalien und Paris; Ende September Aufenthalt im Sanatorium Erlenbach bei Zürich; Begegnung mit einer |

mehrere Monate in Prag gastierenden jiddischen Schauspieltruppe mit dem Volksschauspieler Löwy

1912 Im Sommer Reise mit Max Brod nach Leipzig und Weimar, anschließend Kur im Naturheilsanatorium Jungborn bei Stapelburg im Harz; im August erste Begegnung mit Felice Bauer in Prag, im September Beginn der Korrespondenz mit ihr; es entstehen u.a. die Erzählungen »Das Urteil« und »Die Verwandlung«, und Kafka beginnt mit der Arbeit an dem Roman »Der Verschollene«; unter dem Titel »Betrachtung« wird im Dezember Kafkas erstes Buch veröffentlicht.

1913 Intensiver Briefwechsel mit Felice Bauer; Ende Mai erscheint »Der Heizer. Ein Fragment« im Kurt Wolff Verlag in der Buchreihe »Der jüngste Tag«, im Juni »Das Urteil« im Jahrbuch »Arkadia«; im September Reise nach Wien, Venedig und Riva

1914 Am 1. Juni offizielle Verlobung mit Felice Bauer in Berlin, am 12. Juli Entlobung; im Juli Reise über Lübeck nach Marielyst; Anfang August Beginn der Niederschrift des Romans »Der Proceß«; während der damit einsetzenden produktiven Phase entsteht u.a. die Erzählung »In der Strafkolonie«.

1915 Im Januar erste Begegnung mit Felice Bauer nach der Entlobung; »Die Verwandlung« erscheint im Oktoberheft der Zeitschrift »Die Weißen Blätter«; Carl Sternheim gibt die Preissumme des ihm verliehenen Fontane-Preises »als Zeichen seiner Anerkennung« an Kafka weiter.

1916 Erneute engere Beziehung zu Felice Bauer, im Juli gemeinsamer Urlaub in Marienbad; Beginn der Aufzeichnungen in Oktavheften; in der Buchreihe »Der jüngste Tag« des Kurt Wolff Verlags erscheint im November »Das Urteil«.

1916–1917 Viele kurze Texte entstehen in Kafkas Arbeitsdomizil in der Alchimistengasse auf dem Hradschin, unter anderem »Der Bau«.

1917 Zweite Verlobung mit Felice Bauer im Juli; im August erste Anzeichen einer Lungenerkrankung, am 4. September Diagnose einer Lungentuberkulose; im Dezember Lösung der zweiten Verlobung

1917–1918 Genesungsurlaub im nordböhmischen Zürau auf einem von Ottla Kafka bewirtschafteten Bauernhof; Entstehung vieler Aphorismen

1919 »In der Strafkolonie« erscheint im Mai bei Kurt Wolff, im Sommer Verlobung mit Julie Wohryzek; im November entsteht der »Brief an den Vater«.

1920 Im April Genesungsurlaub in Meran; Beginn des Briefwechsels mit Milena Jesenská; im Mai erscheint bei Kurt Wolff der Band »Ein Landarzt. Kleine Erzählungen«; im Juli Lösung des Verlöbnisses mit Julie Wohryzek

1920–1921 Kuraufenthalt in Matliary in der Hohen Tatra (von Mitte Dezember 1920 bis August 1921)

1922 Von Ende Januar bis Mitte Februar Aufenthalt in Spindelmühle im Riesengebirge; Beginn der Niederschrift des Romans »Das Schloß«; außerdem entsteht u.a. »Ein Hungerkünstler«; am 1. Juli wird Kafka pensioniert; von Ende Juni bis September Aufenthalt in Planá an der Luschnitz (Böhmerwald)

1923 Im Juli erste Begegnung mit Dora Diamant in Müritz an der Ostsee; im September Übersiedlung von Prag nach Berlin, Lebensgemeinschaft mit Dora Diamant; es entsteht u.a. der Text »Eine kleine Frau«.

1924 Verschlechterung des Gesundheitszustandes; im März Rückkehr nach Prag; »Josefine, die Sängerin oder Das Volk der Mäuse« entsteht; im April Aufenthalt im Sanatorium »Wiener Wald« in Ortmann (Niederösterreich), später in der Klinik von Prof. Hajek in Wien, schließlich Sanatorium »Dr. Hugo Hoffmann« in Kierling bei Wien; Kafka beginnt mit der Satzkorrektur seines Bandes »Ein Hungerkünstler«; am 3. Juni stirbt Franz Kafka; er wird am 11. Juni auf dem jüdischen Friedhof in Prag-Straschnitz bestattet.

## Verfilmungen

Der Prozeß, 1948, Regie: Georg Wilhelm Pabst, Darsteller: Max Brod, Land: Österreich, Farbe: schwarzweiß

The Trial, 1963 (Der Prozeß), Regie: Orson Welles, Darsteller: Anthony Perkins, Orson Welles, Romy Schneider, Land: Frankreich/BRD/Italien, Farbe: schwarzweiß

De Grafbewaker, 1965 (Der Gruftwächter, Dramenfragment). Regie: Harry Kümel, Darsteller: José Bernaus, Jef Demeds, Werner Kopers, Julien Schoenarts, Frans Vandenbrande, Theo Op de Beek, Land: Niederlande, Farbe: Color

Das Schloß, 1968, Regie: Rudolf Noelte, Darsteller: Maximilian Schell, Land: BRD, Farbe: Color

La colonia penal, 1970 (In der Strafkolonie), Regie: Raúl Ruiz, Darsteller: Luis Alarcón, Mónica Echeverría, Anibal Reyna, Nelson Villagra, Land: Chile, Farbe: Color

Metamorphosis, 1975 (Die Verwandlung), Regie: Jan Nemec, Darsteller: nicht bekannt, Land: Tschechoslowakei, Farbe: schwarzweiß

Förvandlingen, 1976 (Die Verwandlung), Regie: Ivo Dvorák, Darsteller: Peter Schildt, Ernst Günther, Gunn Wållgren, Inga-Lill Carlsson, Land: Schweden, Farbe: Color

The Metamorphosis of Mr. Samsa, 1977 (Die Verwandlung), Regie: Caroline Leaf, Darsteller: nicht bekannt, Land: Canada, Farbe: Color

Bratrovrazda, 1977 (Ein Brudermord), Regie: Miroslav Janek, Darsteller: nicht bekannt, Land: Tschechoslowakei, Farbe: nicht bekannt

Die Klassenverhältnisse (nach: Amerika), 1984, Regie: Jean-Marie Straub, Danièle Huillet, Darsteller: Mario Adorf, größtenteils Laien, Land: Frankreich/BRD, Farbe: schwarzweiß.

Linna, 1986 (Das Schloß), Regie: Jaakko Pakkasvirta, Darsteller: Carl-Kristian Rundman, Titta Karakorpi Land: Finnland, Farbe: Color

Metamorphosis, 1987 (Die Verwandlung; TV-Film), Regie: Jim Goddard, Darsteller: Tim Roth, Steven Berkoff, Linda Marlowe, Saskia Reeves, Gary Olsen, Land: Großbritannien, Farbe: Color

Los Amores de Kafka, 1988, Regie: Beda Docampo Feijóo, Darsteller: Susú Pecoraro, Jorge Marrale, Villanueva Cosse, Land: Argentinien, Farbe: Color

Kafka, 1991, Regie: Steven Soderbergh, Darsteller: Jeremy Irons, Theresa Russell, Alec Guiness, Armin Mueller-Stahl, Land: Frankreich/USA, Farbe: schwarzweiß/Color

The Trial, 1993 (Der Prozeß), Regie: David Hugh Jones, Darsteller: Kyle McLachlan, Anthony Hopkins, Land: Großbritannien, Farbe: Color

Zamok, 1994 (Das Schloß), Regie: Aleksei Balabanov, Darsteller: Nikolai Stotski, Svetlana Pismichenko, Land: Rußland/Deutschland/Frankreich, Farbe: Color

Spivachka Zhosefina i myshachyj narod, 1994 (Josefine, die Sängerin oder Das Volk der Mäuse), Regie: Sergei Maslobojshchikov, Darsteller: nicht bekannt, Land: Ukraine, Farbe: Color

Amerika, 1994, Regie: Vladimir Michalek, Darsteller: Martin Dejdar, Jirí Lábus, Land: Tschechoslowakei, Farbe: Color

Das Schloß, 1997 (TV-Film), Regie: Michael Haneke, Darsteller: Ulrich Mühe, Susanne Lothar, André Eisermann, Land: Österreich/ Deutschland, Farbe: Color

The Sickroom, 1998 (Kurzfilm ), Regie: Serge Marcotte, Darsteller: nicht bekannt, Land: Canada, Farbe: Color

K.A.F.K.A Fragment, Regie: Christian Frosch, Darsteller: Lars Rudolf, Ursula Ofner, Land: Österreich/Deutschland 2001, Farbe: Color

## Bibliographie

Baumgart, Reinhard: Selbstvergessenheit. Drei Wege zum Werk: Thomas Mann, Franz Kafka, Bertolt Brecht. Frankfurt am Main 1993

Benjamin über Kafka. Texte, Briefzeugnisse, Aufzeichnungen. Hrsg. von Hermann Schweppenhäuser. Frankfurt am Main 1981

Binder, Hartmut (Hrsg.): Kafka Handbuch. Bd. 1: Der Mensch und seine Zeit. Bd. 2: Das Werk und seine Wirkung. Stuttgart 1979

Binder, Hartmut: Kafka-Kommentar zu den Romanen, Rezensionen, Aphorismen und zum Brief an den Vater. München 1976

Binder, Hartmut: Kafka-Kommentar zu sämtlichen Erzählungen. München 1975

Binder, Hartmut: Kafka. Der Schaffensprozeß. Frankfurt am Main 1983

Borges, Jorge Luis: »Kafka und seine Vorläufer«, in: ders.: Inquisitionen. Essays 1941–1952. Frankfurt am Main 1992, S.118–121

Born, Jürgen: Kafkas Bibliothek. Ein beschreibendes Verzeichnis. Frankfurt am Main 1990.

Born, Jürgen (u.a.): Kafka-Symposion. 2., veränd. Aufl. Berlin 1966

Brod, Max: Über Franz Kafka. Frankfurt am Main 1974 (alle größeren Schriften Max Brods über Kafka)

Max Brod. Franz Kafka. Eine Freundschaft. Hrsg. von Malcolm Pasley. Bd. I: Reiseaufzeichnungen. Bd. II: Briefwechsel. Frankfurt am Main 1987, 1989

Canetti, Elias: Der andere Prozeß. Kafkas Briefe an Felice Bauer. München 1969

Deleuze, Gilles, und Guattari, Félix: Kafka. Für eine kleine Literatur. Frankfurt am Main 1976

Dietz, Ludwig: Franz Kafka. Die Veröffentlichungen zu seinen Lebzeiten (1908-1924). Eine textkritische und kommentierte Bibliographie. Heidelberg 1982.

Janouch, Gustav: Gespräche mit Kafka. Aufzeichnungen und Erinnerungen. Erw. Neuausgabe. Frankfurt am Main 1968.

Franz Kafka. Eine Chronik. Zusammengestellt von Roger Hermes, Waltraud John, Hans-Gerd Koch und Anita Widera. Berlin 1999

Kafka, Franz: Hochzeitsvorbereitungen auf dem Lande und andere Prosa aus dem Nachlaß. Hrsg. von Max Brod. Frankfurt am Main 1953

Kafka, Franz: Amtliche Schriften. Hrsg. von Klaus Hermsdorf. Berlin 1984

Kafka, Franz: Briefe an Felice und andere Korrespondenz aus der Verlobungszeit. Hrsg. von Erich Heller und Jürgen Born. Frankfurt am Main 1967

Kafka, Franz: Briefe an Milena. Erw. und neu geordnete Ausgabe. Hrsg. von Jürgen Born und Michael Müller. Frankfurt am Main 1982

Kafka, Franz: Briefe an die Eltern aus den Jahren 1922–1924. Hrsg. von Josef Cermák und Martin Svatos. Frankfurt am Main 1990

Kafka, Franz: Briefe an Ottla und die Familie. Hrsg. von Hartmut Binder und Klaus Wagenbach. Frankfurt am Main 1974

Kafka, Franz: Briefe 1902–1924. Frankfurt am Main 1958

Kafka, Franz: Briefe 1900–1912. Hrsg. von Hans-Gerd Koch. Frankfurt am Main 1999

Kafka, Franz: Briefe 1913–1914. Hrsg. von Hans-Gerd Koch. Frankfurt am Main 2001

Kafka, Franz: Drucke zu Lebzeiten. Hrsg. von Wolf Kittler, Hans-Gerd Koch und Gerhard Neumann. Frankfurt am Main 1994

Kafka, Franz: Nachgelassene Schriften und Fragmente I. Hrsg. von Malcolm Pasley. Frankfurt am Main 1993

Kafka, Franz: Nachgelassene Schriften und Fragmente II. Hrsg. von Jost Schillemeit. Frankfurt am Main 1992

Kafka, Franz: Der Prozess. Hrsg. von Malcolm Pasley. Frankfurt am Main 1990

Kafka, Franz: Das Schloss. Hrsg. von Malcolm Pasley. Frankfurt am Main 1982

Kafka, Franz: Tagebücher. Hrsg. von Hans-Gerd Koch, Michael Müller und Malcolm Pasley. Frankfurt am Main 1990

Kafka, Franz: Der Verschollene. Hrsg. von Jost Schillemeit. Frankfurt am Main 1983

Koch, Hans-Gerd (Hrsg.): »Als Kafka mir entgegenkam …« Erinnerungen an Franz Kafka. Berlin 1995

Panter, Peter (d.i. Kurt Tucholsky): »Der Prozeß«, in: Die Weltbühne 22 (1926), S. 383–386

Robertson, Ritchie: Kafka. Judentum – Gesellschaft – Literatur. Stuttgart 1988
Schirrmacher, Frank (Hrsg.): Verteidigung der Schrift. Kafkas Prozeß. Frankfurt am Main 1987
Sokel, Walter H.: Franz Kafka. Tragik und Ironie. München/Wien 1964
Stach, Reiner: Kafkas erotischer Mythos. Eine ästhetische Konstruktion des Weiblichen. Frankfurt am Main 1987
Stach, Reiner: Kafka. Die Jahre der Entscheidungen. Frankfurt am Main 2002
Unseld, Joachim: Franz Kafka. Ein Schriftstellerleben. Die Geschichte seiner Veröffentlichungen. München/Wien 1982
Wagenbach, Klaus: Franz Kafka. Bilder aus seinem Leben. Zweite Neuausgabe. Berlin 1995
Wagenbach, Klaus: Franz Kafka. Eine Biographie seiner Jugend 1883–1912. Bern 1958
Wagnerová, Alena: »Im Hauptquartier des Lärms«. Die Familie Kafka aus Prag. Köln 1997
Walser, Martin: Beschreibung einer Form. München 1961
Zischler, Hanns: Kafka geht ins Kino. Reinbek 1996
Zimmermann, Hans Dieter: Der babylonische Dolmetscher. Zu Franz Kafka und Robert Walser. Frankfurt am Main 1985